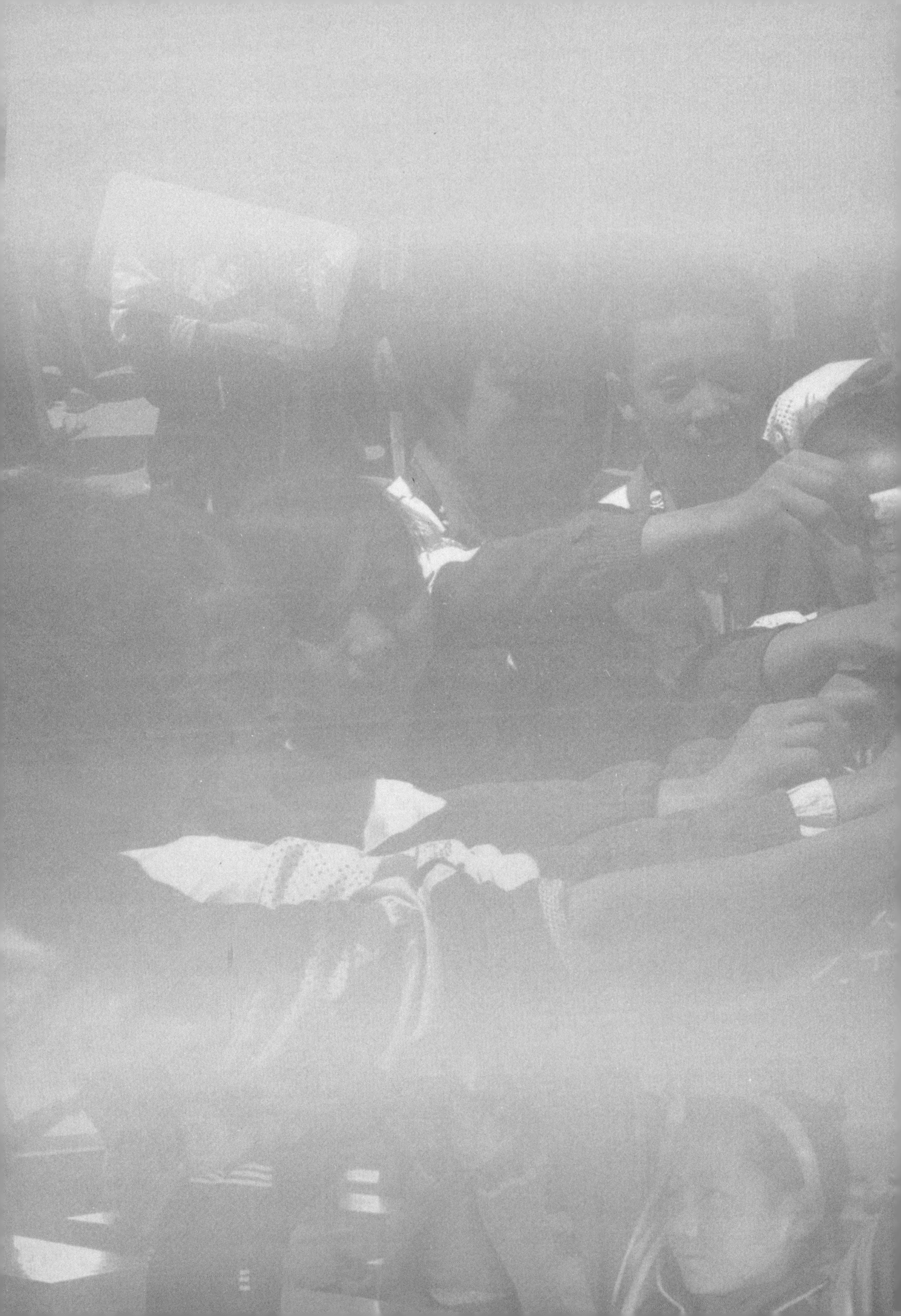

香港活知识立群社《心灵教练》项目课堂教学案例

Spiritual Education for Secondary School
Teacher's Reference Book

中学心灵教育

教师用书

主　编　储朝晖

四川教育出版社

图书在版编目（CIP）数据

中学心灵教育教师用书/储朝晖主编. —成都：四川教育出版社，2012. 6（2019. 9 重印）

ISBN 978 - 7 - 5408 - 6040 - 0

Ⅰ. ①中… Ⅱ. ①储… Ⅲ. ①心理健康—健康教育—中学—教学参考资料 Ⅳ. ①G479

中国版本图书馆 CIP 数据核字（2012）第 139256 号

责任编辑　陈佳园
版式设计　王　凌
封面设计　何一兵
责任校对　王立戎
责任印制　张克庆　陈　庆
出　　版　四川教育出版社
　　地　　址　成都市槐树街 2 号
　　邮政编码　610031
　　网　　址　www. chuanjiaoshe. com
发　　行　新华书店
印　　刷　临沂圣贤印刷有限公司
制　　作　成都勤慧彩色制版印务有限公司
版　　次　2013 年 1 月第 1 版
印　　次　2019 年 9 月第 3 次印刷
成品规格　185mm × 260mm
印　　张　13. 25　插页 2
定　　价　32. 00 元

如发现印装质量问题，影响阅读，请与人民时代教育科技有限公司调换。
电话：（010）61840182
如有内容方面的疑问，请与四川教育出版社总编室联系。
电话：（028）86259381

本书编写工作组

组　长： 许国辉

成　员： 储朝晖　李锦棠　王云珠　苏肖好
李　凌　张怀群　侯永杰　赵晓春
傅广文　徐正富　姜志勇　唐明武
刘忠孝　王　鹏　刘晓龙

主　编： 储朝晖

副主编： 刘在花　胡烨平

编　委： 叶　芹　匡　蓉　胡春桥　沈　强
吴传海　牟　涛　谢鹏举　高　雅
雍国丽　完红义　魏明利　吴凤英
张　军

前言 QIANYAN

当下我国中小学教育几乎将所有的精力都投入到如何提高学生的考试分数上。近些年大量的事例表明，这样的做法难以让学生成长为心理健全的人，于是心理健康教育开始兴起。然而编者通过近三十年对各地学校“地毯式”的调查和深入分析发现，处于当前教育模式下的孩子，他们的问题不仅仅出在心理上，也不可能仅仅通过心理健康教育就能彻底解决。在编者寻找解决方法而陷入困境时，恰好有机会与香港教育学院以及台湾的同行交流，受他们开展心灵教育的启发，意识到这个问题主要出在心灵而非仅仅是心理或品德上。后来又巧遇香港活知识立群社的同仁，他们在四川、甘肃进行地震灾后心理援助工作，并且已经在一些试点学校开展心灵教育工作。他们将编写一套关于心灵教育教师用书的任务交给编者。编者意识到这在国内是一个崭新的领域，也是中国教育亟须解决的一个现实问题，便欣然接受。经过专家组近三年与实验学校教师的反复沟通、培训、试教、修改，现在初步形成这套教师用书，主要供中小学班主任在班级活动中参考使用。

心灵在中国是一个古老的概念，它是生命和人文在鲜活个体上的体现，是一个生命与人文交融的场。个体的心灵是个体对这个场的感应生成，品德仅是心灵次生的下位表现。心灵与人的大脑相关，但又不像心理那样仅是脑的机能；它与环境相关，但又不是对环境的简单反映，而是包含着一定的价值选择。常言道：大脑只能使人聪明，心灵却能使人智慧。这多少道出了二者的差异。现代心理学的发展，并不能抛弃心灵，而只是在一个更具体的分支领域深入、具体、丰富地发展了心灵的内涵。

人们常将心灵与肉体相对应，确实，它不是人的头脑，不是人的心脏，也不是人的肉体。但是，它就在人的头脑里，在人的心脏里，在人的每一寸肌肤里，却又与个体周围的文化场域直接相关。它是附着在一个个鲜活个体身上的精神存在，它随着个体的生命诞生而出现，在个体生命终结的时候转化成人类心灵场的一个组成部分。

正因如此，心灵教育是一种人人互育。它有久远的历史，每个人都只是这久远历史中的一环，如果不予重视，就可能从此中断；如果意识到并担当起自己的责任，就会传之久远。现实的问题是，功利的观念导致心灵不传久矣！有鉴于此，这套中小学心灵教育教师用书旨在引起各界重视，并提供一个可用的支架，帮助教师实施心灵教育，以期培养出更多心灵健全的人。

储朝晖

2012 年 2 月

目录 CONTENS

第一单元

大千世界我做主

今日视点

打开水

人在成长的不同阶段，总要扮演各种各样不同的角色。有时是被动的，有时是主动的，能否适应或自主转换，直接受一个人心灵的影响。

小王大学毕业刚分到单位时，需要每天去打开水。在科室他年纪最小，资历最浅，只好天天打开水。

但小王内心很不服气：我堂堂名牌大学毕业，却要给这些整天只知道看报、喝茶、聊天的夜大生、函授生跑腿，凭什么？特别是肥头大耳的张科长，有滋有味地啜着香茶时，连正眼都不瞧他一下，心里渐渐窝出一股无以名状的怨气。

不久，一个近似恶作剧的念头在小王脑中产生：每次打开水，趁没人时赶紧往里面接一些自来水，有时张科长批评他了，他心情特别不好时，就接得更多一些。此后再看到张科长那张胖脸凑近茶杯时，他的心里就升起一股难以形容的快意。他从此将打开水作为每天工作中的重要职责，不管刮风下雨还是有病在身，他都坚持不懈，同事一致认为小王是一个手脚勤快、谦虚谨慎的好同志。

两年后，小王变成了王副科长，他依然坚持打开水，没有人感到太多意外。再过一年后，王副科长变成了王科长，他去打开水时就常听到："王科长，您亲自打开水啊!"不少人过来抢他手中的暖水瓶，哪知王科长很固执，就是要亲自打。有一次，手中的暖水瓶被刚分来的大学生小李夺去了，他整整一天都没有喝水。在王科长亲自打了三年开水之后，他又升为处长，王处长提着暖水瓶出入机关的情景，立即引起了人们的高度重视，得到不摆官架子的好口碑。

接着，纯净水刚刚兴起，价格不菲，但经全处人员的强烈要求，首先在王处长的办公室安上了纯净水装置。但王处长改不了多年亲自打开水的习惯，他常常不由自主地提着暖水瓶就出去了，有人询问，他就支支吾吾说纯净水的微量元素不如白开水多。于是处室里的人都在背地里议论："有病!"

讨论：在上面的故事中，你认为王科长的哪方面出了问题？

在现实生活中，我们每个人都需要在面对不同的人时扮演不同的角色，在父母面前是儿女，在爷爷奶奶面前是孙儿孙女，在学校老师面前是学生，在商场购物时是顾客，在公交车上是乘客。这些角色有些可以互换，比如同伴、朋友；有些不可以互换。每个人要主动适应并担当好自己的角色。社会是一个舞台，人生是一幕戏剧，每个人在人生的不同阶段，扮演着不同的角色。同学们怎样定位你目前的角色？是否已经适应这个角色？

指点迷津

如何放置自己的心灵成为当前社会中众多人没有解决好的一个大问题。如果这个问题解决不好，人生的价值就大打折扣。“放心”需要依据自己的见识自主选择，也需要了解周边的情况，善于适应。适应是一个来源于生物学的名词，用来表示能增加有机体生存机会的那些身体上和行为上的改变。适应有三个角度，一是生物学意义上的适应，即生理适应，如感官对声、光、味等刺激物的适应；二是心理上的适应，通常是指遭受挫折后借助心理防御机制来使人减轻压力、恢复平衡的自我调节过程，这是一种狭义的适应概念；三是对社会生活环境的适应，包括为了生存而使自己的行为符合社会要求的适应和努力改变环境以使自己能够获得更好发展的适应，这些属于社会适应。这里所讲的适应，主要是社会适应。完全拒绝适应的心灵将无处置放，完全接纳和适应的心灵将失去自主，每个人应该在大千世界中自主选择，精心地放好自己的心。随着社会发展，科学技术突飞猛进，竞争意识增强，人们越来越认识到，只有适应社会变化才能求得生存和发展。一个人如果没有良好的社会适应能力，就会对其身心健康带来很大危害，进而影响到个人的长远发展。早在 1989 年世界卫生组织就对健康下了新定义：健康不仅是没有疾病，而且包括躯体健康、心理健康、社会适应良好和道德健康。可见，适应对个体身心发展的重要性，适应能力已经成为衡量人的健康的一个重要指标。

达尔文说过：“物竞天择，适者生存。”社会要求人们去适应它，人又不应抛弃主体性，在这样一对矛盾中，要寻找到微妙而恰当的心灵置放位置和方式。当今的中学生迫切需要在激烈的竞争环境中学会“放心”。因此，必须从现在做起，培养自己的自主选择和适应社会的能力。

教育方略

角色游戏

心手相连

从小学升入初中，我们的学习生涯由此揭开了新的序幕。同学们来自不同的学校，也许以前从不相识。仿佛你们每个人的“心”都相隔甚远，是彼此各不相关的。其实不然，你们的“心”就像大海里的座座冰山，露出水面的山尖是你们每个人看似与众不同的“心”，而隐藏在海面以下、大海深处的冰山底座则是你们“心”的深处，它们在水中相通、相连、相交融。

让我们来做个游戏，体验心心相通、心手相连的感觉。

请同学们把教室中的桌椅挪开，在教室中间留出一大片空场地。

准备好了吗？来，请同学们紧挨着围坐一圈，各自的双臂交叉于胸前，在胸口围成“心”状，并且右手与左面同学的左手相握，而左手与右面同学的右手相握，大家共同组成一个“心手相牵”的人环，让手与手相连、心与心相牵。

然后，再看看左右的同学，并对对方说：“请问你叫什么名字？你毕业于哪所小学？你有什么兴趣？你有哪些爱好？你愿意成为我的好朋友吗？”对方回答之后说：“我叫某某，我毕业于某某小学，我的兴趣是某某，我爱好某某，我愿意成为你的好朋友。”同学们互换角色，重复上面的对话。

最后，把你左边的朋友介绍给你右边的朋友认识，让他们也彼此熟识。

教师点评

“有缘千里来相聚”，大家能够坐在同一间教室里学习，就是缘分。同学们应该为自己创造机会，主动地相互沟通、相互交流、相互了解，尽快认识新同学，发展良好的同学关系，这样可以帮助大家尽快熟悉和适应新的学习环境，培养自己的交往能力，提高社会适应能力。

故事分享

害怕出国为哪般

小孔读研究生了，但他是同学中最年轻的，13岁时他作为特别拔尖的跳级生提前上了一所重点大学。戴上博士帽照相的时候，他才刚刚过完18岁生日。按照惯例，他也和同学一样向国外的几所大学发了申请攻读博士的信件，很快就收到大洋彼岸一所名牌大学的回函，同意接受他的申请。可令人感到意外的是，自从收到这封回函后，小孔不仅没有感到其他同学所普遍拥有的那种喜悦和兴奋，反而莫名其妙地陷入了矛盾、犹豫、紧张、担忧的状态中。使他感到烦恼的不是今后学业上的压力和对前途的担忧，而是对陌生环境的适应：即将生活的地方是什么样？面对一群陌生人该怎样去交往？生活上的一系列琐事该怎样去解决？万一生了病由谁来照顾？遇到不愉快的事向谁去倾诉？……一大堆难题压得小孔喘不过气来，越想越担心，越想越害怕，越想越烦躁，以致天天处在高度紧张和恐惧中，不能自拔。这种状况一天天加剧，到后来，一想到要出国就心情紧张、冒冷汗、头晕恶心、全身抽搐。到医院检查后，医生认为他得的是一种焦虑、恐惧综合征。

讨论：小孔作为一名优秀的、高智商的研究生，为什么会得焦虑、恐惧综合征？这件事说明什么道理？

教师点评

小孔因为社会适应能力比较差，特别是生活自理能力和人际交往能力比较差而得了焦虑、恐惧综合征。这件事说明，仅仅具有高智商、高学历是远远不够的，必须具有较强的社会适应能力才能在未来激烈的社会竞争中立于不败之地。而要想适应社会，个体首先要学会适应“自我”。中学生正处在青春期，身体、心理各方面都会发生很大变化。自我意识水平的提高，一方面可以帮助自己不断客观地、清醒地认识自己与环境，另一方面又对个体评价与他人评价之间的差异感到困惑。因此，我们应该克服对“自我认识”评价的“惯性”，重新选择一个起点，在集体中找到恰当的位置。要培养自己的适应能力，需要增强自主意识，从训练生活自理能力入手，提高自己的生活适应能力。

出谋划策

苦恼的小皓

下面是一位刚入学不久的初一学生小皓写给班主任老师的信，请大家开动脑筋，帮他出主意，想办法，引导他尽快消除烦恼吧！

开学快一个月了，但我似乎还没有找到感觉，没有进入中学的学习生活状态，学习成绩不理想，这使我一直很烦恼。我满脑子都是小学同学、老师，“中学”这个词我总是不太能接受，我有时会极力忘却他们，忘记小学，但又不经意地让他们钻进我的回忆。尽管中学同学我也认识几位，但我还没有找到亲密的伙伴。在学校，我有时也快乐，但大部分时间都会感到无助、孤独。那节活动课，您让我去跟同学们一起打球，但我没有去，这绝不是出自我的骄傲，而是因为我内向的性格……我根本无法把同学与我之间的距离拉得近一些，请您告诉我应该怎么做？

讨论：各位同学是否有过与小皓相类似的感觉？怎么才能消除小皓的烦恼？

教师点评

小皓的表现是典型的恋旧心理，进一步讲就是他对中学新的生活、学习的适应不良。这种恋旧心理与适应不良大都出现在新旧环境变迁更替、学习（生活）遭挫折等时期。从年龄段来看，初一学生恋旧心理比高一学生严重。新生严重的恋旧心理，往往会成为他们在新环境中学习与人际交往的障碍，因为总是想着过去，看不到现实和未来，沉浸在追忆过去，耽于幻想。愁绪萦怀、烦恼愧疚等消极的情绪状态在很大程度上分散了他们的学习精力，影响了他们的身心健康和学习主动性、积极性。在这种情况下，最重要的是找到自己在新的生活环境中的位置，寻找到自己对新生活的兴奋点。我们可以这样帮助小皓：首先，引导小皓面对现实，为自己重新定位，正视自己，了解自己的优缺点，在和他人的比较中既看到自己的不足，更要看到自己的价值，在新环境中找到适合的位置，体现自己的价值。其次，要用平常心将自己放在一个适当的位置，坚持发扬长处，不断弥补不足，在这个过程中和自己的过去比较，看到自己在不断进步，于是信心大增。第三，要注意改进学习方法，培养良好的学习习惯，这是因为中学学习任务、课业负担要比小学繁重，中学生对自学能力、自控能力的要求比小学生高。第四，要有意培养自己的交往能力，改善与同学的关系，多交朋友，主动参加集体活动和班级建设，把自己融于集体之中与集体一起成长，在与老师、同学的交往中，注意总结经验教训。

名人故事

荷马·克洛伊是个作家。以前，他的公寓很安静，可搬到纽约公寓后热水汀的蒸汽会忽然作响，然后又是一阵哔哔的声音……他坐在书桌前烦躁得无法写作。有一天，荷马·克洛伊和几个朋友一起去宿营，当他听到木柴烧得哔哔响时，突然想到：这声音像热水汀的响声，为什么我会喜欢这个声音，而讨厌那个声音呢？他回到家后，对自己说：“火堆里木头的爆裂声是一种很好听的声音，热水汀的声音也差不多，不去理会这些声音。”结果他心平气和地在热水汀的陪伴下写出了许多作品。

讨论：热水汀的声音仍旧响个不停，为什么荷马·克洛伊却能安静地写作了呢？这个故事说明了什么？

教师点评

荷马·克洛伊将热水汀的声音看做是与火堆里木头的爆裂声一样好听的声音，因而就能埋头写作了。荷马·克洛伊适应了周围嘈杂的环境，而其之所以能适应，关键是他能适时地调整自己的心态，对自己所遇到的事物重新进行认知评估，转变对事物的态度，进而作出新的行为选择（继续写作）。这非常符合适应的三个环节，即个体从出现不适应现象到重新适应，一般要经历认知调节、态度转变和行为选择三个环节。其中，认知调节又分为外部评估和内部评估。

学以致用

假如碰到以下几种情况，你会怎么办？

1. 放学回家的路上突然下起了大雨，而你却没带雨伞，你该怎么办？

2. 假期到了，你坐公共汽车去表姐家玩。下车时，你发现自己随身携带的表姐家的具体地址弄丢了，你该怎么办？

3. 因为父母工作调动，你转学了。离开了喜欢的老师和熟悉的同学，面对陌生的老师和素不相识的同学，你感到非常孤独，你该怎么办？

4. 课堂上回答错了问题，同学们哄堂大笑，你面红耳赤，觉得无地自容，你该怎么办？

5. 刚换的语文老师，讲课语速比较快，发音也不太清晰。听课时，你感到很吃力，你该怎么办？

6. 班干部选举时，自己落选了，心里非常难过。回想自己小学担任大队长的情形，不禁潸然泪下，你该怎么办？

讨论：同学们就上述情况发表意见。

教师点评

面对新环境、新事物、新情况，每个人都有一个从不适应到适应的过程。适应是随着客观现实的变化而作出相应的改变，以符合客观条件或需要。气候变化了，穿衣服必须随着变化。每年的春夏之交、夏秋之交、秋冬之交和冬春之交，各要变换一次衣服。但是，人们往往在那“之交”时不会变换衣服，以致生病，这就是由于习惯的力量阻止了人的主动适应。学者瓦卡罗说：“生命的意义就是适应。”人要在实践和学习中不断培养自己的适应能力。首先，正确看待变化。客观世界的变化是绝对的，不变是相对的。主观世界也应随之而变化。在变化中要紧的是认准方向，正确地估量形势，这样才能及时地调整自己的心态，充分发挥主观能动性，保持积极向上的精神状态，逐步去适应。其次，正确认识自己。“知人难，知己更难”，人贵有自知之明。要像鲁迅先生那样“更无情面地解剖我自己”。其实，金无足赤人无完人，每个人的短处、缺点是客观存在的。正确认识自己，扬长避短，然后通过学习和实践去弥补自己的不足。再次，正确对待别人。要善于与人沟通，理解别人，多看别人的优点和长处，善意地指出他人的缺点和短处，设身处地地为别人着想，以心换心，才能心心相印，相互理解，适应和建立起新的人际关系。适应是每个人都无可回避的生存之道，但适应有主动与被动之分，我们要学会主动适应。

小结

英国作家笛福说：“人的最高智慧，就是适应环境和反抗外来威胁的本领。”陶行知说：“自明，明他，他明，是解决二人以上问题的根本办法。”升入初中后，同学、老师、环境、课程等方面都发生了新的变化。同学们应该发挥自己的智慧，尽快熟悉中学的学习环境，尽快适应中学新的学习生活，提高生活适应能力。由于适应是一个动态的过程，适应的状态是相对的、暂时的，随着我们的成长，总会不断出现这样或那样的与适应有关的问题，所以“适应”对每个人来说都是一个终身的话题。适应既是挑战，也是机遇，同学们应该调整好自己的心态，以大千世界我做主的自主意识，迎接挑战，抓住机遇，学会适应，善于适应，在不断变化的环境中放好自己的心。

参考资料

学会适应新生活

刚刚告别了难忘的小学生活，我们又怀着无限的希望踏入了全新的中学校园！面对新的校园、新的老师、新的同学、新的集体、新的课程，我们该如何适应新的生活呢？

一、学会推介自己

当我们进入新的班集体，我们会认识很多新同学，结识更多的新朋友，大家将会在一起度过三年的时光，共同享受成长的快乐。

一般来说，新同学之间彼此都是陌生的。刚开始生活在这样的环境里，有时确实有些不舒服。怎样才能让别人尽快认识自己、了解自己呢？不妨这么做：课堂上专心听讲，积极思考，踊跃发言，独立完成作业，让同学感到你是一个认真学习的人；课间不说粗话，不追逐打闹，不大声喧哗，不搞恶作剧，让同学感到你是一个文明守纪的人；同学在学习、生活中有困难时，能主动伸出援助之手，看到老师、长辈时要主动问好，让同学感到你是一个有爱心、有礼貌、乐于助人的人；为了班集体利益，全力以赴，认真对待，让同学感到你是一个热爱集体的人；与同学相处能信守承诺，说到做到，让同学感到你是一个值得信赖的人……

相识是很容易的，而要成为真正的朋友，还需要彼此之间的真诚和心灵的沟通。

二、尽快融入集体

我们从不同的地方来到这个学校，组成了新的集体。我们将在这个新集体里共同学习、共同生活，一起度过人生的“黄金时期”。

如果说彩虹的美丽在于它的七色光彩，那么，班级的美丽则在于我们每个人的独特性，每个人都能在班级中找到自己的位置，展现自己独特的风采。当每个人都能把自己的智慧和热情贡献给集体时，班集体就会成为一道亮丽的风景线，像彩虹般迷人。

同学们要尽快融入班集体，时刻记住自己是其中的一员，自己的形象就代表着班级的形象。优秀的班集体需要我们每个人用行动去创造、去维护。

我们每个人都要有一种集体归属感，为自己能成为这个集体的一员而感到光荣和自豪。爱心是融入集体、产生集体归属感的基础，把爱心献给别人，才能得到别人的爱与帮助，因为“我为人人，人人为我”。把爱心献给集体，让整个班集体充满爱心，产生强大的向心力和凝聚力，展现出蓬勃的生命力。

三、掌握科学的学习方法

升入七年级，不仅意味着我们进入了新的学校，认识了新的老师和同学，还意味着我们进入了一个全新的学习阶段。面对新的学习，我们应该怎么做？

1. 学会自主学习

进入初中后，我们应逐步摆脱对老师和父母的依赖，积极主动地用自己的眼睛去观察，用自己的头脑去判断，用自己的语言去表达，努力使自己成为自主的学习者。

2. 学会安排时间

随着初中学习科目的增多、难度的加深，很多同学明显感到时间不够用。如何合理地安排好时间就显得尤为重要。其实，要解决这个问题，最简单、有效的方法，就是制订一个切实可行的学习计划。计划的安排要根据自身的特点，注重各学科间的平衡，努力实现时间分配的最优化。

3. 学会听课

听课要做到以下几点：①做好课前准备；②听课时密切注意老师的提示，思维跟着老师转，防止注意力分散；③认真观察老师的板书，明确知识体系或答题方法；④仔细听其他同学的发言，比较与己不同之处；⑤及时记好笔记，便于课后整理；⑥听课时要注意分析理解。

4. 学会思考

“学而不思则罔”，就是说学习要开动脑筋，勤于思考，不要依赖现成的答案。遇事要善于问个为什么，开动脑筋去探索解决问题的途径。养成这种习惯不仅有利于搞好现在的学习，发展自己的思维能力，也能为将来的学习乃至终生的事业奠定基础。

5. 学会归纳

每章每节的知识是相对独立的，要想形成知识体系，课后必须抓住应掌握的重点和关键，对课堂所学知识进行归纳。每学习一个单元，我们就要把分散在各章中的知识点连成线、织成面、结成网，使学到的知识结构化、系统化，这样运用起来才能灵活自如。

6. 学会反思

有些同学一天到晚都忙于做作业，可考试成绩却不怎么样。究其原因就在于平时的学习缺乏反思，认为听完课、做完作业就大功告成。其实，这种想法是错误的，同学们要学会将学到的知识引申、拓展、深化，要经常反思：今天老师讲的知识我都掌握了吗？还有什么没有理解的？

7. 学会合作

俗话说：“三个臭皮匠，赛过诸葛亮。”每个人都有自己的智慧和长处，将这些智慧和长处结合起来，就能使自己获得更多的知识。和同学合作的目的就是为了取长补短，共同进步。

四、做好心理调整

每一个升入中学的同学首先要从心理上适应新生活。不论在小学时你的成绩如何，在新的班集体中我们都需要重新排队，确认自己的位置，不能总认为自己是优秀生，也不要盲目地要求自己一定要继续当班干部、当“尖子生”，更不要想当然地以为自己是不如别人的。

要克服恋旧心理，主动展开人际交往，学会寻求他人的帮助，还要主动发现同学的优点和长处。

要学会承受新环境带来的挫折。在适应新生活的过程中，可能会遇到挫折，我们要以积极的态度去对待。

在新的环境中，我们有时会感到孤独和失落，而医治孤独和失落的良药就是交往、乐观和自信。应该把自己逐渐融入新的集体之中，在相互沟通的过程中建立起新的友谊；努力培养自己乐观开朗的性格，从而增强自己对美好生活的感受；不断增强自尊和自信，因为自尊和自信是富有进取心的表现，它能够使个人潜能得到充分发挥。

提高社会适应能力的具体方法

一、要主动接触社会环境、积极适应社会环境

首先要主动地投入到社会环境中去，不管现实环境多么令人不愉快。只有接触环境，才能认识环境和适应环境。最好的办法是随着年龄的增长，有目的地进行一些有益的社会实践活动，有意识地锻炼自己，这样可以进一步认识自己，认清自己在社会环境中所处的位置。适应社会环境还分为主动适应和被动适应。被动适应会表现出对环境的无可奈何，产生消极、忧郁、焦虑，甚至逃避的负面情绪。主动适应则能发挥自己的主观能动性和无限的创造力，努力克服各种困难，从而产生积极向上、愉快、满意、充实的正面情绪，这不仅能够使我们很好地适应环境，也有利于身心健康。

二、要积极调整自我，提高应对的技巧

在接触社会环境的过程中，肯定会遇到或产生社会环境和自身条件之间的矛盾和冲突。如果我们能够审时度势，选择有利的环境条件，抓住机遇，同时能够积极地调整自我，学习有关的技能，提高应对的技巧，这样我们就能较快、较好地适应环境，并且取得成功。

三、要利用社会支持系统，积极寻求帮助

人们在积极地接触社会的过程中，会遇到各种问题，出现各种心理上的苦恼与困扰。为了更好地适应社会，除了及时地进行自我调整之外，有效地利用社会支持系统，寻求他人的帮助也很重要。俗话说“一个好汉三个帮”，有社会的支持，有亲朋好友的帮助，就没有克服不了的困难。因此，我们要学会利用社会支持系统，帮助自己适应社会。

四、创建适宜自己成长的环境

社会支持系统对于个体成长具有重要作用，良好的社会支持系统能够满足个体学习、体验、交流、实践等需要，因此我们有必要主动创建这样的系统，使自己在一个较为理想的成长环境中完成对社会的阶段性适应。

社会适应能力诊断量表

指导语：请根据自己的实际情况，在下列各题中选择一个合适的答案。请注意，每题只有一个答案。

1. 我最怕转学或转班级，每到一个新环境，我总要经过很长一段时间才能适应。（　）

A. 是　　B. 无法肯定　　C. 不是

2. 每到一个新的地方，我很容易同别人接近。（　　）

A. 是　　B. 无法肯定　　C. 不是

3. 在陌生人面前，我常无话可说，以至感到尴尬。（　　）

A. 是　　B. 无法肯定　　C. 不是

4. 我最喜欢学习新知识或新学科，它给我一种新鲜感，能调动我的积极性。（　　）

A. 是　　B. 无法肯定　　C. 不是

5. 每到一个新地方，我第一天总是睡不好，就是在家里，只要换一张床，有时也会失眠。（　　）

A. 是　　B. 无法肯定　　C. 不是

6. 不管生活条件有多大变化，我也能很快习惯。（　　）

A. 是　　B. 无法肯定　　C. 不是

7. 越是人多的地方，我越感到紧张。（　　）

A. 是　　B. 无法肯定　　C. 不是

8. 在正式比赛或考试时，我的成绩多半不会比平时练习差。（　　）

A. 是　　B. 无法肯定　　C. 不是

9. 我最怕在班上发言，全班同学都看着我，心都快跳出来了。（　　）

A. 是　　B. 无法肯定　　C. 不是

10. 即使有的同学对我有看法，我仍能同他（她）交往。（　　）

A. 是　　B. 无法肯定　　C. 不是

11. 老师在场的时候，我做事情总有些不自在。（　　）

A. 是　　B. 无法肯定　　C. 不是

12. 和同学、家人相处，我很少固执己见，乐于采纳别人的看法。（　　）

A. 是　　B. 无法肯定　　C. 不是

13. 同别人争论时，我常常感到语塞，事后才想起该怎样反驳对方，可惜已经太迟了。（　　）

A. 是　　B. 无法肯定　　C. 不是

14. 我对生活条件要求不高，即使生活条件很艰苦，我也能过得很愉快。（　　）

A. 是　　B. 无法肯定　　C. 不是

15. 有时自己明明把课文背得滚瓜烂熟，可在课堂上背的时候，还是会出差错。（　　）

A. 是　　B. 无法肯定　　C. 不是

16. 在决定胜负成败的关键时刻，我虽然很紧张，但总能很快地使自己镇定下来。（　　）

A. 是　　B. 无法肯定　　C. 不是

17. 我不喜欢的东西，不管怎么学也学不会。（　　）

A. 是　　B. 无法肯定　　C. 不是

18．在嘈杂混乱的环境里，我仍然能集中精力学习，并且效率较高。（　　）

A．是　　B．无法肯定　　C．不是

19．我不喜欢陌生人来家里做客，每逢这种情况，我就有意回避。（　　）

A．是　　B．无法肯定　　C．不是

20．我很喜欢参加社交活动，我感到这是交朋友的好机会。（　　）

A．是　　B．无法肯定　　C．不是

计分方法：

单号题：A：－2分；B：0分；C：2分

双号题：A：2分；B：0分；C：－2分

将各题得分相加，即可以得到量表的总分。

结果分析：

35～40分

社会适应能力很强，能很快地适应新的学习、生活环境，与人交往轻松、大方，给人的印象极好，无论进入什么样的环境，都能应付自如，左右逢源。

29～34分

社会适应能力良好，能较好地适应周围的环境，与人关系融洽，处事能力较强。

17～28分

社会适应能力一般，当进入一个新环境，经过一段时间的努力，基本上能适应。

6～16分

社会适应能力较差，依赖于较好的学习、生活环境，一旦遇到困难则易怨天尤人，甚至消沉。

5分以下

社会适应能力很差，在各种新环境中，即使经过一段相当长时间的努力，也不一定能够适应，常常因感到与周围事物格格不入而十分苦恼。在与他人的交往中，总是显得拘谨、羞怯、手足无措。

如果你在这个测试中得分较高，说明你的社会适应能力较强。如果你得分较低，也不必忧心忡忡，因为一个人的社会适应能力是随着年龄的增长、知识经验的丰富而不断增强的。只要你充满信心、刻苦学习、虚心求教、加强锻炼，你一定会成为适应社会的成功者。

第二单元

明辨是非做真人

今日视点

宁裸不穿冒牌货

科特妮·洛芙是美国当红的摇滚女歌手和富有才华的演员，拥有最会着装女明星的美誉。早在1992年，洛芙就被誉为大众时尚偶像。科特妮·洛芙同时也一直是时装编辑和品牌设计师眼中的宠儿。2006年初，科特妮·洛芙穿着一件香奈儿的晚礼服与女儿一同出席帕丽斯·希尔顿的生日会。令人意想不到的是，这件礼服出了天大的问题，第二天，各大报刊刊登了洛芙穿仿冒礼服的丑事。几天之后，事情传到了香奈儿设计师卡尔·拉格菲尔德的耳朵里，他勃然大怒，一气之下取消了洛芙预订的所有新款时装。事后洛芙三次登门道歉，却遭到拒绝，最后她的诚意得到了拉格菲尔德的原谅，但是洛芙在时尚圈却被打上了“仿冒品使用者”的标签。此后，洛芙对造型师买回的每一件名牌商品都小心检查，并以身作则打出了“宁裸不穿冒牌货”的口号。

讨论：香奈儿的设计师为什么会勃然大怒？作为著名的女明星，科特妮·洛芙为什么要亲自向香奈儿的设计师登门道歉？她为什么要“以身作则打出了‘宁裸不穿冒牌货’的口号”呢？

指点迷津

俗话说，是非之心，人皆有之。能否明辨是非，是否选择做真人，这是区别心灵真善美还是假恶丑的一条重要标准。香奈儿的设计师因为科特妮·洛芙穿了自己设计的服装的冒牌货而勃然大怒，是因为对于设计师来说，冒牌货就是侮辱设计师灵魂的罪犯，而每一个使用赝品的人都是帮凶。科特妮·洛芙因为未能辨别出晚礼服是赝品而影响了香奈儿设计师的名誉，因而亲自登门道歉。虽然晚礼服是科特妮·洛芙的造型师为她选的，错不在她，可她依然向香奈儿设计师道歉，并以身作则打出了“宁裸不穿冒牌货”的口号，这说明，科特妮·洛芙能够明辨是非，说明她是一个真诚的人，一个心灵纯真的人，一个有道德的人。同学们应该向科特妮·洛芙学习，学会明辨是非，学做真人。

成语明辨是非来源于《礼记·中庸》：“慎思之，明辨之，笃行之”。其意思是分清楚是和非、正确和错误。为什么遇事要分清是非？分清是非有哪些好处？不分清是非有什么不好？因为是非不明，难以自律；是非分明，才能择善避恶。所以我们遇事应该分清是非。

人民教育家陶行知明确提出了育人的标准及途径："千教万教，教人求真；千学万学，学做真人。"这十六个字言简意赅，真人就是真实、真诚、无伪装的人，有道德的人，人格健全的人，完善的人。培养真人是时代的呼唤，是民族振兴的需要，是国家昌盛的希望。真人既要有健康的身体，求真实干的本领，无我忘私的胸怀，立志奉献的精神，还要有做人中人的态度，为民造福的宏愿。陶行知曾说："道德是做人的根本。根本一坏，纵使你有些学问和本领，也无甚用处。否则，没有道德的人，学问和本领愈大，就能为非作恶愈大。"

教育方略

故事分享

何为宝?

宋国有个人得到一块璞玉，献给本国的大夫子罕。子罕不受。于是这个人说："这是宝玉呀，最适宜给君子做用具，留给我们地位低下的人是不合适的。"子罕回答："尔以玉为宝，我以不受子玉为宝。我们何不各守其宝?"

讨论：请同学们想一下，子罕为什么不接受宝玉？这个故事对我们有何启发？

教师点评

有人以"璞玉"为宝，子罕以"不贪"为宝。许多人听了这个故事以后，都鄙视送玉的人而赞美子罕。其实仔细想想，这个送玉的人所说的话也不无道理。"不贪"是宝，"宝玉"也是宝。"不贪"是"精神之宝"，而"宝玉"则是"物质之宝"。按照常理来说，人们既需要"精神之宝"，也需要"物质之宝"。而且在很多人眼里，"物质之宝"比"精神之宝"更为重要。子罕的可贵，不在于他鄙视宝玉，而在于他能够分清什么是别人的，什么是自己的。在生活和学习当中，我们会接触很多人，经历很多事，这其中离不开价值的判断，都要讲是非善恶。老师和家长常希望我们懂事，懂事就是能判断是非善恶，这是做人的基本能力和品质。只有知道了什么是是非善恶，才能决定自己应该做什么，不应该做什么，才能扬善弃恶，在人生的十字路口作出正确的选择。而判断是非善恶需要有正确的标准，这就是一把良知的标尺。凡是对的行为或事物就坚持，凡是错误的行为或事物就坚决抵制、改正，做一个有道德、人格健全的人。

各抒己见

好"的哥"

马兴元是平凉市顺达小汽车出租公司的一位司机，2009年12月26日下午7时许，他驾驶的一辆红色轿车行驶到平凉东大街的世纪金鼎时，有四人搭乘了他的出租车。上车后四人说着话，一会儿工夫他们便到了目的地。四人下车后，马兴元在整理后座的坐垫时，发现一个钱包。当时，他想追上归还，但又担心事情"有诈"，他立即给出租车公司的经理打了电话。公司经理叫马志学，他让马兴元赶到自己所在地方，并叫来公司里的另一位员工一起当着马兴元的面，对钱包里的物品进行了清点，发现里面有现金900余元，各种信用卡7张，身份证两张，以及名片等物品。

马经理根据名片上的电话号码打过去，对方是一位女士，但她有些怀疑，也拒不承认自己丢失钱包。无奈之下，马经理只好向其询问包里的一张男士身份证的情况，对方说那是其父的身份证，并告诉了其父的电话号码。

当马经理打通那位父亲的电话后，对方还是说自己没有丢失东西，只是说自己的身份证给女儿拿去办银行卡了。女儿说没丢东西，可身份证怎么会让别人捡到，他说自己要打电话询问一下才能说清楚。

2010年1月14日下午，平凉市出租车管理办公室接到了一位女士的电话，电话中她用激动的话语表达了她对一个出租车司机的感激之情。她说，那位好“的哥”与公司的经理是在自己没有发现、拒不承认失物的情况下，多方查找、苦苦求证，才让自己的钱包失而复得。为了表示感谢，她还专门制作了一面锦旗送到公司，上面写着“拾金不昧，品德高尚”。

原来，失主是某财产保险公司的一位营销讲师，当时她接到马经理的电话，还认为是哪个熟人在开玩笑，就说自己没有丢东西，后来感到对对方不熟悉，就有些怀疑。不过，当对方说出其父的名字时，她还是说了父亲的电话号码。当父亲把电话打来后，她才猛然发现自己的钱包没了，里面不仅有近千元的现金，还有多张银行卡等。她连忙给马经理打了电话，说那钱包的确是自己的，并说出了钱包的特征。

讨论与思考：

1. “的哥”捡到钱包后为什么不直接归还失主？
2. 女失主为什么对送包电话疑心重重？
3. 如果你是“的哥”的话，在这样的情况下你会怎样做？

教师点评

一个人生活在社会上，难免会受到社会现象、社会风气的影响，我们要接触形形色色的人，判断各种各样的事情。社会是个五颜六色的大染缸，社会也是丰富多彩的大课堂。随着年龄的增长，我们应该提高自己辨别是非的能力，能够在生活道路上作出正确的判断和选择：分清楚什么是对、什么是错、什么是善、什么是恶、什么是美、什么是丑，然后才能决定什么应该做、什么不应该做、什么值得崇拜和效仿、什么应该鄙视和抛弃。

道德是做人的根本，是必不可少的准则，是每个人不可缺失的品质。选择道德，就意味着我们可能要拉下面子、摆脱诱惑、舍己为人，这听起来就不容易，做起来更需要意志和毅力。平凉出租汽车司机以拾金不昧的传统美德作为自己做人的准则，以自己的行动在公众心目中重塑了自己的形象。只要我们人人遵守社会道德，社会就会更加和谐、更加美好。

寓言故事

咚来了！

从前有一只兔子在河边睡觉。河岸旁边有一棵松树，上面的一根小树枝，被风吹断，掉入水里，入水时发出“咚”的一声，吓醒了兔子。这个受到惊吓的兔子仓皇地逃跑，一路上对所遇见的动物大声警告道：“咚来了！咚来了！”包括狐狸等听到警告的动物们，也跟着惊慌而逃。这些动物最后遇到狮子，狮子被告知了他们逃跑的原因后说：“先别害怕，等我弄明白‘咚’是什么再说！”经过逐次的追问，找到了兔子，由兔子带着大家，回到河边去看“咚”。看了以后，大家才明白兔子所言，其实不需要害怕。

讨论：请同学们想一下，这个寓言故事讲述了什么？告诉我们什么道理？

教师点评

受到兔子警告的动物们在没有弄清事情真相的情况下就跟着兔子惊慌而逃，是典型的“盲目从众心理”的表现。所谓从众心理是指个人受到外界人群行为的影响，而在自己的知觉、判断、认识上表现出服从于公众舆论或多数人的行为方式，是大部分个体普遍具有的心理现象。通常情况下，多数人的意见往往是对的。少数服从多数，一般是不错的。但缺乏分析，不作独立思考，不顾是非曲直，一概服从多数，随大流走，则是不可取的，是消极的“盲目从众心理”。同学们应该博学多闻，遇事要沉着冷静，一定要思考，这种事物有什么利弊，是否适合自己。要学会理性地分析，提高自己的分辨能力，有主见，克服固执己见、盲目自信，不要盲目崇拜，不墨守成规，不要只学外在的东西，而要亲自探究事物的真相，要有选择，要择善而从。

角色游戏

设计制作亲情卡若干张，上面写上朋友、亲戚、家人的名字。每人随机抽取5张，当你必须作出选择舍弃一人（不需解释原因），你会怎样做，并说说你留下最后一个人的原因。

教师点评

生活中常常需要作出选择，人们往往会凭自己的喜好和价值取向来决定取舍。不管怎样，我们决不能超越道德的底线，道德与不道德往往是一步之遥，只要人人迈出一小步，我们的社会就会进步一大步。

学以致用

讨论：在日常学习和生活中，当你发现下列行为的时候，应该怎么办？理由是什么？

1. 家中来客人了，吃饭时爸爸叫奶奶到厨房里吃。
2. 公共汽车上，我看见一位孕妇站着。
3. 一位盲人拄着拐杖要过马路。
4. 奶奶生病了，呕吐时弄脏了床单，妈妈责怪奶奶。
5. 中国某地发生了7.1级地震，同学们纷纷拿出自己的压岁钱为灾区人民捐款，献上一份爱心。
6. 日本某地发生了7.1级地震，同学们纷纷拿出自己的压岁钱为灾区人民捐款，献上一份爱心。
7. 今天轮到同桌马强值日了。他说身体不太舒服，趴在桌子上。
8. 放学回家的路上，看见有人正在翻越马路上的围栏。
9. 好朋友晓健做作业时遇到了困难，想借我的作业本抄一下答案。
10. 放学后，同学约我一起到网吧玩游戏。

教师点评

勿以恶小而为之，勿以善小而不为。任何美好的理想和信念都需要“从近处着手”去实现和落实，塑造真人，必须从小事做起，坚持严格要求，从小就要学会面对和克服困难。

小结

是非好比一枚硬币的两面，不明是非的人可能很“愤青”，却很难真切理解道德的内涵，学做真人的基础是明辨是非。社会是复杂的，确定正确的是非善恶观是做真人的基本前提。作为新世纪的青少年，不但要认真学习、掌握科学文化知识，还要学会做事、做人，在生活道路上作出正确的选择。也就是说，同学们要独立思考，增强辨别真善美与假恶丑的能力，正确对待社会影响，学会正确认识和判断日常生活和学习中事物、行为的是与非、对与错，对的就要坚持，错误的要坚决抵制或改正，做一个有道德、人格健全的人。

参考资料

宁为真白丁，不做假秀才

人民教育家陶行知有四个儿子，但这四个儿子中只有最小的儿子有正式文凭。“千教万教教人求真，千学万学学做真人”是陶行知的名言，也贯穿在他对子女的教育中。他的二儿子陶晓光在无线电方面很有专长。1940 年底，陶晓光到成都一家无线电厂工作，需要一份学历证明书。陶晓光没有正规的学历，只好写信向育才学校副校长马侣贤求助。很快马校长寄出了一张陶晓光的毕业证明书。陶行知在重庆闻讯后，立即电告儿子将此证明书寄回，接着又寄出一封家信，给儿子开了一张真实学历水平的证明，证明信上写着“宁为真白丁，不做假秀才”。信中，陶行知对儿子讲，我们必须坚持“宁为真白丁，不做假秀才”。如果这样真实的证明不合用，宁可自己出钱，不拿薪水，帮助国家工作，同时跟各位学术专家学习。万一因证明不合传统，连工作和学习的机会都被取消，那么，你可以回重庆，这里有金大电机工程，或许可以去。陶行知告诫儿子，记住“追求真理做真人”这七个字，终身受用无穷，决不能向虚伪的社会学习或妥协。

是　非

陶行知

孟子说：“是非之心，人皆有之。”生理心理学家把人的头脑解剖实验了几千百次，至今没有找着这样一个专管是非的“心”。

是非只是判断行为的一种符号。这种判断的能力是在判断上得来的。它是在实际生活里学得的本领，不是与生俱来的良知良能。

在实际生活中，人们对于某一种行为加以某一种符号，丝毫不容假借，久而久之，习惯成自然，是的便会说是，非的便会说非，没有什么参差。如在实际生活中，有人混乱黑白，指鹿为马，是的有时说作非，非的有时说作是，这样一来，是非便不能分明了。

为什么要颠倒是非？大凡自己讨便宜的时候，不愿是非分明，只要自己吃了一点亏，便大声疾呼的要人家辨别是非。“是非”是上算者的敌人，“明是非”是吃亏者的呼冤。人不能老是上算，也不能老是吃亏，故有时要是非，有时不要是非。

靖节公（陶渊明）有诗说：“衰荣无定在，彼此更共之。”“是”岂能专属于我？“非”岂能常属于人？

是非如贞操，既已挥之而去，何能招之即来？

当前的势力是占便宜的势力。拜倒在当前势力膝下的人的字典里，没有“是非”。如果有，便是另有注解。

只许自己是，硬派别人非，是当前势力之惯技。有时连呼冤也不许。在这种情形之下，受冤屈的人只有打出是非来。是非要靠武力打出来，那是多么不经济的一回事呀！

是非之判断大都含有时代性、地域性、阶级性。一时代有一时代之“是非”，一地域有一地域之“是非”，一阶级有一阶级之“是非”。

量布用尺，量米用斗，量是非的尺与斗是什么？我以现代中国大众的一分子提出是非标准如下：

（一）公者是，不公者非。增进大众福利者是，损害大众福利者非。大众福利与小集团福利冲突时，拥护大众福利者是，拥护小集团福利者非。

（二）真者是，不真者非。

（三）推动时代前进者是，阻碍时代前进者非。

中学教育要培养学生的正义感

正义在人类认识史上一直是一个永恒的价值理念。早在战国时代思想家荀子就说过：“不学问，无正义，以富利为隆，是俗人者也。”这说明了正义是一种好的价值取向。西方古典理性主义者亚里士多德（Aristotle，公元前384－前322）在《尼各马可伦理学》中认为正义是百德之首，有正义感的人是真正有道德的人。康德（Immanuel Kant，1724－1804）也认为，正义感是理性的个人对正义普遍法则的一种敬重之情，个人内心对这个“绝对命令”有着坚定的信仰，按照正义法则办事是个人不容推卸的义务。虽然正义一直受人们的推崇，然而现在社会上正义感丧失的现象却是屡见不鲜。正义感的缺失在学生中也有存在，比如：

在马路上，一群学生围住一个学生，推搡打骂，周围观看的学生没有一个上来劝阻，围观者一个个表情麻木，甚至还有学生呐喊助威。

公交车上，一学生看见小偷在车上偷人钱包，熟视无睹。

老师调查谁损毁了班上的公共财物，许多学生知情不报，甚至替肇事者说谎隐瞒。

学生作为国家的未来，社会的希望，并且还是受教育者，居然如此的缺乏正义感，不得不让人们担心。究其原因，应该有如下三个方面：家庭的、社会的、学校教育中的。如何在学校教育中培养学生的正义感呢。

首先，教育不仅仅是培养学生的智力素质，更重要的是要培养学生的人文素质，其中培养学生的正义感十分关键。一个没有正义感的学生就失去了基本的人生是非观。如果失去正义感的培养，那学生的是非观就会变得模糊，很容易导致学生走向歧途。课堂上，教师拿到一篇文章，不应只是教会学生如何认字、如何阅读文章、理解文章，还应该向学生宣扬文章中蕴涵的人文精神，让人文精神在学生的心中留下印象，并用具体的课文和生动的人物事件来说明，继而把这种精神推广到学生的实际行动中去。作为一个教育工作者，我们应该当一个不折不扣的为正义辩护的卫道士。

人教社课本第四册选录了金庸的武侠小说《天龙八部》和另外一部侠义小说《卧虎藏龙》，之后在社会上引起了轩然大波。反对者认为，武侠小说中有很多暴力情节和江湖义气，担心学生会迷失在“江湖”中。有这种担心是很有道理的。然而怎样避免学生迷失“江湖”呢？这决定于一个老师对这类文学作品的教授方式。一个好的老师是会很好地引导学生穿越其中的刀光剑影，去探究它背后的更高尚的东西，即文中宣扬的一种侠义精神。但侠义精神乍一听还是江湖气浓，并与现在的社会制度不适，因此必须要把文中的侠义精神转接到现实生活中，即用古时的侠义精神来宣扬并促进现在的正义感，以此为契机去提倡人文关怀。

其次，随着社会的不断发展，越来越需要高素质的人才。但这里的高素质并不只是指拥有高智商的人，而是那种德才兼备的人才。所以应该以培养学生的综合素质为己任。在语文教育的同时培养学生的道德情操，培养学生的正义感。一个没有正义感的人，其他的道德标准就很难稳定地维持。美国哲学家与政治理论家约翰·罗尔斯在其《正义论》中就曾写道：“正义感可以由道德情感升华为道德情操，它具有极强的稳定性和巨大的有效性。”

科学研究表明，一个人的人生观、世界观、价值观在青少年时期就已开始定型，而中学阶段更是关键，因此树立学生明辨是非的正义感就尤为重要。正义感是一个学生形成正确的人生观、世界观、价值观很重要的前提，正如一栋很高的大厦不可能建立在土坯上一样。所以教育者应该耳提面命地向学生宣扬正义感，因为正义感并不是一个人与生俱来的，它需要教育者们经常提醒学生，并且要强化正义感在现实中的意义。

笼统地说提高学生的道德情操只是一句空话，道德情操是一个很空泛的概念，具体怎么操作无从谈起。应该把提高学生的道德情操细化到一点上，即培养学生的正义感。用培养学生的正义感作为培养学生道德情操的一个支点。随后再建立以正义感为道德基础的其他道德观念。

培养学生正义感并不是培养学生那种“路见不平，拔刀相助”的水浒精神，而是要积极引导学生在符合现行的制度中的一种正义精神。同时，教育者自身的素质也很重要。一个没有好的道德标准的老师能培养出一个有正义感的学生那是荒谬的！

说了这么多，但真正施行起来还是任重而道远的。真正想每个学生都是正义之士，那是不可能的，要让这种正义精神成为每个学生的无意识中的道德底线。遇到不正义的事情时，不再是麻木、冷漠。所谓防民之口，甚于防川，能在舆论上伸张正义也未尝不是一件好事。

第三单元

追求真相，独立思考

今日视点

犹太人的经典著作《塔木德》中记载了如下一个故事：

教士问一个年轻人："有两个犹太人从烟囱里掉下去，一个满身灰尘，非常的脏，另一个则一尘不染，非常干净。谁会去洗身子呢？"

年轻人说："当然是满身脏的人！"

教士说："你错了！满身灰尘的人看着很干净的人会想，我身上一定也是干净的；而很干净的人看着很脏的人想，我身上一定也是很脏的。所以，是很干净的人去洗身子！"

教士接着又问："两个人后来又掉进高大的烟囱，谁会去洗身子呢？"

年轻人脱口而出："当然是那个很干净的人！"

教士说："你又错了！很干净的人在洗澡时，发现自己并不脏；而那个满身脏的人明白了那位干净的人为什么要去洗澡，所以这次他跑去洗澡了。"

教士再问："第三次从烟囱掉下去，谁又会去洗澡呢？"

年轻人说："当然还是那个身子脏的人。"

教士说："你又错了！你见过两个人从同一个烟囱掉下去，其中一个干净、一个脏的吗？"

讨论：故事中的年轻人犯了什么错误，这个故事给你怎样的启示呢？

指点迷津

故事中的年轻人缺少独立思考，人云亦云，所以总也找不到正确的答案。这种人在我们周围很常见，不愿独立思考，缺少质疑的精神，总是鹦鹉学舌，这样的状况很令人担忧。在国际竞争激烈的今天，人才是最核心的竞争。独立思考和怀疑是一个人成才的必要品质，衡量一个人是不是人才，最核心的是看他是否有发现问题、解决问题的能力。对人才来说，具备独立思考的能力和习惯非常重要。不能独立思考，就不会有创新，没有创新就没有进步。

独立思考就是凭借自己独立地发现问题、解决问题的能力。一个能够独立思考的人，会在观察事物、讨论问题、分析案例或总结反省的过程中，分析真伪，判断正误，评论优劣，大胆质疑，提出自己的见解，会尽可能地寻找事实真相。养成了独立思考的习惯，也就具备了终身学习成长的能力。一个能够独立思考的人也是个思想自立的人，他不会轻信与盲从，不用唯唯诺诺跟在别人身后唯恐偏离方向被人耻笑，不会膜拜权威，能够坚持自己的主见。所以说，独立思考问题习惯的养成，能使人受益终身。

独立思考问题，需要一定的知识经验。所以还需主动学习，建立起自己的知识结构，在这个学习的过程中培养自己质疑、反思的习惯，培养自己的求异思维和批判精神。每个人都有创造的潜能，有一种与生俱来地把自己当成探索者、发现者、研究者的本能，有证实自己能力的需要，独立思考问题能够满足这种需要。所有我们要努力地成为一个能够独立思考的、享有思想自由的人。

独立思考也会犯错误，出现错误时要勇敢地否定自己、改正自己，在这个过程中还是需要独立思考和怀疑。一贯地独立思考，就会越来越接近于本真，就会将蒙在人心灵上的迷雾一层一层地清除掉。

教育方略

故事辨析

善问的维特根斯坦

著名哲学家维特根斯坦在剑桥大学学习时，曾是大哲学家穆尔的学生。在穆尔授课期间，维特根斯坦是最令他头痛的学生。维特根斯坦总有问不完的疑问，一个接一个，总是没完没了。常常一堂课会变成维特根斯坦提出疑问、由穆尔一一解答的答辨课。甚至在休息期间，维特根斯坦也穷追不休，亦步亦趋地紧跟着老师穆尔。在剑桥大学，维特根斯坦是一个有名的“问题篓子”。有一天，穆尔的朋友、著名哲学家罗素登门和穆尔闲聊，他问穆尔：“谁是你最出色的学生?”穆尔毫不犹豫地回答说：“是维特根斯坦。”罗素问：“为什么呢?”“因为在我所有的学生中，只有维特根斯坦老是有一大堆学术上的疑问。”穆尔回答说。十几年过去后，维特根斯坦在哲学界的名气不仅远远超过了自己的导师穆尔，而且也超过了大哲学家罗素，声名鹊起，如日中天。这时，穆尔拜访罗素，问：“知道和维特根斯坦比较起来，我们为什么落伍了吗?”罗素听了，静静想了一会儿，回答说：“因为我们提不出疑问了，而维特根斯坦却还有一大堆的疑问。”

讨论：维特根斯坦为什么能够超越自己的老师？你心中有哪些疑问？

教师点评

通常我们讲的大学问家，不只是看他有多么渊博的知识，而是要看他是否能提出有价值的问题。维特根斯坦之所以能够超越自己的老师，是因为他有问题意识。问题意识是人们在认知、实践、探索等活动过程中，经常意识到一些难以解决的实际及理论问题，并产生一种怀疑、困惑、焦虑、探索的心理状态，这种心理又驱使个体积极思维，不断提出问题和解决问题。从心理学角度讲，提出问题有助于学生对所学知识的认识与理解。学生自主提问比被老师提问更有助于自身的学习和思维能力的提高。但曾经有这么一个案例，一位法国教育心理学专家先后给法国的学生和中国的学生出了一道完全一样的测试题：一艘船上有86头牛，34只羊，问这艘船的船长年纪有多大？超过90%的法国学生对测试题提出了异议，认为这道测试题没有实际意义，也就根本没办法回答，甚至嘲笑老师的“糊涂”。显而易见，这些法国学生的质疑是对的。中国学生的情况恰恰与此相反，90%的同学认真地做出了答案：86－34＝52，船长的年龄是52岁。

只有10%的同学认为此题非常荒谬，无法解答。做出正确回答的同学只有10%。在中国孩子身上，服从和接受远远大于怀疑。然而，俗话说得好，“学问学问一学二问”，质疑是消化知识、发现问题、把知识转化为能力的一个重要环节。“疑是思之始，学之端。”“学贵有疑，小疑则小进，大疑则大进。”缺少质疑的精神，没有独立提出问题的能力，就不能进步。所以同学们要克服要面子的虚荣心，在学习中敢问多问，培养自己提出问题的能力。

诗歌欣赏

每事问

发明千千万，起点是一问。禽兽不如人，过在不会问。
智者问得巧，愚者问得笨。人力胜天工，只在每事问。

八位顾问

我有八位好朋友，肯把万事告诉我。
你若问他真姓名，名字不同都姓何：
何事？何故？何人？何如？何时？何地？何去？好像弟弟与哥哥。
还有一个西洋派，姓名颠倒叫“几何”。
若向八贤常请教，虽是笨人不会错。

问到底

天地是个闷葫芦，闷葫芦里有妙理。
您不问它您怕它，它一被问它怕您。
您若愿意问问看，一问直须问到底。

讨论：上面的几首诗讲明了些什么道理？这几首诗非常通俗易记，大家比比看谁记住了。

教师点评

陶行知的诗既讲了问的重要性，又讲了如何提问，强调提有价值的问题，并不断提问，直到彻底明了，同学们要尽可能做到这点。

心理自测

你有问题意识吗？

1. 我喜欢去寻找事实真相。
2. 我善于制订一个有系统的计划去解决复杂的问题。
3. 当面对困难时，我通常要考虑所有的可能性。
4. 新产品的说明书即使复杂难懂，我也会继续阅读下去。
5. 我会怀疑众人都认为是理所当然的事。
6. 了解别人对事物的想法，对我来说是重要的。
7. 当面对一个重要抉择时，我会先尽力收集一切有关的资料。
8. 我期待去面对富有挑战性的事物。
9. 面对问题时，因为我能作出客观的分析，所以我的同伴会找我作决定。
10. 对我自己所相信的事，我是坚信不疑的。

11. 我会尽量去学习每一样东西，即使我不知道它们何时有用。

讨论：从这个自测中，你是否了解到自己的问题意识水平？怎样提高问题意识水平？

教师点评

如果你有6道题目都回答否，就要加强培养自己提出问题的能力。

故事辨析

敢于质疑的指挥家

小泽征尔有一次去欧洲参加指挥家大赛，在进行决赛时，他被安排在最后一个出场。评委给他一张乐谱，在演奏中，小泽征尔突然发现乐曲中出现了不和谐的地方。开始他以为是演奏家们演奏错了，就指挥身边的乐队停下来重奏一次，仍然觉得不自然。这时在场的权威人士都郑重声明乐谱没有错，而是他自己的错觉。面对几百名国际权威，他不免对自己的判断产生怀疑，他再三考虑，坚信自己的判断是正确的，于是大吼一声："不，一定是乐谱错了！"他的喊声刚落，评委们立即向他报以热烈的掌声，祝贺他夺魁。原来，这是评委们的圈套，以试探指挥家们在发现错误而权威人士不承认的情况下，是否能坚持自己的判断。

不惧权威的小护士

护士小王聪明能干，可有个"缺点"，就是只要认准的理，她就死咬着不放，直到对方服了才善罢甘休。有一次，她所在外科的张主任亲自主刀抢救一位腹腔脏器受伤的重伤员，器械护士正好是小王，手术顺利完成。当张主任宣布关腹腔时，小王却出人意料地说："且慢关腹，少一块纱布。"张主任问："一共多少块纱布？"小王说："16块。""现在多少？"张主任问。"15块。"小王回答。"你记错了。"张主任肯定地说。"没有，肯定没有。"小王斩钉截铁地说。张主任这位资深的著名外科专家似乎生气了，果断地说："关腹，我负责！"小王又认死理了，"你负不了责！主任，我们是救死扶伤的人，要对每一位病人负责！"她坚决阻止关腹，要求重新探查。张主任点了点头，接着他欣然松开一只手，"这块纱布在我手里，你是一位合格的手术护士。"

讨论：你佩服故事中的指挥家小泽征尔和护士小王吗？为什么？

教师点评

无论是著名的指挥家小泽征尔还是默默无闻的护士小王都很值得我们敬佩，因为他们不迷信权威，在权威人士拒不承认错误的情况下，依然能坚持自己的判断。扪心自问，我们自己做得到吗？我们中的绝大多数人从小就被教育"不听老人言，吃苦在眼前"，被告诫要尊重权威服从领导，长期的服从让我们失去了质疑的能力与勇气，这是非常危险的。惧怕权威、缺少质疑的勇气酿成的大错乃至灾难在历史上数不胜数。对权威应当尊重，但过分尊重有时会贬低自己的才能，甚至品质。敢于挑战权威的人，不仅能证实自己的实力，也能为社会的进步带来贡献。比如伽利略，面对周围的人对先哲亚里士多德的极度崇拜，他敢于站到比萨斜塔上用自由落体实验去验证先哲是错误的，这需要怎样的挑战权威的勇气啊！爱默生说："相信你自己的思想，相信你内心深处认为是正确的东西。"很多人在权威面前显得十分渺小，最大的原因是他们对自己的不肯定。如果你确信你是正确的，那么就坚定地相信自己，并设法去证实自己。

思维训练

重读灰姑娘

从前，有一个富人的妻子得了重病去世了，留下一个可怜的漂亮小女孩。新妻子带着她以前生的两个女儿一起来安家了。她们外表很美丽，但是内心却非常丑陋邪恶。她们到来之时，也就是这个可怜的小姑娘深受苦难之始。她们说："要这样一个没用的饭桶在厅堂里干什么？谁想吃上面包，谁就得自己去挣，滚到厨房里做厨房女佣去吧！"说完便脱去她漂亮的衣裳，给她换上灰色的旧外套，恶作剧似地嘲笑她，把她赶到厨房里去了。她被迫去干艰苦的活儿。每天天不亮就起来担水、生火、做饭、洗衣，而且还要忍受她的姐妹对她的嘲笑和折磨。到了晚上，她累得筋疲力尽时，连睡觉的床铺也没有，不得不睡在炉灶旁边的灰烬中，这一来她身上沾满了灰烬，又脏，又难看，由于这个原因她们就叫她灰姑娘。不久之后，国王为了给自己的儿子选择未婚妻，准备举办盛大的舞会，让王子从这些参加舞会的姑娘中选一个做自己的新娘。灰姑娘的两个姐姐也被邀请参加。灰姑娘苦苦哀求她的继母让她去，可继母还是不让她去，只留下灰姑娘孤零零地一个人悲伤地坐在榛树下哭泣："榛树啊！请你帮帮我，请你摇一摇，为我抖落金银礼服一整套。"她的朋友小鸟从树上飞下来，为她带了一套金银制成的礼服和一双光亮的丝制舞鞋，小鸟告诉她必须在午夜12点前返回，否则这些礼服和鞋子就会变成原样。穿上豪华的礼服之后的灰姑娘看起来是如此高雅、漂亮，美丽动人极了。王子非常喜欢她。一连几天，她都赶在午夜12点前返回，可最后一天她竟把左脚的水晶鞋失落在楼梯上了。王子将舞鞋拾起，第二天来到他的国王父亲面前说："我要娶正好能穿上这只水晶鞋的姑娘做我的妻子。"灰姑娘的两个姐妹都不能穿上这只鞋，王子对灰姑娘的父亲说："这不是真新娘，你还有女儿吗？"父亲回答说："只有我前妻生的一个叫灰姑娘的邋遢女儿，她不可能是新娘。"然而，王子一定要他把她带来试一试。灰姑娘先把脸和手洗干净，然后走进来很有教养地向王子屈膝行礼。王子把舞鞋拿给她穿，鞋子穿在她脚上就像是专门为她做的一样。他走上前仔细看清楚她的脸后，认出了她，马上兴奋地说道："这才是我真正的新娘。"在灰姑娘与王子的结婚晚会上，灰姑娘的两个姐姐也去了，灰姑娘的朋友鸽子在门口看见她们，于是啄瞎了她们的各一只眼睛，说："这是你们应有的惩罚。"

讨论：灰姑娘的故事我们几乎都耳熟能详，善良隐忍的灰姑娘美好的结局让我们感动。几乎每一次我们都把它当成一个正面的故事来听，可是今天，我们要换个角度看这个故事，同学们一起想一想，这个故事有哪些经不起推敲的或负面的不合理的情节？

教师点评

同学们说了那么多，总结起来可以发现，这个经典的童话故事有如下这些问题：

1. 情节上有个大漏洞，灰姑娘华美的礼服和水晶鞋在午夜12点以后要变回原样，可是落在王子那里的水晶鞋却没有变回去。

2. 灰姑娘很美丽，这似乎告诉读者只有美丽的姑娘才会有美好的结局，容易误导女孩子。

3. 故事里灰姑娘的继母非常邪恶，这也会让孩子们觉得继母都是坏人。

4. 灰姑娘很是隐忍，从不反抗，缺少现代励志精神。

从对这个经典童话的分析过程我们可以发现，当不按照常规思维来分析事物时，能够得出与以往不同的结论。

思维是人脑对客观现实概括的和间接的反映，它反映的是事物的本质和事物间规律性的联系。很多研究者都认为人脑可以像肌肉一样通过后天的训练强化，也就是说思维能力可以通过训练来提高。独立思考需要依靠较高的思维能力，这就需要平时加强思维训练。常用的思维训练方法有脑力激荡法、优缺点列举法、逆向思维等等。

角色游戏

谁更好

人物：小黄、小蓝。

上课的场景：老师在讲课，小黄认真做笔记，小蓝只听不记。小黄说："好记性不如烂笔头，记在纸上才能更好地记心上。"小蓝说："老师讲了这么多，只有笨人做笔记，我听听就能记心间。只记老师讲什么，哪还再有创造性？"

下课的场景：小黄积极做作业，小蓝追着老师问了个问题后就把课本放一边。小黄说："把知识融会贯通很重要，多做作业多复习，积累多了才能有创意。"小蓝说："知识理解最重要，死记硬背最没用，不学小黄闷头学，我依然天天有进步。"

讨论：你觉得小黄和小蓝，谁的方法更有效？

教师点评

小黄和小蓝的方法各有利弊。小蓝积极提问非常重要，小黄认真做笔记课后多复习同样很重要。在思考问题时，要避免陷进非彼即此的陷阱，因为提出问题解决问题的能力是建立在已有知识经验的基础之上的，问题是在已有知识与新知识的相互联系与作用中产生的，是在运用已有知识解决新问题的过程中产生的。如果原有认知结构中连起码的基础知识都不具备，新知识与已有知识没有发生联系，遇到新问题时就会无所适从，更谈不上什么"提问"，所以知识的积累与融会贯通非常重要。莱纳斯·鲍林是美国著名的理论化学家，他在进入俄勒冈农学院后就非常珍惜所获得的学习机会，勤奋刻苦地学习，决不轻易浪费一分一秒，总是如饥似渴地吮吸着各方面的知识。鲍林认为：课本上每章每节的知识是分散的、孤立的，要想形成知识体系，课后必须要花时间去整理、总结。通过对所学知识进行概括，可以抓住应掌握的重点和关键。他在学习中十分注意提炼升华，举一反三，力求深刻理解诸多学科的定义、概念及其相互关系和区别。每学习一个专题，他就要把分散在各章中的知识点连成线、辅成面、结成网，使学到的知识系统化、结构化。他说："这样运用起来才能连贯畅通，思维活跃。"最后就是他的这些好习惯助他走上了成功之路。对于自己所学的每门学科，应养成总结的好习惯，把它们归纳起来，学习效率才会提高。

小结

巴尔扎克说，一个能思想的人，才真是一个力量无边的人。纵观历史，一个能够独立思考的人才能成为一个思想自由、有所成就的人，也才能真正实现心灵自主与解放。若想能够独立思考，需具备质疑的能力与精神，善于提出问题。"打开一切科学的钥匙，都无异议地是问号，我们大部分伟大发现应归功于'为何?'而生活的智慧大概就在于逢事都问个'为什么?'"我们可以通过提问培养自己独立思考的能力和习惯。当有确凿的证据证明自己是对的时，不必迷信权威，盲目从众，要勇于坚持自己的观点。不积跬步，无以至千里，独立思考问题能力的提高就在于知识的融会贯通和日常的思维训练。总之，要树立积极向上的学习和生活态度，逐步养成独立思考、明辨是非的良好习惯。

参考资料

关于提出问题能力的培养

1．教学生掌握提出问题的角度

“提出问题的角度”是一种经验性知识。学生在学习提出问题时，教师应结合学生的具体学习实践不断引导学生对提出的问题“进行回顾总结”，使学生能够掌握“从哪些方面来提出问题”，在以后“提出问题”的学习活动中，能够针对有关的内容去认真思考，提出问题。

例如在语文教学中教给并训练学生提出因自己现有知识经验以及能力不能理解的词句；生僻的不理解的词句；因有转义、比喻义、引申义、特定环境义而不能理解的词或句；重点词句的作用及它们的联系（为什么这样写、这样说?）；句子间、段落间、句段与篇章间的联系；写法上的独特作用；内容与中心的关系；怎么样弄懂、怎么样解决某个问题（学习方法方面的问题）；在理解内容的过程中，自己已有的态度、情感、价值观与文章内容的冲突等问题。

数学教学中训练学生从以下角度提出问题：应用旧知识解决新问题时的困难；在发现或认识新的规律之后追问为什么；在观察操作的基础上，针对现象提出有关道理、规律方面的为什么；在理解掌握新知识后与已有知识、经验相比较提出知识的联系、区别的问题等等。

在自然教学中，训练学生针对自然现象提出有关道理方面的为什么；针对实验操作时观察到的现象提出有关道理、规律、结论与现象的关系、不同的实验得出不同结论的原因方面的为什么；应用已有知识解释新现象、新问题时，提出解决不了的问题等。

2．对学生进行“提出问题的能力与意识”的专项培养

（1）采用恰当的手段把学生引向积极主动求知探索的学习活动，激发并培养学生的学习兴趣，逐步训练和培养学生主动探究的习惯。

（2）在训练学生提问的最初阶段，当学生还不会提问时，教师应该注意引导学生去阅读、观察、分析、比较，由教师向学生布置学习任务，引导学生产生并提出问题。

（3）从“让学生把任何自己不明白的问题提出来”入手进行提出问题的习惯与勇气的训练，对学生学习过程中的任何提问都给予热情的鼓励，营造民主的教学气氛，培养学生乐于提问、敢于提问的学习品质。

（4）注意培养学生认真观察、认真思考、认真比较、区分异同的学习品质。在教学中要把培养学生专注认真的学习态度和习惯作为一项重要的目标，抓住一切机会进行严格的训练。

（5）运用评价手段，针对学生的提问给予恰当评价、引导，反复强化，使学生切实掌握，学会“从哪些方面提问”、“怎么提问”。可采用针对个体提出的问题，追问问题产生的过程、方法。

（6）从学生提出的问题入手安排学生的学习活动，使学生树立“学习源于问题”的意识，不仅解决问题，而且对提问的意识给予正向强化。

逐步培养和训练学生在遇到困难、发现问题时，先自己尝试运用已有知识、经验解决问题，实在解决不了时再提出问题的习惯。学生在学习新知识的过程中，不明白，不会做的新问题会很多，但其中有些是他们运用已有的知识、经验可以转化解决的。要逐步培养和训练学生在遇到问题和困难时先自己尝试解决的习惯。

（7）结合教学的实际，组织学生对全班同学提出的问题进行评议，使学生在学习实践中，逐步认识什么样的问题是有价值的问题，逐步训练学生提出有价值的问题。

（8）在学生的提问过程中，针对学生提出的问题，恰当地进行引导和训练，使学生懂得怎样把“提问”表述明白。重点应从以下几个方面来进行引导：①困难或不懂的地方在哪儿？哪项任务不能完成？教材的哪里不能理解？②用自己的话把问题表述清楚，对典型的问题要集中进行指导和训练，个别的问题，教师要通过“询问”，让学生表述清楚；③对学生提出的问题进行翻译——在学生提问的语言表述不很明白、清晰时，教师对学生的提问给予“翻译”，帮助学生将问题表述明白；④小组同学间互相帮助，对没有表述明白的问题进行“翻译”。

训练学生提问时，应该重点在教学过程中进行，但必要时，可安排活动课，针对以往教学过程中学生在“提出问题”的能力与习惯等方面存在的问题进行专门训练。

第四单元

做情绪的主人

今日视点

烦恼树的故事

在我们的日常生活中，随时随地都会有情绪存在，一切活动都会打上情绪的印迹。人们就是在这五彩缤纷的情绪世界里，体味着人生百味，如何自主调节情绪是每个人都会遇到的难题。

一个水管工的运气很糟，先是车子的轮胎爆裂，再就是电钻坏了，最后，那辆老爷车也趴了窝，雇主只好开车送他回家。在门口，满脸晦气的水管工没有马上进屋，而是沉默了一阵子，伸出双手去抚摸门旁一棵小树的枝杈。待到门打开时，水管工已经笑逐颜开了。

雇主按捺不住好奇心，问："刚才你在门口的动作，有什么用意吗?" 水管工爽快地回答："这是我的'烦恼树'。我到外面工作，磕磕碰碰，总是有的。可是烦恼不能带进家门。我就把它们挂在树上，明天出门再拿走。奇怪的是，第二天我到树前去，'烦恼'大半都不见了。"

讨论：如果故事中的他不把烦恼"挂"在树上，后果会怎样？你受到哪些启示呢？

指点迷津

同学们，你们也应该有一棵"烦恼树"，它不一定在家门前。可以是无形的，栽在心田一角；可以是有形的——日记本上的自我宣泄、化解和安慰；可以是向老师的倾诉或朋友间的交流。对同学，是友好的互助；对路上的陌生人，是礼让的手势、关切的眼神和温暖的微笑。烦恼，谁没有呢？我们所缺的是"烦恼树"。如果没有就栽上一棵吧！

我们要时时保持理智，做情绪的主人，既不要被胜利冲昏头脑，也不要被悲伤击倒。最为关键的是不要无节制地被情绪所左右、所奴役。激动、喜悦、兴奋、失望、气愤、懊悔等这些感受，就是人的情绪表现。情绪是人心理活动的重要表现，它产生于人的内心需要的满足情况。同时，情绪又是心灵种子所发出的芽、所开出的花，所以心灵不同的人在同一情景中的情绪表现各不相同。

情绪是人的内心活动，它是和人的内心需要相联系的，也是和人心灵品质直接相关的。每人都有自己的需要，根据内心需要满足程度的不同，可以产生不同的情绪反应。其实情绪就是人对客观事物的态度体验，是人所具有的一种心理形式，如疼痛会引起我们不愉快的情绪，期待已久的愿望的实现会引起我们愉快的情绪。

教育方略

缤纷情绪

人的内心世界非常丰富，恩格斯曾经把情绪比作是“地球上最美的花朵”，丰富的内心世界决定了人的情绪也是多种多样的，我们可以用许多词语描绘情绪。下面，请各小组在三分钟之内列出描述情绪的词汇。看哪组列出的情绪类型或描绘情绪的词语最多。

教师点评

其实欢喜、狂喜、眉开眼笑等都是表示我们的情绪是高兴的、愉悦的，是个体积极的情绪；而恐惧、痛苦、愤怒、悲伤、垂头丧气、厌恶等都是对我们不好的、低落的情绪的形容，是个体消极的情绪。这些情绪可以说是每个人都具有的，“人非草木，孰能无情”。情绪是把双刃剑：一方面，情绪可以充实人的体力和精力，提高个人的活动效率和能力，促使我们健康成长；另一方面，情绪也会使人感到难受，抑制人的活动能力，降低人的自控能力和活动效率，做出一些令自己后悔甚至违法的事。情绪对个体发挥积极作用还是消极作用，取决于情绪调节的策略。人的情绪千变万化，我们能否正确、合理地调节情绪，做情绪的主人，直接关系到一个人的精神状态和生活质量，也决定着一个人能否将各种情绪转化为自己的积极动力。那么，到底应该怎样合理地调节情绪呢？

角色表演

场景：一对好朋友

李明与纪强既是好朋友，又是小学同班同学，两人同时接到某中学入学通知书，又同在一个班级。两人非常高兴，都下决心要在新的学习环境中更加努力，取得好成绩。由于学习内容增多，两人都感到有些不太适应。期中考试到了，两人的成绩均不是很理想，但看到成绩，两人情绪感受大不一样。李明与老师认真分析了造成成绩不好的原因，李明认为一次考试不能代表将来，于是调整好自己的情绪，更加努力学习，课上认真听讲，不懂就问，积极参加班级的活动，成绩提高很快。纪强看到成绩很气愤地将试卷揉成一团，扔进抽屉，没有理睬任何人就走了，接下来的日子，纪强无精打采，课上老师检查背书，他背不下来，每次测验就紧张、出汗，成绩不断下滑。李明找他他也不理，独自一人发呆，时间很快过去了，他消瘦了许多。

请班上四位同学自愿报名，分别扮演李明与纪强以及他们的老师，要求演得越形象越生动越好。

教师点评

不同的人对同样的事会产生不同的情绪。同一个人对同一件事情，心态不同，所引发的情绪也有所不同。其实影响情绪的真正因素，并非事件本身，而是自己对这一事件的看法与解释。同样的事情，因为不同的想法，会产生不同的情绪反应。因而，如果能够对事情作出合理的解释或产生正确的想法，就会帮助人有效地调节自己的情绪。

故事分享

五百两黄金买智慧

古时候，有一个国家非常富有，任何物品应有尽有，不虞匮乏。有一天，该国国王想：

"我的国家如此富裕，但一定还有一些别国有而我国没有的东西，我应该设法把它买回来。"于是，国王就派了一位大臣，周游列国，去寻找自己国家所没有的东西。可是，大臣走了好多国家后发现，好像没有什么东西是自己国家所欠缺的，再奔走了好几国之后，大臣在一个小国的市集中看到了一个小摊位，摊位后除了坐一个老先生之外，并没有贩售什么东西。此时，大臣好奇地问老先生："你在卖什么东西呢？怎么没看到东西？""我呀！我在卖智慧"，老先生微笑着说道。"智慧？智慧是什么东西？好像我们国家没有"，大臣很有兴趣地问："智慧要怎么卖？卖多少钱？"坐在摊贩桌后的老先生说："卖黄金五百两。""啊？黄金五百两，哇，真的好贵！"可是大臣知道，自己国家不缺钱，只缺智慧，为了能回去向国王交代，就当场花五百两黄金把智慧买下。

老先生收了黄金之后，就拿出一张纸条，上面写着二十个字："凡事多思维，切勿率嗔怒；今日用不到，必定有用时。"

大臣看了这二十个字，觉得太贵吧！这些字也没什么了不起嘛，可是买卖既已成交，就不能后悔！后来这大臣想，好不容易买了智慧，事不宜迟，就骑快马，赶了三天三夜的路，才于半夜回到家，准备明日上朝时，回禀国王。

可是当大臣回到家，打开房间，发现幽暗的床帐下，摆着两双鞋子。大臣一看，不禁怒火中烧，心想：我家只有我和太太两人，怎么我一出远门，床下又出现别人的一双鞋。大臣愈想愈气，便拿起腰间的利刃，准备把床上的两人刺死！

不过刹那间，大臣想起了三天前刚买的"智慧"，也重复念着"凡事多思维，切勿率嗔怒……"

结果，把床上的人惊醒，里面的人拨开床帐，探头出来。大臣一看——原来是他的母亲，得知儿媳生病，儿子又奉国王之命出远门，特地赶来照顾儿媳妇。这时，大臣不禁喃喃自语："太便宜了，太便宜了，五百两黄金保住了母亲和妻子，避免了悲剧的发生，买回这智慧不是太便宜了吗？"

讨论：同学们有过因情绪失控做错事的经历吗？你们感到自己是否也需要"智慧"呢？

教师点评

我们在遇到不如意的事情时，常常在不了解、不理智、无耐心、缺少思考、冲动、未能多方体谅对方、不先反省自己的情况下，不分青红皂白地大发雷霆。很多悲剧都是由于一时冲动和鲁莽造成的，如果我们遇事能够保持冷静，多一些思考，多一些理智，等了解整个事实真相后再作决定，那么很多悲剧都可以避免。

各抒己见

生气的时候就跑三圈

从前，在西藏有一个叫爱地巴的人，每次当他生气或与别人争吵的时候，就以很快的速度跑回家去，绕着自己的房子和土地跑上三圈，然后坐在田边喘气。

爱地巴是一个很精明和辛劳的人，他的房子越来越大，土地也越来越广。但不管房子和土地有多广大，只要与人争论而生气的时候，他就会绕着房子和土地跑三圈。

"爱地巴为什么每次生气都绕着房子和土地跑三圈呢？"所有认识他的人，心理都起疑惑，但是不管怎么问他，爱地巴都不愿意明说。

直到有一天，爱地巴很老了，他的房子和土地也已经很广大了，他生了气，仍然拄着拐杖艰难地绕着土地和房子转。等他好不容易走完三圈，太阳已经下山了，爱地巴独自坐在田边喘气。

他的孙子在身边恳求他："阿公！您已经这么大年纪了，这附近地区也没有其他人的土地比您的更广，您不要再像从前，一生气就绕着土地跑了。还有，您可不可以告诉我您一生气就要绕着土地跑三圈的原因？"

爱地巴终于说出隐藏在心里多年的秘密，他说："年轻的时候，我一和人吵架、争论、生气，就绕着房子和土地跑三圈，边跑边想，自己的房子这么小，土地这么少，哪有时间去和人生气呢？一想到这里，气就消了，把所有时间都用来努力工作。"

孙子问道："阿公！那您年老了，已经变成最富有的人，为什么还要绕着房子和土地跑？"

爱地巴笑着说："我现在还是会生气，生气时绕着房子和土地走三圈，边走边想自己的房子这么大，土地这么多，又何必和人计较呢？一想到这里，气就消了。"

讨论：爱地巴是怎样通过"烦恼路"走向成功？你有没有比这更方便的办法？

教师点评

爱地巴是通过跑步来缓解自己的不良情绪的。这是情绪调节的方法之一，叫转移法，即寻找另一个注意对象，借以忘记自己的不良情绪。例如，可以通过做自己感兴趣的事情（画画、听音乐、弹琴、踢足球、看课外书等），使自己忘记或消除不良情绪。

对于愤怒等不良情绪，是马上爆发出来，还是慢慢地释放出来，完全取决于你的情绪管理办法，凡事总有解决的办法，方法不同，效果就不同。

温和的回答能够给一个人带来好运，当我们面对一件令人生气的事情时，愤怒应对只会让事情变得更糟，如果采用温和的态度来对待，说不定坏事也可以变成好事。让自己的情绪缓一缓，等自己的内心平静了再作决定。如果我们把生气的时间花在解决问题上，那么事情就会变得顺利多了。

人的怨气和不满在体内积久了，就会形成负能量，如果让这些负能量引发的不良情绪马上爆发，就会对自己和他人造成伤害。在日常生活中，我们可以通过角色的转换、空间的转移、时间的延缓来掌控自己的情绪。只要我们冷静、正确、理智地面对不良情绪，让心灵回归宁静，就会避免伤害自己和别人。

学以致用

教师：下面是两位同学在情绪上遇到的一些问题，一位同学为自己的身材而苦恼，另一位则常发脾气，请同学们帮助这两位排解烦恼吧！

我是一位女孩子，从同学们的议论中，我明白自己太胖了，好像一只小胖熊，为此，我非常苦恼。为了减肥，我尽量不吃甜食和油腻的食物。现在，我经常会有头晕无力的感觉，爸爸妈妈还以为我病了呢。班里有什么活动，我再也不愿意参加了。我这么胖，谁会喜欢我呢？到底应该怎样减肥呢？

某同学动不动就爱发脾气。只要稍有不顺心的事，他就很难控制自己的情绪，总要拿哪个人或哪件东西来出出气。上课受批评，跟老师怄气；同学们不小心碰到他也发脾气。总而言之，就是喜欢发脾气。而且，他的脾气还有个特点，那就是怪别人不好，因而总要骂人、摔东西，把他人当成“出气筒”。比如，上课玩东西被没收了，跟老师发脾气说“小心你玻璃窗，哪天我把它砸了”；同学扫地时，扫把不小心碰到了他的脚，他就骂同学，别人反抗就动手，人人都把他当成班级的“炸弹”，谁惹他谁倒霉。

讨论：请同学们给这两位同学出些主意，想想办法。

教师点评

生活和工作中难免会遇到令人不愉快和烦闷的事情，这时人在压力情境中难免会有种种消极的、冲突的、痛苦的情绪反应。上述女孩能够给老师写信诉说自己的烦恼，其实也是调节自己不良情绪的一种方法，即向别人倾诉法。可以找自己的好朋友、父母、老师诉说自己的烦恼或困惑，让他们帮助自己解决问题，从而达到疏导自己不良情绪的目的。

愤怒是个人的欲求和意图遭到妨碍时产生的一种消极情绪体验。许多人由于情绪的自我调控能力较差，冲动性较为明显，因此常常在不该发脾气的时候发脾气，因为一点儿小事就会相互打起来，因为父母的某些做法不够合理就冲他们大喊大叫……但他们的愤怒来得急，去得也快，常常两个人今天因为发生一些矛盾而大发雷霆，明天就可能一块儿玩。在日常生活中，引起愤怒的原因很多，每个人都不可避免地会产生愤怒的情绪体验。愤怒是一种有害的情绪状态，常常会给人带来意想不到的麻烦，如同学关系疏远，师生关系紧张，而且长期、持续的愤怒对个体的健康损害也是极大的。过度的愤怒甚至还会使人丧失理智，引发犯罪或其他后果，因此控制愤怒的情绪十分重要。

由于愤怒常常是突发性的情绪反应，在所有的情绪控制中，愤怒的控制是最难做到的，即使成人也会有“勃然大怒”的时候。但是，愤怒和其他情绪反应一样也是可以控制的。

1. 情境转移法。遇到使人产生愤怒的情绪的情况，我就让学生们要尽量避开，暂时躲一躲，以免刺激他发怒。比如，可以出去走一走，听听音乐，或者和谈得来的朋友在一起聊聊天，干点儿自己喜欢的事，心情就会好起来。

2. 理智制怒法。当你动怒时，最好先想想以下问题中的任何一个：我为什么生气？这事或这人值不值得我生气？生气能解决问题吗？生气对我有什么好处？可以在即将动怒时对自己下命令：不要生气！坚持一分钟！一分钟坚持住了，好样的，再坚持一分钟！再坚持一分钟！两分钟都过去了，为什么不再坚持下去呢？用理智来控制发怒的情绪反应。

3. 评价推迟法。一件当时使你感到“怒不可遏”的事，过了一段时间后，就会感觉到已经不那么值得你生气了。因此当因为某件事情要生气时，不妨先把它放下，等过一个小时、一个星期甚至一个月之后再去想它。

4. 情感宣泄法。如果有的事情或人有充足的理由使人发怒，这种情况下不妨坦率地把心中的不满讲出来，你就会发现心里会爽快一点儿。也可转移目标发泄出来，比如去打沙袋，或去跳健美操，都能减少愤怒对自身的伤害。但要注意情感的宣泄要以不损害他人的利益为前提，不可在情绪的支配下，做出过激的行为。

心灵感悟

教师带领全班同学朗读下面的诗歌，让同学们细细品味其中蕴含的哲理。

你改变不了环境，但你可以改变自己；
你改变不了事实，但你可以改变态度；
你改变不了过去，但你可以改变现在；
你不能控制他人，但你可以掌握自己；

你不能预知明天，但你可以把握今天；

你不能样样顺利，但你可以事事尽心；

你不能左右天气，但你可以改变心情；

你不能选择容貌，但你可以展现笑容；

你不能延伸生命的长度，但你可以决定生命的宽度。

小结

人生经历的情绪体验有多种，各种体验对人的影响各不相同，只有你成为情绪的主人时，才可能有效地将情绪转化为自己成长的动力和养分。人生难免有诸多的不如意，谁能担保在生活中不遇到一些上火、压抑、郁闷的事情呢？青少年时期，身体心理急剧变化，也是情绪表现最剧烈的阶段，再加上当今的社会环境正处于一个激烈变化的时期，学业负担较重，同学们比以前承受了更多来自学习、家庭、人际交往等各方面的压力，致使你们的情绪更容易发生波动。因此同学们应该善于调整自己，做情绪的主人，能够将大事化小，小事化了，面临困难不退缩，与人和睦相处，将生命的舵掌握在自己的手上，不论风浪如何侵袭，总能收放自如。通过学会调控情绪，修养自己的心灵，同时发挥内涵丰厚的心灵作用，不使情绪成为脱缰的野马。

参考资料

情绪调节教育与学生身心健康

一、不良情绪对身心健康的影响

适度产生焦虑、忧愁、恐惧和愤怒等不良情绪是正常而且对身心健康是有益的。比如个体在适度的焦虑情绪下，大脑和神经系统的张力增加，大脑处于应激状态，唤醒水平提高，从而提高思考能力和反应能力，进而提高了学习和工作效率。同样，适度的惧怕，可以提高人们的警惕性，避免危险的发生。然而，过度的不良情绪不仅会降低工作效率，还会对人的身体健康产生不良影响。

不良情绪有两种：一种是激情，一种是消极心境。

1. 激情。激情是一种强烈的、爆发性的、为时短暂的情绪状态，如果将它指向某一工作或研究对象，将会大大提高效率；同时在激情状态下，人的认知活动将受到抑制，使认识范围缩小，不能正确评价自己行动的意义及后果，自制力降低，从而导致负面结果的产生。经常会有一些学生，平时学习成绩很好，可是到了高考时，由于情绪激动，成绩反而会不如平时那么好。也有一些运动员在重大比赛中，会因为过于兴奋而导致发挥不好。《儒林外史》中，那个屡考不中的范进，在听到自己中了举人之后，由于太兴奋而导致发疯。再如盛怒之下，气急攻心，心脏病突发等。这些都是激情状态下对身心产生的不良影响。

2. 消极心境。心境是指一种平稳而持久的情绪状态，当人们处于某种心境时会以同样的情绪体验看待周围事物。当有刺激发生时，个体产生一定的情绪反应是正常的，但如果刺激结束，个体仍不能从当时的情绪反应中走出来，那么就会影响一个人的身心健康了。比如一个人，如果经历一次失败，就从此一蹶不振，一直郁郁寡欢，处于一种消极的心境中，那么一定会影响他的学习工作效率，甚至会出现抑郁症。

综上所述，人是有情绪的，但人更是理智的。良好的情绪调节能促进身心健康，不良的情绪调节或情绪失调将危害身心健康。一个心理健康的人应该学会用理智驾驭情绪，合理调节情绪，享受美好生活。

二、情绪调节

情绪调节是个体管理和改变自己或他人情绪的过程，在这个过程中，通过使用一定的策略和机制，使情绪在生理活动和行为表现等方面发生一定的变化。

对正常情绪要进行适当宣泄，对不良情绪要进行调节。情绪调节的方法主要有以下几种：

1. 理智。在挫折面前，人应当以对事物的理性认识来调节个人的情绪，在忍不住要动怒前，应竭力审察情势，检讨反省：发怒是否合理？发怒的后果如何？有没有其他更适当的方法来处理？经过如此三思而后行，便能消除或减轻愤懑心理，使情绪趋于平复，使人的认识能力恢复正常，不再受到抑制，从而作出正确的决定和判断。

2. 转移。当发生情绪反应时，大脑中有一个占绝对优势的兴奋点，此时如果能另外激发出来几个别的兴奋点来分担，便可以分解那个占优势的兴奋点的能量。当火气上来时，有意识地转移话题或做点别的事情来分散注意力，便可使不良情绪得到缓解，不会影响人的身心功能。在余怒未消时，可以通过听音乐、看电影、打球、跑步等正当而有益的活动，使紧张情绪松弛下来。

3. 升华。将不为社会所认可的动机或欲望导往比较崇高的方向，使其具有创造性、建设性，这就是升华，这是对不良情绪一种比较高水平的调节，是将情绪激起的能量引向对人、对己和对社会都有利的方向。

4. 合理化。指当个体的行为不能达到其原定的目标，为了减轻因为失败产生的紧张与焦虑等不良情绪，找来各种理由和借口安慰自己，让自己感到心安理得的过程。例如人们常说的吃不到葡萄便说葡萄是酸的，或阿 Q 的精神胜利法。

5. 幽默。当个体遇到一种不调和或对自己不利的情景时，为了使自己不陷入激动状态和被动局面，便可以以一种自嘲或善意的玩笑来化解困境，以一种洒脱的态度去应付。一个得体的幽默往往可以使一个本来紧张的状况变得比较轻松，使一个窘迫的场面在笑语中悄然化解，使愤怒、不安的情绪得以缓解。

6. 放松。通过训练，人们还可以用自我放松法来调节情绪，即按照一套特定的程序，以机体的一些随意反应去改善机体的另一些非随意反应，用心理过程来影响生理过程，从而取得松弛的效果，使紧张和焦虑的情绪解除，比如中国的气功和印度的瑜伽等均有这样的功效。

总之，为了自己的身心健康，要学会调节自己的情绪，养成乐观的性格，为生活营造幽默、风趣、欢乐和轻松的气氛。

自我情绪体验测验

指导语：请根据自己的实际情况，在下面每题的答案中选择一个答案，您的回答没有正确与错误之分，请放心作答。

1. 我常常会无缘无故地感到不高兴。（　　）

a. 是　　b. 否

2. 睡觉起来，我会感到精力充沛。（　　）

a. 是　　b. 否

3. 朋友弄坏了我的东西，我会因此生气好几天。（　　）

a. 是　　b. 否

4. 我总是努力做好自己应该做的事情。（　　）

a. 是　　b. 否

5. 我会做许多别的同伴不会做的事情。（　　）

a. 是　　b. 否

6. 我常常因为多吃零食而不想吃饭。（　　）

a. 是　　b. 否

7. 和朋友一起玩，我会感到很高兴。（　　）

a. 是　　b. 否

8. 如果别人在某件事情上错怪了我，我会感到委屈。（　　）

a. 是　　b. 否

9. 我认为吃饭是件很麻烦的事情。（　　）

a. 是　　b. 否

10. 当我做错了事，即使父母不批评我，我也会感到很难受。（　　）

a. 是　　b. 否

11. 我在家会做一些力所能及的家务，因为我觉得自己已经长大了。（　　）

a. 是　　b. 否

12. 父母要我做一件事情，我总是感到很有信心。（　　）

a. 是　　b. 否

13. 即使是吃饱了饭，我也忍不住想要再吃别的东西，比如零食什么的。（　　）

a. 是　　b. 否

14. 我常常感到肚子不舒服。（　　）

a. 是　　b. 否

15. 我认为以后的生活会越来越有意思。（　　）

a. 是　　b. 否

16. 没有完成妈妈交给我的任务，我会感到很羞愧。（　　）

a. 是　　b. 否

17. 一个人在家的时候，我不知道该做些什么，总会感到很孤独。（　　）

a. 是　　b. 否

18. 我希望能在学校表现得很好，从而得到老师的表扬。（　　）

a. 是　　　　b. 否

计分方法：

下表中的答案计分栏中，如果 a＝1，b＝0，则表示这道题选 a 得 1 分，选 b 得 0 分，以此类推。将各题得分相加即为测验总分。

题号	答案计分	题号	答案计分	题号	答案计分
1	a＝1，b＝0	7	a＝1，b＝0	13	a＝1，b＝0
2	a＝1，b＝0	8	a＝0，b＝1	14	a＝1，b＝0
3	a＝1，b＝0	9	a＝1，b＝0	15	a＝0，b＝1
4	a＝0，b＝1	10	a＝0，b＝1	16	a＝0，b＝1
5	a＝0，b＝1	11	a＝1，b＝0	17	a＝0，b＝1
6	a＝0，b＝1	12	a＝0，b＝1	18	a＝0，b＝1

结果分析：

0～4 分

表示个体的自我情绪体验消极。得分处于这一分数段的个体情绪不稳定，爱发脾气，甚至无理取闹，或是压抑自己，产生不良情绪的内心冲突。个体通常自我评价消极，自我效能感差，缺乏信心，对自身或外界事物的变化缺乏正确的解释，常常把失败归因于自身的无能，极大地挫伤自信心的建立，对个体心理健康发展极为有害。

5～9 分

表示个体的自我情绪体验较为消极。得分处于这一分数段的个体情绪常常不稳定，较为脆弱，容易受到伤害。通常比较缺乏积极的自我评价，自我效能感差，比较缺乏信心，对自身或外界事物的变化常常不能给出正确的解释，倾向于把失败归因于自身的素质，以至于常常会挫伤自信心。这种类型的个体需要成人的帮助来树立自信心，建立正确的情绪体验。

10～14 分

表示个体的自我情绪体验较为积极，趋向于健康。个体能较好地控制自己的情绪，但有时反应激烈，不能使负面情绪得到良好的释放。自我评价较为积极，自我效能感较强，具有良好的自信心，对自身或外界事物的变化能给出基本正确的解释，倾向于把成功归因于自己的能力，有利于自信心的建立。应加以引导，使个体建立更为健康、稳定的自我情绪体验。

15～18 分

表示个体具有健康、积极的自我情绪体验。得分处于这一分数段的个体情绪稳定，能控制自己的情绪，并善于对不良情绪体验进行适当的调解，保持积极的情绪体验，释放消极的情绪体验。通常具有积极的自我评价和较高的自我效能感，具有非常强烈的自信心，对自身或外界事物的变化能给出正确的解释，把成功归因于自身的能力，把失败归因于客观事物和外界环境，有利于自信心的建立。应注意培养个体不断地完善、调整自我情绪体验，保持谦虚谨慎。

第五单元

让心灵归于宁静

今日视点

沉稳者与浮躁者

从前，有一个沉稳者和一个浮躁者一起，在一座高山上偶然与酒仙相遇，并且得到酒仙教给他们的一种酿酒的妙法：选端午节那天成熟的米，冰雪初融时高山流泉的水，蒸熟后，放入千年紫砂土筑成的陶瓮，再用初夏第一张看见朝阳的新荷覆盖，密封七七四十九天，直到鸡叫三遍后方可启封。

两个人都表示得此仙方，一定会酿造出世上最甘醇的美酒。他们说到做到，在历经千辛万苦后，终于找齐了所有的材料，连同梦想一起调和，密封在陶瓮里，然后潜心等待。

两个人终于等到了第49天，他们太激动了，以致夜不能寐，等着公鸡打鸣。两个人感觉在等了很久很久以后，传来了第一遍鸡鸣；又等了很久，依稀响起了第二遍；第三遍鸡鸣到底什么时候才会响起呢？其中的浮躁者终于忍不住了，他想鸡鸣两遍和三遍并没有区别，于是打开了他的陶瓮，沉稳者虽然也按捺不住想要伸手，却还是咬着牙，坚持等到第三遍鸡鸣。

结果怎么样呢？先打开陶瓮的，里面是一汪清水，里面的酒和醋一样酸。而坚持到鸡叫三遍的人，得到了甘甜清澈的天赐佳酿。

讨论：请同学们想一下，为什么沉稳者和浮躁者用的材料一样，而结果却不一样呢？这个故事想告诉人们什么道理？

指点迷津

当今社会浮躁之风盛行，难寻宁静之心，不少人成天追逐的是升官、发财、成功、成名，以致他们都没有解决好“放心”的问题。中国古话说：淡泊以明志，宁静以致远。之所以沉稳者能够得到佳酿，浮躁者得到清水，是因为浮躁者急于求成，总是在想着事情的最后成果，急于看到自己所做的工作的成果，于是放弃酒仙告知的酿造方法，致使功亏一篑。两种截然相反的结果，源于浮躁与沉稳的较量。那么，什么是浮躁？浮躁即轻率、急躁。浮躁之人为人轻浮，做事无恒心，见异思迁，不安分，总想投机取巧，成天无所事事，脾气大。“浮躁”在心理上表现为一种冲动性、盲动性、烦躁、急躁、急功近利；在行动上表现为缺乏理智、盲目冒险。浮躁对社会而言是一种冲动性、情绪性、盲动性相交织的病态社会心理，是一种不能让人心平气和、脚踏实地做事的不良心理，这种心理的产生跟所处的环境和主观情绪有密切的联系。浮躁与艰苦创业、脚踏实地、励精图治、公平竞争是相对立的。浮躁者喜欢虚荣，只看到自己的成绩，而看不到自己的缺陷和问题，总以为形势一片大好。人一旦具有了浮躁心理，就容易见异思迁，急功近利，做什么事情都想以最短的时间达到最大的效果，缺乏耐心和恒心。浮躁使人失去对自我的准确定位，使人随波逐流、盲目行动，对个人、集体及整个社会的正常运作极为有害，必须予以纠正。

教育方略

怪异的姓

从前，有一位财主家里非常富有。因为他只有一个儿子，所以财主非常疼爱他的儿子，希望他学富五车，才高八斗。到了小少爷该上学的年龄了，财主花高价钱专门为他请了一位远近闻名的私塾先生。私塾先生教小少爷写“一二三”。他告诉小少爷“一”就写一道横，“二”就是写两道横，“三”就写三道横。“明白了，真简单呀！”小少爷高兴地说。“现在，我教你写……”私塾先生还没有说完，小少爷就不耐烦地说：“别说了，别说了，我知道该怎么写了。”每次，私塾先生要教小少爷写字，他都心不在焉，以为自己什么都会了。有一天，财主想邀请他的好朋友万老爷到自己家做客，于是，就让小少爷写请帖。小少爷爽快地答应了，在书房写起请帖来。不知不觉很长时间过去了，请帖还没有送给财主过目。财主感到非常纳闷，于是前去看个究竟。不料，只见小少爷在纸上画了很多横。财主问：“你请帖写完了吗？”“你看，我不是正在写吗？”小少爷应道。“这位老爷，姓什么不好，偏偏姓这么个‘怪姓’？害得我写了这么长时间还没有写完。”小少爷抱怨道。“你以为‘万’就是要画一万道横吗？”财主问。“是呀，‘一’画一道横，‘二’画两道横，‘三’画三道横……‘万’不就是画一万道横吗？”小少爷反问道。“哎！”听了小少爷的话，财主不由得叹了口气。

讨论：请同学们想一想，为什么小少爷不会写“万”字？这个故事告诉我们什么道理？

教师点评

小少爷缺乏耐心，心绪浮躁，自以为找到了学习的捷径，因而写不出“万”字。由此可见，浮躁对学习有极大的危害性。这则故事告诉我们，学习要有恒心和毅力，要戒骄戒躁，克服浮躁心理。学习要靠硬功夫、苦功夫，需要甘于寂寞、坐冷板凳，没有捷径可走，偷懒不得、飘浮不得、急躁不得，必须脚踏实地一步一个脚印地往前走，经过由浅入深、由简单到复杂的不断积累和深化，才能形成自己的知识链条和知识网络体系。在知识的大海中，精华的部分是最不容易被发现的，宝藏总是隐藏在深处，要想获得高深的知识，就必须勤学苦练，不畏艰难险阻，鼓足勇气，坚定信心，勇敢地、全身心地潜入知识海洋的深处。如果只是漂浮在表面，游走在边缘，所学到的永远只能是肤浅的皮毛。

各抒己见

A与B

两位刚毕业的大学生到同一家公司面试，最后两个人都被录用了。一开始每天都能接触到新鲜的东西，他们工作热情都很高。可是一个月过去后，情况开始变化了。

A开始厌倦这份工作，他对B说：“辛辛苦苦工作一个月还不如我上学时兼职挣的钱多呢!”

“薪水是低了点，但是以前兼职只能挣点钱，没有什么技能提高可言!”

“生活不就是挣点钱吗?”A撇嘴说，“我们得换工作! 这样下去真没意思!”

“刚开始没有经验都是这样吧! 要走也得学点东西再走啊!”B说。

A没有接受B的劝告，义无反顾地拿着一笔试用期的工资走了。B继续留在原来的地方。三年后，他们又相遇了。A依然和他当年说要走时一样，一脸愤世嫉俗的表情。

“你这是去哪里?”B问他。

“天下老板都像乌鸦一样黑! 都要把员工往干处榨! 我刚辞职，打算去一家新公司应聘!”A诉苦，然后问道，“你去哪里呢?”

“我去看车展，想买辆车!”

“你要买车了? 你发财了?”

“我现在是技术部的总监!”

A瞠目结舌。B接着说：“其实当时你再坚持一个月就好了，事实证明公司的待遇不是很差，前提是我们要有过硬的技术!”

哪只猴子更可爱?

有一群猴子，终日生活在一座深山里。日复一日，年复一年。有一天，有两只猴子突然对自己的生活失去了新鲜感，它们告别了猴群，结伴下山游玩，心想也许生命应该是另一番动人的模样。

不久它们路过一片果园，各种鲜果实在可口，饱餐一顿后，手上都还抓满两把带走。再往前走的时候，路过一片稻田，田里有些青蛙又蹦又叫，好不欢乐。两只猴子看得心痒，它们都想抓住青蛙，可又担心抓青蛙时会把手里的鲜果弄丢，其中的黑猴犹豫一阵后，果断地丢掉一只手上的鲜果，抓住了一只青蛙。花猴仿效黑猴的做法，也丢掉一只手上的鲜果，去抓住一只青蛙。它们再往前走，河水碧绿，青草如茵，空气里是沁人心脾的野花的香味，小鸟儿在天空里自由地飞翔，不时地落在树梢，叽叽喳喳地唱着动听的歌。哦，太美丽了! 两只猴子感到浑身舒展，心旷神怡。

它们坐在河边休息的时候，发现河里有各种颜色的鱼扭动着柔软的腰肢游来游去。望着这些奇妙的东西，黑猴又动心要抓一条鱼，花猴子表示反对，一怕抓不到，二怕丢了手里已经拿着的东西。

经过反复思考，黑猴终于纵身一跃跳进水里，它本以为瞅准了那条鱼，肯定能抓住，可是在水里吃力地挣扎了一番，不仅没抓到鱼，还丢了手里的鲜果和青蛙，灌了几口水，差点被淹死，这下花猴子再也忍不住要责怪它了。

讨论：为什么前一个故事中A与B刚踏上工作岗位时的境遇是一样的，而后来A与B出现了差异? 在后一个故事中，你更喜欢哪只猴子呢? 这两个故事对我们有什么启发呢?

教师点评

A刚踏上工作岗位时踌躇满志，原本准备大干一场，充分施展自己的才华，但在工作一段时间后，发现事与愿违，就很快产生了浮躁心理，致使他无法安心踏实地去工作，甚至对工作产生倦怠，难以坚持下去。在浮躁心理的作用下，A虽然频繁跳槽，但是也未获得成功。

A的表现一方面与社会的用人机制不完善相关，另一方面与他不切实际的想法相关。他之所以浮躁是因为没有正确认识自己，盲目攀比。要克服浮躁，就要知己知彼。有比较才有鉴别，比较是人获得自我认识的重要方式，然而比较要得法，知己又知彼才能知道是否具有可比性。例如，就“知彼”而言，相比的两人能力、知识、技能、投入要旗鼓相当，否则就无法比较，得出的结论也是虚假的。就“知己”而言，不要高估自己，也不要贬低自己。一些人把自己的能力看得过高，觉得自己不能成功是时运的问题，不安于现有的学习、工作和生活，朝秦暮楚，结果事事无成。还有些人则低估了自己，觉得自己难以面对外界的挑战和机遇，于是犹犹豫豫，心神不宁。能够做到知己知彼，合理地进行比较，人的心理失衡现象就会大大减少，也就不会产生那些心神不宁、无所适从的感觉。所谓人贵有自知之明，因此准确定位自己，清醒地明白自己的优劣势，扬长避短是成功克服浮躁心理的必备条件。

同时我们又不能机械地理解让心灵归于宁静。归于宁静不等于永不追求新的目标，两只猴子的故事让我们更全面、深刻、辩证地理解让心灵归于宁静，尽管黑猴眼下受到挫折，不仅没抓住“西瓜”，还丢掉“芝麻”，但只要它坚持下去，它会比花猴获益更多。宁静是方式和手段，致远才是目的，所以如果有新的变化，就要及时调整自己，追求更大更高的目标。世界上怕就怕认真二字，如果我们能安下心来认真做一件事情，就没有做不好的。如果我们能够坚持，真正地静下心来，认真地去学习、工作，我们会做得比现在好很多。只有拭去心灵深处的浮躁，才能找到幸福和快乐。

故事分享

蝴蝶之死

有一个小孩，很喜欢研究生物，很想知道蛹是如何破茧成蝶的。有一次，他在草丛中看见一只蛹，便取了回家，日日观察。几天以后，蛹出现了一条裂痕，里面的蝴蝶开始挣扎，想挤破蛹壳飞出。艰辛的过程达数小时之久，蝴蝶在蛹里辛苦地挣扎。小孩看着有些不忍，想要帮帮它，便拿起剪刀将蛹剪开，蝴蝶破蛹而出。但他没想到，蝴蝶挣脱蛹以后，因为翅膀不够有力，根本飞不起来，不久便痛苦地死去。

讨论：请同学们想一下蝴蝶为什么会死去？这个故事告诉我们什么道理？

教师点评

破茧成蝶的过程原本就非常痛苦、艰辛，但只有通过这一经历才能换来日后的翩翩起舞。外力不当的帮助反而让爱变成了害，违背了自然的过程，最终让蝴蝶悲惨地死去。这种现象在人类社会中也有，比如剖官产的婴儿童年时期更容易得多动症，自然生产的孩子则不会出现这种现象；在学会走路之前缺少爬行机会的孩子小脑的平衡性较差，而不少父母又不想给自己的孩子充分的爬行机会。

自然界中这些现象与人生有相同的原理，做任何事情都需要一个过程，获得大的成功也需要等待，如果不能以一种平和稳定的心态去追求成功，只会让我们变得更加浮躁，这种浮躁心态反而会阻碍最终获得成功，使我们的理想破灭。一味主观地求急图快，违背了客观规律，后果只能是欲速则不达。一个人只有摆脱了速成心理，一步步地积极努力，步步为营，才能实现自己的目的。

因而，同学们今后无论是做人还是做事都应放远眼光，循序渐进，注重平时的积累，厚积薄发，自然会水到渠成，实现自己的目标。许多事业都必须有一个痛苦挣扎、奋斗的过程，而这也是使你们得以锻炼、使你们成长、使你们有力的过程。做事应沉着、稳重，不要单纯追求速度，不要贪图小利。单纯追求速度，不讲效果，反而达不到目的；只顾眼前小利，不讲长远利益，那就什么大事也做不成。

学以致用

下面是一位同学写给老师的信的片段，请同学们想想怎样帮助他消除心理的困惑吧。

我觉得现在的自己很浮躁，不能平心静气地做一件事。学习上产生了厌烦情绪，看不进书，学不进知识，不愿深入，不求甚解。在兴趣爱好上，兴趣爱好多变，转换太快，干什么事都不长久，今天学绘画，明天学下棋，后天学游泳，三天打鱼两天晒网，忽冷忽热。理想方面，看到电影明星很风光、受人追捧、挣大钱，就想当电影明星；看到企业家神气、有派头、一掷千金，又想当企业家；看到飞行员翱翔万里，又想当飞行员……虽然自己树立的理想很高远，但是又不愿意为了实现自己的理想而努力学习。生活方面也是如此，大部分时间无所事事，心情烦躁，觉得无聊至极。我现在非常迷惘，希望您能指点指点我。

讨论：请同学们发表自己的看法。

教师点评

我们可以从以下几点帮助这位同学戒除浮躁心理。第一，确立合理的目标。目标是一个人学习、生活等所要达到的目的地，它既要展望未来，又要立足实际。制定目标时切忌好高骛远，但也不能低估自己。定得过高了可望而不可即，这就会产生自卑心理，降低学习的热情；定得过低了非但不能进步，还将产生自满的不良后果。因此，制定的目标必须看得见，够得着，才能产生实效。目标制定了，重要的是要付诸行动，要有务实精神，要脚踏实地，从小事做起，要耐得住寂寞。要时刻提醒自己，用制定的目标来约束自己的思想和行为，时时、事事、处处都朝着这个目标去努力奋斗，这样才能激励自己的行为，明确方向，安排健康的学习生活，浮躁的心理便会趋于平静。第二，要善于思考。考虑问题应从现实出发，不能跟着感觉走，看问题要站得高、看得远，做一个实在的人。第三，要立长志。俄国伟大作家托尔斯泰说过："理想是指路的明灯。没有理想，就没有坚定的方向；没有方向，就没有生活。"教师只有帮助学生树立远大的理想，才能使学生明确生活的目的和追求，对生活和学习产生高度的责任感，这对防止学生浮躁心理的滋生和蔓延是十分有利的。教师在帮助学生树立远大理想时，要注意两点。一是立志要扬长避短。有的学生立志经常不考虑自身条件，而是凭心血来潮，或看到社会上什么挣大钱，就想做什么工作。这种立志者多数是要受挫的。应根据自己的优势潜能和内在兴趣来确立目标，才会有成功的希望，千万不要赶时髦。二是立志要专一。俗话说："无志者常立志，有志者立长志。"立志不在于多，而在于"恒"。要防止"常立志而事未成"。正如赫伯特所说："人不论志气大小，只要尽力而为，矢志不渝，就一定能如愿以偿。"第四，要讲究办事的条理性。条理性和计划性应当是并存的。当有许多事情都需要做时，要分清轻重缓急，先做最迫切的事。防止毫无条理地把各项事情摆到一起，杂乱无章地乱忙一通。如果办事缺乏条理，这件事还没做完，又急着去做那件事，眉毛胡子一把抓，其结果只能是越急越糟，一件事也做不好。另外，做事要有始有终，不能虎头蛇尾，半途而废。第五，生活要有节律。应当给自己规定严格的生活制度，规定每天起床、就寝、用餐、学习、休息及其他业余活动的时间，增强生活的规律性和节奏感。严格的生活制度和生活秩序、正确的学习制度和学习秩序，对于帮助个体形成条理性和规律性，培养不慌不忙、从容不迫的行为习惯，克服急躁心理都有很大的作用。

心灵感悟

教师：诸葛亮54岁时写给他8岁儿子诸葛瞻的《诫子书》中，有一个流芳千古的名句："非淡泊无以明志，非宁静无以致远。"白居易在《问秋光》一诗中，有这么一句："身心转恬泰，烟景弥淡泊。”

讨论：请同学们谈一下对这两句话的理解。

教师点评

“非淡泊无以明志，非宁静无以致远”，既是诸葛亮对自己一生的总结，也是他对儿子的要求。诸葛亮以委婉而坚决的语气表达了他对儿子的教诲与无限的期望。这句话的大致意思是：不追求名利，生活简单朴素，才能显示出自己的志趣；不追求虚荣，心境安宁清静，才能实现远大目标。“身心转恬泰，烟景弥淡泊”则反映了白居易心无杂念，凝神安适，不限于眼前得失的那种长远而宽阔的境界。由此可见，古人早已知晓浮躁的危害性，我们更应该向他们学习，戒骄戒躁，发愤图强。

小结

浮躁是时下各社会群体中普遍存在的心灵弊病，在青少年人群中更为常见。人一浮躁，就不能专心致志地学习、工作。一会儿想这，一会儿想那，做任何事都是蜻蜓点水、浮光掠影，不踏实。现实生活中，那些不愿实干，仅仅喜欢幻想，心绪不宁，烦躁不安，想得多、做得少的人，结果到头来一无所获。所以，同学们今后要经得住外界的诱惑，要沉下心来，坐得住冷板凳，才能保证心灵通道的畅通无阻，才能让知识直抵内心和脑海。

参考资料

寂寞与守静

中西文化差异较大，有趣的是中西在如何做学问的看法上却有共同点。德国古典大学观主张寂寞，中国古代学人主张守静，虽然说法不同，内涵却是相同的。

寂寞是德国古典大学观的重要组成部分。在西方学术史上，寂寞与学者具有千丝万缕的联系。德国古典大学的组织原则是寂寞与自由，即要独立于政府的管理系统，独立于社会的经济生活，师生潜心于科学，甘于寂寞，不为俗务所扰。学者的使命决定了寂寞是其本真的生活方式之一。学者应心存大志、心无旁骛、不懈追求。在大学内部构建一种清幽淡雅的学术环境是学者守住寂寞的必要条件。同时，应消除国家和大学组织自身对自由的侵害，倡导研究与教学自由、学生学习自由。他们认为政府保障大学的自由是大学实现自身及科学繁荣的必要条件，也是国家根本利益实现的前提。

守静指收住烦乱的心，寻找一个恬静的环境来看守它。语见老子《道德经》第十六章：“致虚极，守静笃。”就是说诚心诚意地守静，一定会达到心灵空明的境界。其目的是“归根曰静，静曰复命，复命曰常，知常曰明”，即“归根复命”。就是说想要回归到生命的根源，就是要入静，入静以后，生命就可以得到回复，就能够体会到宇宙永恒的法则，就能够体悟到大道，得到真我。

“静”是一个人品性修养、道德水准的“试金石”。诸葛亮在《诫子书》中写道：“夫君子之行，静以修身，俭以养德，非淡泊无以明志，非宁静无以致远。”“静”是一种理智，是自我克制、自我提高的“法宝”。“守静”就是保持无贪、无欲、无求，心静如水的一种平淡之心、淡泊之心。“静”是相对“欲”而言，“守静”就是守住自己的思想意识、人生观、价值观，守住做人的道德底线和准则。

当今纷扰的社会环境与异化的人际关系中，寂寞与守静都遭遇到了严峻的挑战。人活着究竟是为了什么？怎样活着才有价值？这是每一个人都始终面临着的、必须作出明确回答的人生大课题。“守静”也就是要守住自己的思想“阵地”，守住自己的道德底线，守住做人的原则，也就是要管住自己、约束好自己。常言道：心不静则欲不止。能不能“守静”，能不能守住自己，保持一种平淡之心，这是检验每个人修养的“标尺”。善于“宁静”，也就是善于保护自己、爱护自己、管住自己。“守静”是一种风范、一种品德，也是自我修养、自我提高的有效途径，同时更是防止堕落的必要手段。在当今世界，面对金钱等各种诱惑，能不能“守静”？能不能守住心灵上、思想上这块“净土”？这是判断一个人是否合格的标准之一。学会“守静”，善于“守静”，始终保持一种平淡之心，经受住诱惑，耐得住寂寞，守得住清贫，这是做人的根基。

如何戒除浮躁心理

在学习中，有些同学行动盲目，心神不宁，缺乏恒心和毅力，看似忙忙碌碌，实则学习效率低下。这种情绪状态就是我们通常所说的浮躁。浮躁是当前中学生较易出现的一种心理现象，在某个学习阶段，甚至成为一些中学生的通病。浮躁心理如不及时纠正，则具有较大的危害性。

浮躁心理的表现形式因人而异，通常表现为：其一，在自由支配的时间内，不知道该做什么，不知道该先做什么、后做什么，常常手足无措，一会儿看看这本书，一会儿看看那本书；其二，在课堂上找各种借口离开座位，东张西望，交头接耳；其三，觉得课上老师讲的东西太“简单”，不值一听，或者是哈欠连天，根本不管老师讲什么；其四，兴头上来时，马上动手去做，乱忙一气，希望“快刀斩乱麻”，一下子把事做完，却常常忙中出错，甚至殃及他人；其五，跟老同学、笔友交往过密，整天沉迷在信件往来中，乐此不疲；其六，在老师批评和考试后，短时间内能意识到自己的错误，也付出一定的努力，但几天以后，依然故我。

浮躁心理必然对生活和学习产生一系列不良影响。心气浮躁会影响人的生理健康，使人生理功能紊乱，出现睡眠障碍、神经紊乱；心气浮躁更会影响人的心理健康，急功近利的人比较容易出现心理紧张、烦恼、易怒、注意力降低、思维能力减弱；心气浮躁还会影响人的社会交往，使人产生妒忌、看不惯别人、对抗、心烦、牢骚满腹等行为和情绪，影响人际交往；心气浮躁对学习的影响更是毋庸置疑，华而不实使学习无法深入，仅局限于表面，直接影响学习成绩。

那么，怎样才能戒除浮躁心理呢？

1. 明确志向，设立目标。没有目标，就如同在沙漠中漫无目的地行走，既走不出沙漠，也危害自己。要立志，而且是立长志，不要立小志，更不是常立志。这点对于防止浮躁心理的滋生和蔓延是十分重要的。在立志时，要注意两点：一是要切实可行。有的同学立志，经常不考虑自身条件，而是凭心血来潮，过高地要求自己。这种立志者多数是要受挫的。只有根据自己的特点来确立目标，才会有成功的希望。二是要专一。俗话说“无志者常立志，有志者立长志”。立志不在于多，而在于“恒”，要防止“常立志而事未成”的不好结果出现。

2. 养成良好习惯。浮躁心理很大程度上是平常在学习、生活中放松了对自己的要求而逐渐形成的。要矫正这种性格缺陷，就必须在日常的生活、学习中逐步培养良好的习惯。一是培养行动的计划性。在做事之前，经常问自己这样一些问题：“为什么做？希望什么结果？最好怎样做?”并要具体回答，写在纸上，使目的明确，言行、手段具体化。二是培养做事情有始有终的品质。不焦躁，不虚浮，踏踏实实做好每一件事，一次做不成的事情就一点一点分开做，积少成多，聚沙成塔，累积到最后即可达到目标。犹如水中行船，船虽慢，却始终在前行。

3. 在实践中历练。可以采取一些措施，有针对性地“磨炼”自己，戒除浮躁心理。如练习书法、学习绘画、弹琴、解乱绳结、下棋等，女同学还可以织毛线，以锻炼自己的耐心和韧性。

4. 向榜样汲取力量。榜样的力量是无穷的。从教师身上、同学身上，可以学习很多优秀品质，包括心理调节的方法，戒除浮躁心理的意念等。还可以多看人物传记，用他人的优良品质来对照自己，督促自己改掉浮躁的毛病，培养勤奋不息、坚忍不拔的优良品质。

5. 做心理训练。在自己感到心浮气躁、难以平静的时候，可以做想象训练或深呼吸，放松自己，使自己平静下来。例如，做事情时，可用语言进行自我暗示，“不要急，急躁会把事情办坏”，“不要这山看着那山高，这样会一事无成”，“坚持就是胜利”。只要坚持不断进行心理上的训练，浮躁的毛病就会慢慢改掉。

6. 注意锻炼身体，提高意志品质。锻炼身体，增强身体的协调性，克服注意力涣散；注重修身养性，培养理性思维和沉静优雅风度；加强品质培养，提高自我克制能力。

第六单元

天生我材必有用

今日视点

一封写给心理咨询老师的信

陈老师：

我是一名初中生，作为一个女孩子，我为自己的长相而苦恼。

我胖且矮，好羡慕那些身材苗条的女孩子啊，她们能穿漂亮的连衣裙，而我根本就找不到合适的连衣裙穿。我每天都在节食减肥，有时饿得头晕眼花。因为胖，本来不大的眼睛显得更小了。我觉得自己很丑，不敢参加班级活动，总觉得同学们在笑话我长得难看。我常常在心里埋怨造物主的不公平，埋怨父母没有给我漂亮的容貌。上小学时，我觉得自己的成绩还好，其他方面表现也不错，每年都能评上三好学生。但是，上了初中以后，名次总是排在中游，上面有很多很强的人压得我喘不过气。他们要么学习好，要么文娱方面好，比如字写得好、画画得好、歌唱得好、舞跳得好……而我什么都不行，觉得自己一无是处，糟糕透顶。我觉得别人看自己的眼光都充满了讽刺和嘲笑。

丽丽

讨论：丽丽真的一无是处吗？她是真的很糟糕还是对自己的评价太低呢？这种糟糕的心理状态会给丽丽带来什么后果呢？要改变这种情况，丽丽要怎么做呢？

指点迷津

丽丽并非一无是处，她在信中提到自己小学时成绩不错，每年都能评上三好学生，说明她肯定有与众不同的地方。她当前的心态之所以如此糟糕，是因为对自己有着不准确的评价，不能“自我悦纳”。无论你喜欢不喜欢，“自己”都是一个不可改变的存在。如果连自己都不能悦纳，那你的心灵中就会有两个“自己”在相互鄙视和斗争，最终是两败俱伤，承载不起一个健全的心灵。

自我悦纳指一个人能体验到自己存在的价值，对自己的能力、性格、情绪和优缺点能作出恰当、客观的评价，对自己不会提出苛刻的期望与要求，对自己的生活目标和理想也能定得切合实际，即使对自己无法补救的缺陷也能安然处之，同时努力发展自身的潜能的一种心理状态。一个能自我悦纳的人应具备下面三个特点：1. 对自己要有全面的自我认识，不夸大也不忽视自己的长处和短处。2. 能够经常意识到自己在做什么，能经常问自己：“我是一个什么样的人？我将成为一个什么样的人？我将怎样实践使自己走向成功？”3. 懂得人是为了发展自己的潜能、实现自我的价值而生活，而不是为了与别人比较而生活；一个人纵然有许多地方不如别人，但一定有自己独特的长处，重要的是能充分认识自己的长处，尽可能地将其发挥到极致。自我悦纳是心理健康的首要条件，美国心理学家马斯洛调查归纳出心理健康者具有十大特征，其中就提到“能接纳自我，接受现实”。

处于青春期的初中生，也处于自我意识迅速提高的时期，同样也处于“自我发现”的时期。他们正不断地进行自我评价，追问“我是谁，我是一个怎样的人”，如果没有适当的引导，他们很难自我悦纳。比如，有的学生在家里自我感觉良好，但在学校里往往不够自信，有的学习成绩不突出的学生否定自己、逃避现实等等。初中生在发现“自我”的关键时期能否获得满意、成功的自我，能否自我悦纳，这对于心理能否健康发展起着至关重要的作用。

教育方略

小测验

你是一个自我悦纳的人吗？

1. 你的同学和家人是否觉得你过于敏感？
2. 你是否喜欢和别人一争高下？
3. 你是否总以批评的态度对待人和事？
4. 当别人所持观点与你不同时，你是否能够接受？
5. 你经常生气吗？
6. 你是否是一个宽容的人？
7. 你是一个容易嫉妒的人吗？
8. 你能作一个认真的倾听者吗？
9. 别人恭维你时，你是否很难接受？

讨论：依据上面的测验，对自己作一个简短的评价。

教师点评

第1、2、3、5、7、9题每题选“是”得1分，选“否”得0分；第4、6、8题每题选“是”得0分，选“否”得1分。如果总分在5分以上，说明你自我否定得太多了。反之，说明你是一个能够自我悦纳的人。

有这么一个故事，有一个小男孩，他是个孤儿，觉得自己没人爱，活在世上没有价值，就到神父那里去哭诉自己的不幸。神父什么也没有说，给了他一块石头，让他拿到市场上去卖，但无论买家出多少钱，他都必须拒绝。在市场上有人随便给了个价，他不卖。别人以为这是块宝石，于是价钱越给越高，他简直不敢相信这块石头会值那么多钱。第二天，神父让他拿去黄金市场上卖，结果收市时，价钱已经出到了昨天的十倍。第三天，神父让他到珠宝市场去卖，石头的价格又涨了十倍，由于他始终不肯卖，别人都认为是无价之宝。这个故事告诉我们，即使你是一块普通的石头，哪怕别人认为你一钱不值，如果你能够悦纳自己，珍视自己，你就能成为一块宝石！怎样才能成为一个自我悦纳的人呢？第一步是学会正确的自我评价。

角色游戏

北风吹

老师作为主持人站在教室中心位置，老师说："起风了，起风了，北风吹啊吹，把矮个子的同学吹到了……把高个子同学吹到了……请同学们看看，是不是有人站错了队，请站错队的同学调整到适合自己的队伍里去。"余者类推，北风把不同性格、能力、品质、人际交往的同学吹到不同的阵营里。请同一阵营里的同学判断是否有人站错了队，请站错队的同学调整位置。

讨论：通过刚才的游戏，同学们觉得自己的自我评价是否准确？

教师点评

在这个游戏中，同学们可以看到一个人对自己的评价很难准确客观，并且是低估自己的时候居多。教育家苏霍姆林斯基曾说过："人，只有当他了解自己时，才能教育自己。"正确的自我评价是自我悦纳的第一步，因此，应该学会如何正确地评价自己。首先，要找一面合适的镜子，"以铜为镜，可以正衣冠；以人为镜，可以知得失"。"三人行，必有我师"，我们可以从自己的同学好友中获取对自己的评价，不论评价是优是劣，我们都可以将它们作为善意的提醒，在这方面多多关注作些改善。学会从别人的评价中认识自己能让自己更好地成长。其次，也是最为重要的，是学会和自己作比较。因为每个人都是独特的，都各有所长、各有所短，如果总是拿缺点去和别人的优点比，那就容易自卑自弃，而总拿自己的优点和别人的缺点比，则容易骄傲。人在一个更为出色的群体里，可能会显得黯淡，但价值并没有降低，而处于一个相对劣势的群体时，虽然可能显得璀璨夺目，价值也没有因而得到提升。每个人的成长都像一个圆，成长的过程就是圆不断扩大的过程。随着半径的延长，圆周也越来越大，接触的外部世界也就越大，就会发现天外有天人外有人，会越来越觉得我们懂得太少，这种情况下，往往会低估自己。所以我们要学会纵向比较而不仅仅是横向比较，要学会和自己的过去比，看自己有没有进步，看自己有没有通过自己的努力达到力所能及的目标，这种自我评价是促使一个人成长的最好动力。

讨论

评头论足说名人

从当今、历史或故事中找出两个名人，第一个人是你非常敬佩的，第二个人是你非常不满的。请你写出第一个人的优点，第二个人的缺点。然后把这张纸交给你的同桌，请他写出第一个人的缺点，第二个人的优点。

讨论：从这个讨论中，你受到了什么启发？

教师点评

金无足赤人无完人，无论多么优秀的人总有不足，无论多么糟糕的人总有优点。有缺点，并不会阻碍一个人的成功。历史上有很多这样的例子，亚里士多德的沟通能力有障碍，但他是一位内省力很高的哲学家；凡·高受情绪困扰，但他在绘画上的成就却是超凡的；孙膑腿部伤残，但他是中国古代杰出的军事家；罗斯福的下肢残疾，但他带领美国人赢得了第二次世界大战的胜利；爱因斯坦曾遇上学习障碍，但他在科学上的成就有目共睹。著名的影星索菲亚·罗兰，在第一次试镜头的时候，就失败了，所有的摄影师都说她够不上美人的标准，都抱怨她的鼻子和臀部。没办法，导演卡洛只好把她叫到办公室，建议她把臀部减去一点儿，把鼻子缩短一点儿。一般情况下，演员都对导演言听计从。可是，索菲亚·罗兰却没有听导演的，她相信自己，对自己有信心，认为这就是她自己的特色。导演劝说她整容时，她说："我要保持我的本色，我什么也不愿意改变。"大导演卡洛被说服了。电影不但拍成了，而且，索菲亚·罗兰一下子红火起来，逐步走上了成功之路，还曾荣获奥斯卡最佳女演员奖。缺点，有时也并不可怕，关键是我们怎么对待缺点。

角色游戏

缺点大反转

请每个同学在一张纸条上写出对自己的外貌最不满意的地方，对自己的能力最不满意的地方，对自己的性格最不满意的地方，将全部纸条放在一个纸盒里。请一位同学到讲台上，从纸盒里抽取其他同学的纸条，将纸条上面所描述的缺点转换为优点陈述给大家听，但不要改变基本事实。例如：某人说"我很矮"，你就转换为"我长得与潘长江差不多高"。被抽到的同学作为下一个抽取的同学。

教师点评

任何一件事情都有两面性，缺点有时会成为一个人前进的绊脚石，有时却会成为一个人前进的助推器。每个人身上都存在一些不足，但并非每个人都是失败者。其中最重要的原因就是面对不足时，我们采取了什么样的态度。一些有缺点甚至是有缺陷的人，化缺点为力量取得了巨大的成就。比如视力有缺陷的人，听力就会发展得特别好，一些残疾人的人生比大多数健全的人都要精彩；潘长江没有因为矮小的身材自卑，反而化劣势为优势红遍大江南北。诚实地正视自己的缺点，科学地认识和评价自己的缺点，并学会用发展的眼光看自己，相信自己是有发展潜能的，扬长避短，就可以实现自己的价值。

故事赏析

寻找失落的一角

他是一个圆，却缺了一角，他很不快乐。他动身去找失落的一角。他向前滚动，唱着这样一首歌："喔，我要去找失落的一角，我要去找失落的一角，啊哈哈，上路啦，去找我那失落的一角。"

有时候，他要忍受日晒，接着又是一场冰凉的大雨；有时候冰雪把他冻僵了，接着太阳又出来替他暖身。他因为缺了一角，不能滚得很快，所以也会停下来跟小虫说说话，或者闻闻花香。有时候他超甲虫的车，有时候甲虫也超他的车，最愉快的就是这样的时刻。他继续前进，渡过海洋，"喔，我要去找失落的一角，走遍天涯和海角，千里独行不怕路迢迢，我要去找失落的一角。"

穿过沼泽和森林，上山，下山，直到有一天，请看！"我找到了失落的一角"，他唱了起来，"我找到了失落的一角，千里独行不怕路迢迢。我找到了……""且慢"，那一角说，"先别唱什么千里独行路迢迢……我不是你失落的一角，我不是谁的一角，我是自己的一角。就算我是谁失落的一角，相信也不会是你的。""喔"，他伤心地说，"打扰你了，真对不起。"他继续上路。他找到另外一角，但是这个太小，这个又太大，这个又太尖锐了些，这个又太方正。有一回，他好像找到了合适的一角，但是他没有抓牢，又掉了。另外一次，他抓得太紧，弄碎了。他继续上路。遇到了些危险，跌进了坑洞，撞上了石墙。

后来有一天，他又遇上了另外一角，看起来很合适。“嗨!”他说。“嗨!”那一角也说。“你是谁失落的一角吗?”“我不是。”“那么，你是你自己的一角吗?”“我可以当别人的一角，同时又是自己的一角。”“你大概不会想当我的一角吧?”“也不一定是这样。”“也许我们并不很合适。”“别这样说。”“怎么样?”“感觉真好!”很适合！合适极了！总算找到了！总算找到了！他向前滚动，因为不再缺少什么，所以越滚越快，从来没有滚过这么快。快得停不下来，不能跟小虫说说话，也不能闻闻花香，快得蝴蝶不能在他身上落脚。但是他可以唱他的快乐歌。他总算可以这样唱：“我找到了我的失落的一角。”他开口唱了：“……”天啊，他现在什么也不缺了却再也不能唱歌了。

“我懂了”，他想，“这里头有点道理。”他停了下来，轻轻把那一角放下，从容地走开。他一边走着，一边轻轻地唱：“喔，我要去找失落的一角，我要去找失落的一角，啊哈哈，上路啦，去找我那失落的一角。”

乌鸦歌

陶行知

南高峰有一只乌鸦，生得一身漆黑，天天飞到西湖上去照照自己的影子，觉得非常好看，便赞美自己说：“头戴乌纱帽，身穿黑衣裳。镜里照一照，好个少年郎。谁家有小姐?待我讨来做新娘。”

一天，百鸟仙子请乌鸦喝酒。有白鹅、白鸡、白鸭、白鸽做陪客。乌鸦坐首席，白鹅不服，讥笑乌鸦说：“满堂客，个个白，只有乌鸦身上黑。”白鸡连忙和了一首：“满堂客，个个白，身儿黑的心也黑。”白鸭高兴极了，也唱道：“满堂客，个个白，白是客来黑是贼。”乌鸦气得脸上通红，百鸟仙子怕他们闹起来，便调解说：“不分黑与白，一家南和北，除了主人都是客。”

乌鸦听了主人说出公平话，也就算了。可是受了这顿骂，心里便有些羡慕“小白脸”而看不起自己的黑羽。看看白鸟中只有鸽子没有骂它，便问鸽子如何可以把黑羽变成白羽。鸽子说：“变颜色，我晓得，天河里面漂得白。”乌鸦信了鸽子的话，便飞到天河里去洗澡。好容易飞了几年才飞到。它一到，便起早落夜地在天河里洗羽毛，连羽毛都洗脱了许多，还是一身漆黑，一根白毛也没有。天河神来提醒它说：“乌鸦生来黑，天水洗不白。”乌鸦听了天河神的劝告，便飞回家来，一路埋怨鸽子说：“鸽呀鸽，骗人贼，脸儿白的心里黑!”

唱未了一句，忽然撞着一位白须老翁。乌鸦向他道歉说不是骂他而是骂白鸽子，便把想变白鸦的事一五一十地告诉了老翁，老翁深表同情说：“我帮助你变一变。”说了，便捧着白胡子摇了一摇，刮阵西北风，雪花满天飞来，乌鸦一会儿就变成白鸦了。老翁警告乌鸦说：“路上要留心一位圆脸公子，不可和他闲谈。”

乌鸦谢了老翁，一面飞去，一面唱道：“白头一老翁，助我显神通。胡子摇一摇，刮阵西北风。乌鸦变白鸦，飞舞雪花中。从此白鸟儿，不敢骂公公。”

白鸦飞了一夜，到了早上，在太阳光中，身上放出光芒来，愈觉可爱，得意洋洋地对太阳夸嘴。太阳老是笑眯眯的，一句话也不回答，它气起来就要飞去，回头一看，全身漆黑，又变成一只乌鸦，急得哭倒在地。一面哭，一面骂太阳说："圆圆脸，忒阴险，我当你是个好人，谁知你笑里藏剪。"

这时，有人在乌鸦背上拍了两拍。乌鸦抬头一看，不是别人，就是当日请客的百鸟仙子。便从头到尾向他诉苦。百鸟仙子提醒它说："身上一根毛，好比那仙草。生来不变色，便是无价宝。莫学黑姑娘，爱搽雪花膏。黑白不分匀，越搽越糟糕。白的固不坏，黑的也很好。你若爱你黑，自然无烦恼。"

乌鸦听了这番高论，心中豁然大悟，向着仙子道谢后，便飞到西湖上去重新把自己看了一看，果然不错。唱着那老调儿飞回家去："头戴乌纱帽，身穿黑衣裳。镜子照一照，好个少年郎！谁家有小姐？待我讨来做新娘。"

讨论： 看了这两个寓言故事，你有什么感想呢？有的缺点是我们无法改变的，我们该怎样对待无法改变的缺点呢？

教师点评

这两个故事的内容不同，所要阐明的道理却是一致的，就是要容纳自己的不足，重新审视不完满的价值。在一个人的生活中，总有些缺憾是无法改变的，有缺点的生活也有它的意义。就像文中那个不完满的圆，当它有一角缺失的时候，它可以闻花香，可以欢快地唱歌。然而，当它找到了缺失的一角，成为一个完满的圆时，尽善尽美却让它失去了生活中的一些乐趣。所以，我们要允许自己的生活中存在不足，接纳自己的不完美，用自己独特的方式奏响生命中与众不同的乐章，充满热情地生活，勤奋努力地学习，在这个过程中欣赏沿途的风景，不断地总结经验，生活肯定会让你有所收获。

优点大搜捕

请在纸上将下面的句子补充完整：

1. 你最欣赏自己的外表是……
2. 你最欣赏自己的性格是……
3. 你最欣赏自己所做的一件事情是……
4. 你最欣赏自己对朋友的态度是……
5. 你最欣赏自己的一次成功是……
6. 你最拿手的事情是……
7. 别人最欣赏你的是……
8. 家人常以你为荣的是……

换一张纸，把"你"换成"你的同桌"，再将句子补充完整，然后交给同桌。

讨论： 对比自己的评价以及同桌对自己的评价，是否发现有些优点自己以前没有意识到，现在是否增强了对自己优点的认识，增强了对自己的认同感？

教师点评

当把自己的优点逐条列出时，你是不是发现自己并非像原来想象的那样一无是处，你还有很多才华和潜能没有发挥。有人曾说："将自己的每一条优点都列出来，用赞美的眼光去看它们，经常看，最好能背下来。通过集中注意于自己的优点，你将在心理上树立信心——你是一个有价值、有能力、与众不同的人。"所以，我们要学会发掘自身优点，学会用欣赏的眼光看待自己，对自己进行积极的心理暗示。也有同学担心，有些长处看似微不足道能被称为优点吗？事实上，并非要获得突出的成就，或照家长、教师期望的那样改变才能算做优点。卡耐基曾经说过这样一段话："发现你自己，你就是你。记住，地球上没有和你一样的人……在这个世界上，你是一种独特的存在。你只能以自己的方式歌唱，你只能以自己的方式绘画。你是你的经验、你的环境、你的遗传造就的你。不论好坏与否，你只能耕耘自己的小园地；不论好坏与否，你只能在生命的乐章中奏出自己的音符。"欣赏是一种温暖的阳光，学会欣赏自己，就可以让这阳光温暖自己的生活，照亮前行的路。

小结

一个人能否悦纳自己关系着他的心理能否健康发展，将来能否很好地融入社会，甚至心灵是否健全。若想实现自我悦纳，首先是学会正确的自我评价，要学会对自己的成长作纵向比较。然后要停止与自己的对立，也就是说，要停止对自己不恰当的不满和批判，面对犯下的错误，不是停留在内疚惭愧的负面情绪中，而是行动起来对错误进行补偿，积极地改正错误。缺点也是生命的一部分，有些缺点不能改变，不要苛求自己做到尽善尽美，要学会欣赏和愉快接纳有缺点的自己。同时多挖掘自己的优点，并用优点转化或弥补自己的缺点，时刻记得，我是一个有可取之处的人。做到对自己的优点充满信心，对自己的缺点坦然应对，就能够实现自我悦纳，在心灵中让自己的优点与缺点和谐相处。

参考资料

我很重要

毕淑敏

当我说出"我很重要"这句话的时候，颈项后面掠过一阵战栗。我知道这是把自己的额头裸露在弓箭之下了，心灵极容易被别人的批判洞伤。许多年来，没有人敢在光天化日之下表示自己"很重要"。我们从小受到的教育都是——"我不重要"。

作为一名普通士兵，与辉煌的胜利相比，我不重要。

作为一个单薄的个体，与浑厚的集体相比，我不重要。

作为一位奉献型的女性，与整个家庭相比，我不重要。

作为随处可见的人的一分子，与宝贵的物质相比，我们不重要。

我们——简明扼要地说，就是每一个单独的"我"——到底重要还是不重要？

我是由无数星辰日月草木山川的精华汇聚而成的。只要计算一下我们一生吃进去多少谷物，饮下了多少清水，才凝聚成一具美轮美奂的躯体，我们一定会为那数字的庞大而惊讶。平日里，我们尚要珍惜一粒米、一叶菜，难道可以对亿万粒菽粟亿万滴甘露濡养出的万物之灵掉以丝毫的轻心吗？

当我在博物馆里看到北京猿人窄小的额和前凸的吻时，我为人类原始时期的粗糙而黯然。他们精心打制出的石器，用今天的目光看来不过是极简单的玩具。如今很幼小的孩童，就能熟练地操纵语言，我们才意识到已经在进化之路上前进了多远。我们的头颅就是一部历史，无数祖先进步的痕迹储存于脑海深处。我们是一株亿万年苍老树干上最新萌发的绿叶，不单属于自身，更属于土地。人类的精神之火，是连绵不断的链条，作为精致的一环，我们否认了自身的重要，就是推卸了一种神圣的承诺。

回溯我们诞生的过程，两组生命基因的嵌合，更是充满了人所不能把握的偶然性。我们每一个个体，都是机遇的产物。

常常遥想，如果是另一个男人和另一个女人，就绝不会有今天的我……

即使是这一个男人和这一个女人，如果换了一个时辰相爱，也不会有此刻的我……

即使是这一个男人和这一个女人在这一个时辰，由于一片小小落叶或是清脆鸟啼的打搅，依然可能不会有如此的我……

一种令人怅然以至走入恐惧的想象，像雾霭一般不可避免地缓缓升起，模糊了我们的来路和去处，令人不得不断然打住思绪。

我们的生命，端坐于概率垒就的金字塔的顶端。面对大自然的鬼斧神工，我们还有权利和资格说我不重要吗？

对于我们的父母，我们永远是不可重复的孤本。无论他们有多少儿女，我们都是独特的一个。

假如我不存在了，他们就空留一份慈爱，在风中蛛丝般飘荡。

假如我生了病，他们的心就会皱缩成石块，无数次向上苍祈祷我的康复，甚至愿病痛以十倍的烈度降临于他们自身，以换取我的平安。

我的每一滴成功，都如同经过放大镜，进入他们的瞳孔，摄入他们心底。

假如我们先他们而去，他们的白发会从日出垂到日暮，他们的泪水会使太平洋为之涨潮。面对这无法承载的亲情，我们还敢说我不重要吗？

我们的记忆，同自己的伴侣紧密地缠绕在一处，像两种混淆于一碟的颜色，已无法分开。你原先是黄，我原先是蓝，我们共同的颜色是绿，绿得生机勃勃，绿得苍翠欲滴。失去了妻子的男人，胸口就缺少了生死攸关的肋骨，心房裸露着，随着每一阵轻风滴血。失去了丈夫的女人，就是齐崭崭折断的琴弦，每一根都在雨夜长久地自鸣……面对相濡以沫的同道，我们忍心说我不重要吗？

俯对我们的孩童，我们是至高至尊的唯一。我们是他们最初的宇宙，我们是深不可测的海洋。假如我们隐去，孩子就永失淳厚无双的血缘之爱，天倾东南，地陷西北，万劫不复。盘子破裂可以粘起，童年碎了，永不复原。伤口流血了，没有母亲的手为他包扎。面临抉择，没有父亲的智慧为他谋略……面对后代，我们有胆量说我不重要吗？

与朋友相处，多年的相知，使我们仅凭一个微蹙的眉尖、一次睫毛的抖动，就可以明了对方的心情。假如我不在了，就像计算机丢失了一份不曾复制的文件，他的记忆库里留下不可填补的黑洞。夜深人静时，手指在揿了几个电话键码后，骤然停住，那一串数字再也用不着默诵了。逢年过节时，她写下一沓沓的贺卡。轮到我的地址时，她闭上眼睛……许久之后，她将一张没有地址只有姓名的贺卡填好，在无人的风口将它焚化。

相交多年的密友，就如同沙漠中的古陶，摔碎一件就少一件，再也找不到一模一样的成品。面对这般友情，我们还好意思说我不重要吗？

我很重要。

我对于我的工作我的事业，是不可或缺的主宰。我的独出心裁的创意，像鸽群一般在天空翱翔，只有我才捉得住它们的羽毛。我的设想像珍珠一般散落在海滩上，等待着我把它们用金线串起。我的意志向前延伸，直到地平线消失的远方……没有人能替代我，就像我不能替代别人。我很重要。

我对自己小声说。我还不习惯嘹亮地宣布这一主张，我们在不重要中生活得太久了。我很重要。

我重复了一遍。声音放大了一点。我听到自己的心脏在这种呼唤中猛烈地跳动。我很重要。

我终于大声地对世界这样宣布。片刻之后，我听到山岳和江海传来回声。

是的，我很重要。我们每一个人都应该有勇气这样说。我们的地位可能很卑微，我们的身份可能很渺小，但这丝毫不意味着我们不重要。

重要并不是伟大的同义词，它是心灵对生命的允诺。

人们常常从成就事业的角度，断定我们是否重要。但我要说，只要我们在时刻努力着，为光明在奋斗着，我们就是无比重要地生活着。

让我们昂起头，对着我们这颗美丽的星球上无数的生灵，响亮地宣布——

我很重要。

每一个生命都有他的价值

唐宝民

有一个小男孩儿，由于患有先天性疾病，一生下来就长着一张丑陋的脸。随着年龄的增长，他越来越意识到了自己的长相给自己带来的烦恼，于是，他就时常感到自卑和痛苦，他把自己封闭起来，不愿意和别人交往，每日里在自己的世界中孤独地生活，百无聊赖地打发着日子。

由于自卑，他的学习成绩也不好，初中毕业后就不念了。为了生存，他来到了离家很远的省城打工，几经周折，他在话剧团找到了一个为剧组扛道具的工作。这是一个很累的活，每次演出的时候，他要把所需的道具扛到舞台上，演出结束后他再把道具扛回去。演出的时候，完成了本职工作，他就静静地坐在舞台的一角，观看演出。一点点的，他迷上了演戏，他好羡慕那些演员，也产生了想当一名演员的渴望，但一想到自己的那张丑陋的脸，他就立即连想都不敢想了。因为台上那些演员都是那么漂亮，而像自己这样一个长相难看的人，哪有资格当演员啊！就这样，日子一天天过去，他每天都带着羡慕的心情观看着别人在台上演出。没事的时候，他就看书，看得最多的是世界名著。但自己心中那个当演员的梦再也不敢做了。

两年后的一天，一场戏刚刚结束，他正忙着往台下扛道具，一个工作人员走来对他说："把道具送回去后到办公室去一趟，导演找你有事。""导演找我有什么事呢？"他百思不得其解。他走进导演的办公室，导演仔细地观察着他，问道："听说你喜欢读世界名著，你看没看过《巴黎圣母院》这本书？""看过，是法国作家雨果的代表作。"导演点了一下头，说："是这样的，我们现在要排演雨果的《巴黎圣母院》，其中卡西莫多这个角色没有找到合适的演员，有人推荐了你，你愿不愿意出演这个角色？"他愣了一下，不敢相信导演的话，以为是在做梦，好一会儿，他才回过神来，激动地说："愿意！我愿意！"

就这样，他出演了卡西莫多一角，获得了巨大成功，完成了由一个扛道具的临时工到演员的转变。这次经历给了他很大信心，他变得自信起来，不断地向未知领域冲击，成了一名很有成就的演员。

写完这段文字的时候，我想起了曾在一个朋友家看到的一句座右铭：永远不要轻视自己，因为每个生命都有他的价值！

第七单元
朋友知多少

今日视点

管鲍之交的故事

管仲和鲍叔牙是春秋时代的人，两人互相照顾，亲如手足。

鲍叔牙与管仲合伙做生意，叔牙出三分之二的本钱，赚了钱却只要三分之一。鲍叔牙的家人表示不满，叔牙却说："管仲家里穷嘛！"

后来，管仲当了大官，带兵打仗，可是不敢身先士卒，打败仗的时候，他总是第一个逃走。人们讥笑管仲胆小如鼠，是个没有勇气的人。这时，叔牙却出来说："管仲家里有年老的母亲需要他奉养，其实，他并不是个怕死的人。"

管仲和鲍叔牙都是齐国人。齐王有两个儿子，纠和小白。管仲是公子纠的老师，鲍叔牙是公子小白的老师。后来两个公子为争夺王位互相残杀，公子纠被杀，小白即位，叔牙立刻向齐王小白推荐管仲，说："管仲是一位有才干的人，请大王聘请他做宰相。"

齐王说："你是我的老师，我愿拜你为相。"鲍叔牙语气坚定地说："多谢大王的信任。以前管仲是公子纠的老师，难得他对公子纠的一片忠心。主公如果要干一番大事业，管仲可是个用得着的人。"

齐王终于采纳了鲍叔牙的建议，任命管仲为相。管仲整顿内政、开发资源、发展农业，很快就使齐国强盛起来，当上了盟主。

讨论：大家听过上面的故事吗？上面的故事就是成语"管鲍之交"的由来。谁能说一下这个成语的意思吗？

指点迷津

你常与什么样的人交往，你的心灵不只是与那样的人的心灵建立起了联系，还会与他们的心灵日益相似，所以交友是心灵陶育的重要途径，交友不慎则可能直接导致心灵堕落。"管鲍之交"形容朋友交情深厚。那么，到底什么是朋友呢？朋友是指人际关系已经发展到比较亲密的程度的人，通常是指没有血缘关系，但又十分友好的关系。朋友之间的情谊称为友谊，友谊是朋友间情感的纽带。真正的朋友通常会对对方诚实、忠心，以及先为对方着想。他们的口味、兴趣等都可能很相似，而且可能经常一起活动。他们时常互相帮助，例如聆听对方的烦恼和给对方建议。对于大部分人而言，朋友是能够信任的伙伴。人人都需要朋友，但是日常生活中我们经常看到这样的现象：有的同学有很多朋友，而有的同学朋友很少，甚至没有朋友，这是为什么呢？怎样才能拥有更多的朋友呢？

教育方略

故事分享

朋友之间

有两个朋友在沙漠中旅行，在旅途中，他们吵架了，一个人还给了另外一个人一记耳光。被打的觉得受辱，一言不语，在沙子上写下："今天我的好朋友打了我一巴掌。"

他们继续往前走，直到到了沃野，他们就决定停下。被打巴掌的那位差点淹死，幸好被朋友救起来了。被救起后，他拿了一把小剑在石头上刻下："今天我的好朋友救了我一命。"

一旁的朋友好奇地问道："为什么我打了你以后你要写在沙子上，而现在要刻在石头上呢？"

另一个笑着回答说："当被一个朋友伤害时，要写在易忘的地方，风会负责抹去它；相反，如果被帮助，我们要把它刻在心里的深处，那里任何风都不能抹灭它。"

朋友间相处，伤害往往是无心的，帮助却是真心的，忘记那些无心的伤害，铭记那些对你的真心帮助，你会发现这世上你有很多真心的朋友。

在日常生活中，就算最要好的朋友之间也会有摩擦，我们也许会因这些摩擦而分开。但每当夜阑人静时，我们望着星空，总会想起过去的美好回忆。不知为何，一些琐碎的回忆，却为我寂寞的心灵带来无限的震撼！

讨论：你理解的友谊是什么？从这个故事中，你是否对友谊有更多的理解？人与人之间建立亲密的友谊的最重要基础是什么？

教师点评

友谊有很丰富的内容，互相关心、互相帮助就是友谊最基本的内容。真诚平等、共同的追求、互相关心、互相帮助、亲密合作是建立友谊的基础和基本原则。真诚平等体现在两人相互信赖，完全把对方看成是与自己平等的人，并不因为社会地位高低、财富多少以及其他差别而另眼相待。

中国有句俗语，"同声相应，同气相求"，就是用来比喻志趣相投的人自然地互相呼应，聚集在一起。人与人之间能否建立起亲密的友谊，其中最根本的因素就是有没有共同的追求。共同的追求是精神的纽带，把人与人紧紧地联结在一起。

各抒己见

友谊面面观

晓雅是一位初中二年级的男生，热情、正直、学习成绩中等。晓雅人缘好，认识很多人，结交了许多好朋友。他的好朋友各有特点，各具特色。他很高兴，觉得自己朋友遍天下，他很愿意向大家介绍一下自己"最铁"的五位好朋友。

铁哥们一：小智

小智既是我青梅竹马的朋友，也是我初中的同桌。我们从小学就一个班。没想到，上初中后，我们还一个班，而且还成了同桌。真是缘分呀！最近，小智经常批评我，说我应该好好学习，而不应该天天跟小杰、小刚一起。看小智那副婆婆妈妈的样子，我心里比较烦。

铁哥们二：小杰

小杰是我在上学途中认识的。在我看来，小杰简直就是个活神仙，他特别会玩。哪个地方有什么好吃的、好喝的、好玩的他全都知道，我愿意跟他去这些地方玩。周末，我俩经常一起去玩游戏。小杰是一位游戏高手，我自叹不如。

铁哥们三：小刚

小刚是学校里的风云人物，也是让老师们头痛的学生，因为他经常打架，而且每次打架准是他赢，对方倒下。虽然同学们都很怕他，不喜欢他，但他却是我的好朋友。我觉得他很酷，也很讲义气，对朋友够意思。

铁哥们四：小波

小波家里非常有钱，是个“富二代”，零花钱非常多，出手特别大方，就是学习成绩不太好。说实在的，我有时候非常羡慕他，因为我的家庭背景没有他好，每月的零花钱少得可怜呀！

铁哥们五：小娟

小娟是我的异性好朋友。她是我们班的学习委员，学习成绩超棒。小娟非常活泼，能歌善舞，还会下棋。上周我生病，她给我补课，讲得又仔细、又耐心。现在，我正想着应该怎么感谢她呢。小娟真是个才女呀！

上面是晓雅对五位好朋友的介绍，可能晓雅不知道吧，他的五位朋友也有话要对他说呢！

小智：晓雅，咱们是好朋友，对吧？好朋友就应该坦诚相见，开诚布公，有话直说。现在，你上课老走神，心不在焉，成绩下降，总想跟小杰出去玩。再这样下去，你会毁了自己的。我知道我批评你，你可能会生我的气，但是作为朋友，我还是想提醒你，他们会害了你。

小杰：晓雅，咱俩是好朋友。好朋友应该有福同享、有难同当。我这阵子手头不太宽裕，这周末你请我玩游戏吧。对了，我偷了爸爸一包香烟，咱们一起享受享受吧！

小刚：晓雅，咱们可是哥们呀！是我的哥们就应该有胆量。下午，我要教训一下初一的学弟，他对我不够尊敬。届时，你过来给我望风！

小波：晓雅，你可是我的好朋友哦！有事你得罩着我啊！我昨天没做作业，把你的作业借我抄一下吧。今天考试，我要是不会，就给你打手势，你就给我传个纸条吧。你可一定要帮我呀，咱们可是兄弟呀！

小娟：晓雅，你是我的好朋友。朋友关心、帮助朋友是理所当然的，你太客气了。谈到感谢就见外了。下次，如果你有什么困难、烦恼尽管说，我们一起想办法解决，好吗？

讨论：听了晓雅各位朋友的话，同学们思考并讨论一下，谁是晓雅的真朋友，好朋友？

教师点评

朋友是“人们为了避免孤独，满足社会性需要而与非血缘关系的人缔结的亲近关系”。朋友是你前进中给你指明方向的人，朋友是为你解决困难的人，朋友是与你知心的人，朋友是关爱你的人，朋友是与你朝夕相处的人。真正的朋友不会见利忘义，真正的朋友不会人云亦云，真正的朋友不会有私心的，真正的朋友是有道德的，真正的朋友是关心你、关怀你的人，真正的朋友是真诚友善、与你志同道合、心心相印的人，真正的朋友是与你携手同行、同甘共苦的人。金钱买来的朋友，与你一起喝酒吃肉的、哥们义气的“朋友”，并不是真正的朋友，只能是“酒肉朋友”。

歌咏会

教师带领全班同学演唱或朗读下面的两首名为《朋友》的歌，让同学们细细品味朋友的重要性和什么是真正的朋友。

朋友

这些年一个人
风也过雨也走
有过泪有过错
还记得坚持什么

真爱过才会懂
会寂寞会回首
终有梦终有你在心中
朋友一生一起走
那些日子不再有
一句话一辈子
一生情一杯酒
朋友不曾孤单过
一声朋友你会懂
还有伤还有痛
还要走，还有我

朋友

朋友啊朋友
你可曾想起了我
如果你正享受幸福
请你忘记我
朋友啊朋友
你可曾记起了我
如果你正承受不幸
请你告诉我
朋友啊朋友
你可曾想起了我
如果你正享受幸福
请你忘记我
朋友啊朋友
你可曾记起了我
如果你正承受不幸
请你告诉我
朋友啊朋友
你可曾记起了我
如果你有新的
你有新的彼岸
请你离开我离开我

讨论：从这两首歌中，你对朋友又有哪些新的感悟？

教师点评

朋友应该互相关心、互相帮助，没有相互间的关心和帮助就建立友谊，就像没有播种就能收获一样是不可能的。朋友之间应该互相分享快乐、诉说烦恼。快乐与朋友分享，快乐增加一倍；烦恼向朋友诉说，烦恼就会减轻一半。真正的朋友值得我们一生相守。

忘年交

陈毅伯伯和我

聂卫平

实际上，那时就算父母心里真想禁止我下棋，也很难办到了，因为我有了一位十分关心我、爱护我的大棋友，他就是我们敬爱的陈毅元帅。我成为陈老总的小棋友是在1962年的夏天，那一年我只有十岁。

有一天，爸爸郑重其事地告诉我和继波，陈老总来电话邀请我们明天去下棋，我们听了高兴得蹦了起来。爸爸亲自出马带我们去下棋，这可是破天荒的事。第二天，我和弟弟由爸爸领着，来到了北京体育馆东楼。一进大厅，我的眼睛就不够使了，什么都觉得新鲜，而最让我感兴趣的则是被沙发围绕着的桌子上的棋盘棋子。恨不得立时坐在沙发上，痛痛快快下一盘，连爸爸再三叮嘱过的“去了先向陈伯伯问好”的话都忘了。直到爸爸忍不住连声催促我时，才发觉陈老总已笑眯眯地站在了我们的面前。

陈老总问了我们许多问题，像有几岁啦，学棋时间啦，棋力如何等等。记得有一个问题使我很难堪，就是“你下得过弟弟吗?”虽然我确实不如弟弟，但“下不过”这三个字就像哽在喉咙里，怎么也吐不出来，幸亏爸爸救了急，代我回答了陈老总。

简单交谈过后，陈老总便邀请我们入座对局。对局的结果真让我喜出望外，因为继波输给了陈老总，而我却战胜了陈老总，对我来说，这可是个双重的胜利。

这次会见的许多细节，现在我已经记不清了，但对陈老总鼓励我们努力学习，将来战胜日本九段，为国争光的话印象却极为深刻。也许就是从那时起，我的心中便埋下了“打败日本九段”的种子，懂得了下围棋并不单纯是玩。

自从和陈老总相识后，只要有时间，他便把我接去杀几盘。在陈老总面前，一开始我还有些拘束，后来见陈老总脸上老是笑眯眯的，胆子就大起来。有一次对局，陈老总刚刚下了一步棋，可能发觉不妥，就伸手要把棋子拿回来。不曾想被我一把拉住了手腕，硬是不让他悔棋，当时我气急败坏的样子逗得陈老总哈哈大笑，周围的人都哭笑不得。后来，这件事不知怎么传了出去，成了棋界的笑谈。

讨论：你有和你年岁相差比较大的朋友吗？和这种朋友在一起与和年岁相当的朋友在一起有何不同？你更喜欢哪一种？

教师点评

不拘年岁、辈分的差异而交情深厚的朋友，叫“忘年交”。这个词出自《南史·何逊传》：“逊字仲言，八岁能赋诗，弱冠，州举秀才。南乡范云见其对策，大相称赏，因结忘年交。”一般忘年交是指年龄相差20岁以上的两个或多个人的交往，虽然说，这表面上看来是两辈人（父辈和子辈或祖辈和孙辈），明显存在着年龄、时代背景等诸多方面的差异，但是，因为他们的兴趣、爱好等等相似、相同，即投缘对意，有其共同的理想、理念，所以能一见如故，话语投机，大有相识恨晚、一日不见如隔三秋之感。忘年交可以以老带新、以青带老，潜移默化，互敬互勉，使社会更和谐，家庭更幸福，应当受到社会、家庭的关注、理解与支持。青年人有意识交一些忘年朋友对自己的成长与心灵的健全发展十分有益。

我思我悟

同学们，你们知道哪些行为会影响朋友之间的关系吗？请参照下面的例子，作自我分析，以利于今后维持或增进友谊。

交友行为检查记录表

行为	我认为	我打算今后要
一、刘杰因为一件小事，动手打了王斌。	打人会伤朋友之间的和气，破坏友谊。	有话好好说，不能对朋友动粗。
二、伊凡帮朋友补习功课。	朋友之间应该互相帮助。	多帮助别人，这样可以结交更多的朋友。
三		
四		
五		
六		

学以致用

现在，同学们对友谊可能有了更深的理解。接下来，请同学们完成下面的友谊计分板。

加分行为	减分行为
★ 关心别人	▲贬低他人
★ 守信用	▲自高自大
★ ________	▲________
★ ________	▲________
★ ________	▲________
★ ________	▲________
★ ________	▲________
★ ________	▲________

小结

友谊是心灵健全发展的沃土，所以广交朋友是陶育心灵的重要方式。但交朋友如果不注意方法和原则则会让心灵沉溺于污浊之中。真正的友谊需要用忠诚去播种，用热情去灌溉，用原则去培养，用谅解去护理。在友谊面前，我们既要坚定自己的原则，不能以牺牲原则为代价维持所谓的友谊；也要学会拒绝，学会正确区分、处理真正的朋友友谊与“哥儿们义气”的关系，学会与不良行为作斗争，学会坦诚地与朋友交流、沟通。同学们今后要多结交朋友，善待朋友，希望同学们的友谊之树常青。

参考资料

心灵测验——你会交朋友吗?

指导语：你的人缘怎样？会不会交朋友？如果有兴趣，请你试试以下的小测验。

根据自己的实际情况，回答下面的15个测验题，你就会知道，自己是不是善于交朋友和应该怎样和朋友相处。

1. 你和朋友们在一起时过得很愉快，是因为

a. 你发现他们很有趣，既爱玩又会玩。

b. 朋友们都挺喜欢你。

c. 你认为你不得不这样做。

2. 当你在休假的时候，你会

a. 很容易交上新朋友。

b. 比较喜欢自己一个人消磨时间。

c. 想交朋友，但是发现这不是一件容易的事。

3. 当你安排好要会见一位朋友，但又感到疲倦却不能让朋友知道你的这种处境时，你会

a. 希望他会谅解你，尽管你没有到朋友那儿去。

b. 还是尽力去赴约会，并且试图让自己过得愉快。

c. 到朋友那儿去了，并且问他，假如你早点回家，他会有什么想法吗?

4. 你和你的朋友在一起的时间有多长?

a. 一般情况下是几年。

b. 有共同感兴趣的东西时，也可能待上几年。

c. 一般都不长。

5. 一位朋友向你吐露了一个非常有趣的个人问题，你会

a. 尽自己最大努力不让别人知道它。

b. 根本没有想把这个问题传给别人听。

c. 当你那位朋友刚离开，就马上找别的人来议论这个问题。

6. 当你有了问题的时候，你会

a. 通常感到自己完全能够对付这个问题。

b. 向你所能依靠的朋友请求帮助。

c. 只有当问题确实严重时，才找朋友帮助。

7. 当你的朋友有困难时，你发现

a. 他们马上来找你求助。

b．只有那些和你关系密切的朋友才来找你。

c．朋友们打算不来麻烦你了。

8．通常你交朋友的过程是

a．通过你已经结识的熟人帮助你。

b．在各种各样的场合下都能交到朋友。

c．仅仅是在一段较长时间的观察、考虑，甚至可能经历了某种困难之后才交朋友的。

9．在以下的三种品质中，你认为哪种是你的朋友应该具备的？

a．使你感到快乐和幸福的能力。

b．为人可靠，值得依赖。

c．对你挺感兴趣。

10．下面哪一种情况对你最为合适，或最接近你的实际？

a．我通常让朋友们高兴地大笑。

b．我经常让朋友们认真地进行思考。

c．只要有我在场，朋友们都感到很舒服。

11．假如你应邀参加一次活动、一次比赛，或者应邀在聚会上唱歌，你会

a．找借口不去参加。

b．饶有兴致地去参加这些活动。

c．当即就直率地谢绝了邀请。

12．对你来说，下面哪一条是真实的？

a．我喜欢称赞和夸奖我的朋友们。

b．我认为诚实是最重要的品质之一。所以，我常常不得不持有与众不同的看法，我很讨厌鹦鹉学舌、人云亦云。

c．我不奉承，但也不批评我的朋友。

13．你发现

a．你只是同那些能够与你分担忧愁和欢乐的朋友们相处得很好。

b．一般说来，你和几乎所有的人都能相处得比较融洽。

c．有时候你甚至想与对你漠不关心、不负责任的人相处下去。

14．假如朋友们跟你恶作剧，你会

a．跟他们一起哈哈大笑。

b．感到气恼，并且溢于言表。

c．可能和他们一起哈哈大笑，也可能恼怒发火，这都取决于恶作剧发生时你的精神状态和情绪。

15．假如别人想依赖你，你有什么想法？

a．在某种程度上，我并不在乎，但是我想和我的朋友们保持一定的距离，有一定的独立性。

b．很不错，我喜欢让别人依赖我，认为我是一个可靠的值得信赖的人。

c. 我对此持一种谨慎的看法，比较倾向于避开可能要我承担的某些责任。

计分方法：

请对照下表找出你每题的得分，将得分加起来便是你的总分。

题号＼得分	选择 a	选择 b	选择 c
1	3	2	1
2	3	2	1
3	1	3	2
4	3	2	1
5	2	3	1
6	1	2	3
7	3	2	1
8	2	3	1
9	3	2	1
10	2	1	3
11	2	3	1
12	3	1	2
13	1	3	2
14	3	1	2
15	2	3	1

结果分析：

36～45 分

你对你周围的朋友们都比较好，你愿意和他们在一起，他们也喜欢你。而且，你能够从平凡的生活中得到许多乐趣，你的生活是比较充实而且丰富多彩的。你很可能在朋友中有一定的威信，他们比较信赖你。一句话，你会交朋友，你的人缘很好。

26～35 分

你的人缘不怎么好，换句话说，你和朋友们的关系并不牢固，时好时坏，经常处在一种起伏波动的状况之中。这就表明，尽管你确实想让别人喜欢你，想多交些朋友，尽管你自己做出了很大努力，但是别人并不一定喜欢你，朋友们跟你在一起时，很可能不会感到轻松、愉快。你只要认真检查自己的言行，虚心听取那些逆耳的忠言，真诚对待朋友，学会正确地待人接物，你的处境肯定会改观的。

15～25 分

太糟糕了！你很可能是一个孤僻的人，思想很不活跃，不开朗，喜欢独来独往。但是，这一切并不意味着你不会交朋友，更不能武断地说你的人缘很差。其主要原因在于，你对社交活动、对人与人之间的关系不感兴趣。但是朋友，一个人生活在社会之中，就是社会的一员。人们要想和睦相处，就应当互相帮助，互相尊重，互相关心。法国作家罗曼·罗兰曾经说过："有了朋友，生命才显示出它全部的价值。智慧、友爱，这是照明我们黑夜的唯一的光亮。"

但是，交友要交好朋友，乱交友者无友，这便是结论。

当然，金无足赤，人无完人，谁要求没有缺点的朋友，谁就没有朋友。真正的朋友，往往是在逆境和患难中获得的。奉承、迁就并不能保持友谊，只有正直和忠诚才能使友谊巩固。

朋友

文华　童心

朋友是人际中最为复杂的关系。在生活中，我们会有各种各样的朋友关系：一块儿长大是发小儿，一块儿上学的是学友，一块儿工作的是工友，一个屋住过的是室友，一块儿当兵的是战友，一个学校的是校友，一起下棋的是棋友，一块儿打牌的是牌友，一块儿练球的是球友，一起钓鱼的是钓友，一块儿炒股的是股友，一起学车的是车友，一起远足跋涉的是驴友，以文相会的是文友，以酒对饮的是酒友，以舞相属的是舞友，同一病房的是病友……所谓物以类聚，人以群分。

朋友关系还可以广泛延展，只要两个以上的人在一起，就会有友情存在。如果按道德标准来分，朋友关系可概括为四种：益友、损友、诤友和谀友。益友，是能够与你共同进步、有所补益的朋友。诤友，是能够直言说出你的缺点，有助于你及时改正错误的朋友。损友，是一种刻薄、有害的朋友。谀友，是专事谄媚、奉承，以此来获得好处的朋友。

《论语》里说："友直，友谅，友多闻，益矣。"交朋友的时候，要多亲近那些能够做益友、诤友的人，远离那些身上有损友和谀友特征的人。

无论怎么样，在生活中，朋友都是不能缺少的，如果没有了一些人对另一些人的友好的情谊，那就不再会有一些人希望能为另一些人做点儿什么的冲动，那就只剩下了人为自己做点儿什么的冲动。人若是到了这种地步，做什么都不会成功。

因为一个人不管有多大的力量，他肯定会不同程度地接受别人的支持和帮助，正如他有责任和义务去帮助和支持他人一样。人性是向善的，人也是要互相依存的。被人扶了一把，不要忘了；被人踩了一脚，不要记住。曾经帮助过别人，却没有得到回报，不要耿耿于怀。曾经伤害过别人，却没有得到报应，也不要心存侥幸。

人应该互相帮助，因为人与人之间本来就像牙齿和嘴唇一样互相依存。人是不可以无友的。无友之人是形影相吊的孤旅，无友的人生是孤立无援的独行。"学无友，则孤陋寡闻"，说明在学业上要有朋友帮助。"一个篱笆三个桩，一个好汉三个帮"，说明在社会上立足要有朋友支持。

没有人能成功地度过一生而没有好好交友的习惯。所谓"联系"或"交情"是指一个人的朋友关系。假如你能无时不忘伸展和扩大个人的"友情"网，终有一天，你会发现，这会有意想不到的好处。

总之，人若想在社会中生存，交友就是必然的，交好友也是必需的。建立一个互相支持的朋友圈是应对生活压力的有效方式。

工作压力大、家庭负担重，每个人都有过这种感觉。因为在生活中，我们并不是被分隔开而单独生存的。我们只是复杂环境中的一分子，我们无法脱离错综复杂的生物链，只能在这条生物链中恰当地生存，调整自己，与他人的和谐相处，获得更多人的友善和支持，才能稳定地生存和发展下去。

人们因为得到了别人的帮助和支持而渡过难关，并因此多了一份感恩之心。如果我们能怀着感恩之心面对生活，那么即使处在困苦的环境里，我们也能看到生命的绿洲，并怀着更多的希望面对未来。友情是一颗美好的种子，假如我们不光懂得收藏，还懂得适时播种，那么我们就不仅能给别人带来爱和希望，还会给自己带来意想不到的收获，甚至获得一生的幸福。

第八单元

男孩女孩

今日视点

故事一：

我是一名初中二年级学生，性格内心，比较腼腆，我每天总是一个人闷头学习，害怕与女生交往，更不会主动上前与女生说话。每次看到女生时，我都非常紧张，脸红，心跳加快，不敢抬头看对方，显得手足无措，像躲避瘟疫似地躲着女生。看到其他男同学和女生交往自如，谈笑风生，我非常羡慕。于是，我主动出击，决定改变现状。可是，不知怎么回事，不管我怎么努力都无济于事——见了女生后我依旧神情不自然，脸红脖子粗，感到无话可说或者是不知说什么好。为此，我感到非常苦恼，究竟应该如何同女生交往呢？

故事二：

升入初中后，我很怕出现与异性相处的事，心情感到烦躁不安，一直提心吊胆。在每次与男同学商讨事情或问题的过程中，我都只把重点说出来，不敢加任何修饰词，怕谈话时间太长了，会引起大家的误会。有一次，我和学习委员商量班里的事情，因为太过于紧张，所以说话颠三倒四，语无伦次，以致时间太长，结果产生了误会，使我不敢与对方说话，无法正常表示我们之间的友谊。可是不说话又不行，许多事情都要与他商量。这件事一直困扰着我，让我无法把精力百分之百投入到学习和工作中去。

讨论：以上是发生在两位中学生身上的与异性交往的真实故事。同学们当中是否出现过类似的情况？我们应该如何帮助上述两位同学走出异性交往的困境？异性同学应该怎样相处呢？

指点迷津

天有阴阳，人分男女，这是大自然的造化。异性间的正常交往和相互关系的建立是心灵健全的必要条件，缺少这一条件，要么难以有健全的心灵，要么需要承受巨大的生理、心理和社会压力。

心理学家认为，青少年时期是个体社会化的关键期，在这一时期，个体与异性同伴的正常交往对他们的成长和发展具有重要的意义，主要表现在以下四个方面：其一，促进青少年同一感的发展。艾里克森认为，青少年阶段的关键任务是发展同一感。异性交往有利于他们建立清晰的自我感知。异性交往及其自我概念能够影响个体的自我价值感。其二，增进青少年的心理健康。异性交往，可以满足青少年的心理需求，从而达到心理平衡。反之，缺乏异性交往会导致适应不良，引起性心理扭曲、性变态等问题。其三，增进青少年间的友谊，为日后获得成熟爱情奠定基础。健康的异性交往，扩大了青少年的交友范围，使他们友谊的发展不再仅仅局限于同性同学的狭小圈子；同时，青少年通过异性交往，从对方身上学到的优点又能够迁移到他们与同性同学的交往过程中。其四，促进青少年的社会性发展。与异性同伴的良好关系有助于青少年获得熟练成功的社交技巧。良好的异性同伴关系能使青少年具有安全感和归属感，有利于情绪的社会化，有利于培养青少年对环境进行积极探索的精神。此外，通过与异性交往，还可以使男女学生在智力上取长补短，从而提高自己的智力活动水平和学习效率，也有利于个性上相互丰富，形成豁达开朗的性格。

教育方略

异性交往是人际交往的重要内容之一，也是初中生成长中的必修课和应掌握的生活技巧。从教育角度要引导学生建立正常的异性交往关系，培养学生的异性交往技能，增进异性同学之间的友谊。

甲方乙方

教师将全班同学分成甲乙两组，就“初中男女学生之间是否应该与异性交往”问题展开辩论，甲方观点为“初中男女学生之间应该进行异性交往”，乙方观点为“初中男女学生之间不宜进行异性交往”。

教师点评

通过辩论，同学们对异性之间是否应该进行交往有了初步的认识。异性交往是人际适应与发展的一个重要方面，其交往对象是与自己不同性别的人。人际适应与发展是指个体在进入新的生活环境时，主动调适自己的心理观点和行为模式去适应新的社会群体，形成良好人际关系的过程。

心灵测验

你与异性交往的能力如何？

和异性交往是一门科学，也是一门艺术。要想进行恰当的异性交往，建立良好的异性关系，就需要一定的异性交往能力，因此要了解自己的异性交往能力。下面的测验，可以帮助同学们了解自己与异性交往的能力。

回答下面几个问题，每个问题作“是”（打√）或“非”（打×）两种回答。请你认真完成。

1．与异性交往太少。（　　）

2．与异性来往感觉不自然。（　　）

3．不知道与异性相处如何适可而止。（　　）

4．暗自思慕异性。（　　）

5．瞧不起异性。（　　）

6．被异性瞧不起。（　　）

计分方法：

打“√”的给1分，打“×”的给0分。

结果分析：

4～6分

说明你与异性交往的过程中存在较为严重的困扰。

2～3分

表明你与异性同学交往的行为困扰程度一般，与异性同学交往你有时觉得愉快，有时又认为似乎是负担，你不懂得如何与异性交往最适宜。

0～1分

表明你懂得如何正确处理异性朋友之间的关系。

讨论：经过自我测验，你怎样评价自己与异性交往的能力，有何想法？

教师点评

通过上面的测验，同学们对自己与异性同学交往的能力有了初步的了解，有的同学可能非常高兴，因为他（她）与异性交往的能力比较强；有的同学可能情绪比较低落，因为他（她）与异性交往的能力比较弱或有待进一步提高。异性交往能力高的要注意遵守异性交往伦理；异性交往能力低的要多交往以进一步提高能力。同学们，不论你属于哪一种情况，都需要正确地认识和了解异性，尊重异性。

活动天地

教师带领全班同学开展以下“唇枪舌剑”、“男女对抗”、“点击你我”的活动，提高初中生对异性的正确认识。

活动一：“唇枪舌剑”

1. 老师提问：“你们觉得我们班的男生好还是女生好？”
2. 学生们讨论。
3. 老师不作评价，然后说：“口说无凭，眼见为实，咱们比赛场上见高低。”

活动二：“男女对抗”

1. 男队、女队各推荐14名“大力士”，举行男女生拔河比赛。
2. 男队、女队各推荐12名“小巧手”，举行男女生剪纸比赛。
3. 老师提问：“经过两轮比赛，你们有什么感想？”

活动三：“点击你我”

1. 老师公布事先征集的学生心目中男孩、女孩的特点。

女孩的特点：(1) 漂亮；(2) 活泼；(3) 学习好；(4) 兴趣广泛；(5) 温柔；(6) 关心他人；(7) 细心，认真；(8) 听话，顺从；(9) 有主见；(10) 热情；(11) 其他。

男孩的特点：(1) 动手能力强；(2) 学习好；(3) 幽默；(4) 能说会道；(5) 讲义气；(6) 热情；(7) 有主见；(8) 勇敢坚强；(9) 能干；(10) 运动健将；(11) 爱动脑筋；(12) 其他。

2. 由学生选出优秀男孩、优秀女孩最应该具备的三个特点，送给对方。

教师点评：男生和女生的交往比起同性间的交往显得更复杂、更曲折、更有趣。正确地认识和评价异性，是健康的异性交往的前提。虽然男孩、女孩因为性别的不同，往往会在外貌、性格、气质等方面表现出不同的特点。正如“尺有所短，寸有所长”一样，男女之间由于性别差异，各有所长，各有所短，所以要相互学习，取长补短。如果想成为一名深受异性欢迎的学生，就应当了解异性，坦诚面对异性，努力克服不足，发扬自己的优点和长处。健康的异性关系一定是以男女共同从事的活动为前提，共同参与活动，才能分享人与人之间的美好情感。

各抒己见

“禁止男女生一对一交流”

2007 年 7 月初，广西宜州市一中出台了《男女同学交往若干规定》，其中一条规定内容如下：

“男女同学（包括学生干部）商讨学习、工作、生活中的问题须在教室、走廊等灯光明亮的地方。当教室、走廊等交谈地方无其他人在场时，不能进行一对一交谈……”

讨论：请同学们针对上面的“禁止男女生一对一交流”案例，结合本章“今日视点”中的两个故事，讨论以下几个异性交往的问题：

1. “禁止男女生一对一交流”的举措是否得当？
2. 如何看待异性同学之间的交往？
3. 女生与男生交往时应该注意哪些问题？
4. 男生与女生交往时应该注意哪些问题？
5. 异性同学交往时应该遵守哪些原则？
6. 请每位同学结合自己与异性同学交往的实际情况，谈谈自己在与异性同学交往的过程中有哪些收获？

教师点评

“禁止男女生一对一交流”的案例之所以出现，是因为当事者不大了解男女相处的艺术，不了解异性相吸的自然性，夸大了异性交往的神秘性。如果他们（她们）改变了对异性的看法，他们（她们）的行为也会有所改变。同学们应该努力掌握异性相处的艺术，男女同学之间应该积极进行交往，保持密切的同学关系；异性同学之间的交往可以起到取长补短的作用；异性同学交往时应该遵循一些基本的原则，如大方得体、掌握分寸、有礼有节等。

等距原则

小雨挡“箭”

小雨是一个阳光的女孩，不光长得漂亮，还比别的同学要成熟，引得同班的不少男生爱慕，小雨渐渐感到与这些同学的相处越来越不容易。

经过反复思考后，她找到了一条抵挡别人“进攻”的原则，她自己称之为“等距原则”，就是尽力保持与所有男生的关系是相等距离的。

比如，有意“盯住”小雨的张三一定要给她一点帮助，那么可以，小雨让他当着大家的面帮助，同时她也当着大家的面给张三的另一位好友帮助，而不是直接给张三帮助，以示这一行为属于大家相互帮助。小雨有意对那些“盯住”自己的男同学冷淡一些，而对那些完全没有那种意思的男同学热情一些，并主动当着大家的面和这些同学交往。过了一段时间，大家都觉得小雨不错，却没有人觉得她对自己有特别的意思。

讨论：你认同“等距原则”吗？为什么？做到这点要注意些什么？

教师点评

青年男女间有好感是正常的，但要让这种感情在理性和社会基本伦理准则的范围内表达，不要过早地让其放任发展。从这个角度看，小雨坚持与异性交往的“等距原则”是对的，不仅女生可以这样做，男生也可以这样做。青年男女刚刚产生的感情往往经不起时间和挫折的考验，当你经历过较多的感情体验之后再作出自己的选择，将会更加牢固、稳定、深刻、真切，收获到感情的正果。为解决这些问题，可以参考以下异性交往的原则和注意事项。

相关链接

1．异性同学交往的原则

（1）坦诚相待：双方的看法、感受、态度尽量坦诚相告，争取相互充分地了解。（2）共进互助：交往双方应将友谊看成是共同成长、相互鼓励、一起进步的动力。（3）自然大方：在与异性交往过程中的表情动作、言谈举止都要力求自然真实，不可夸张做作、忸怩作态、粗俗轻浮，这是建立正常异性关系的重要前提。（4）往来适度：注意把握好异性交往的广度与深度，选择交往的适宜方式，以被大多数人所接受作为衡量交往是否适宜的尺度。

2．异性同学交往的注意事项

（1）提倡广泛交往：不要只与某个特定的异性同学交往，这容易使友谊“变质”。争取同许多个异性同学发展友谊，才能全面促进自身的发展。

（2）避免单独行动：节假日最好不要与异性朋友单独出游，单独相处时要注意选择环境和场所，尽量不在偏僻昏暗处长谈。

（3）态度亲切友善：对待异性同学与同性同学有许多不同，注意把握谈话内容和玩笑尺度，注意尊重友好。

（4）避免产生误解：言语、动作、表情、态度明确适当，不要令对方产生误解。如果发现误解的苗头，要及时澄清。

诗歌吟诵

首先，教师请一位男生和一位女生朗诵小诗《男孩、女孩》，然后教师组织同学朗读关于男女同学交往的歌谣。

男孩、女孩

男孩是本巨著，记着一生的英勇潇洒。
女孩是首小诗，载着无比温文尔雅。
男孩像块坚石，大风大浪掠过石块依存。
女孩像颗星星，无际黑暗难掩星光点点。
男孩爱一身仔装外出兜风，女孩爱一把花伞雨中散步。
男孩把试卷一放大喊轻松快乐，女孩小心翼翼把错题订正。
男孩爱骑快车满街穿梭显威风，女孩爱叽叽喳喳走马观花看闹市。
如今的男孩女孩呀——各撑半边天。

歌谣

男女同学来交往，行为举止应大方。
过分随便讨人厌，过于冷淡也不当。
如果你想出风头，卖弄过后要遭殃。
掌握分寸待异性，取长补短情高尚。

教师点评

上面的诗歌，朗朗上口，非常有利于同学们记忆和学习。同学们要牢记上面的诗歌，懂得欣赏异性，提高自己与异性交往的能力。

角色游戏

“万里长城永不倒”

教师可以带领学生开展“万里长城永不倒”游戏。以小组为单位，男女生围成一个圈，双脚并拢，双手搭在前面同学肩上，然后彼此坐在后面同学的腿上，比一比哪一组能稳稳坐的时间最长。

讨论：检查一下“长城”常常倒在哪些同学身上，由此你有哪些感想？

教师点评

通过这个游戏可以看出同学之间的配合是否默契，“长城”常常倒在那些不善于与别人交往的人身上，倒在异性同学之间的比率一般高过同性同学之间的比率。

小结

随着青春期的来临，初中生在生理和心理上都发生了很大变化，生理上的变化促使心理上也发生相应的变化，开始表现出对异性的倾慕与向往，普遍希望加强对异性的了解，得到异性的欣赏、接纳。他们对异性的兴趣与日俱增，与异性交往的需求随着其身体的发育和成熟日益强烈，希望自己能更多地与异性交往。对这些变化处理不当可能伤害他们的心灵，因此要从教会学生如何处理好异性关系入手，保护学生心灵健全；同时，也只有成为心灵健全的人，才能真正处理好异性关系。初中生具有与异性交往的需求是正常的，现代社会的发展也需要初中生具有与异性交往的能力。因此要提倡男女生之间正常交往，而非简单隔绝两性，要树立正确的两性观念，建立健康的友谊。要让学生学会如何与异性正常交往，避免学生惧怕异性交往，产生异性交往障碍，这是通向健全心灵的正确途径。

参考资料

中学生异性交往的误区

全球医院网2009年发表的《中学生异性交往大扫描》一文中，总结了六条对中学生异性交往的错误认识。

误解一：学生的主要任务是读书，与异性交往是长大以后的事。

这种说法听起来颇有道理，实际上却自相矛盾。学生的主要任务是成长，而不是读书。学会与人交往，是个人成长不可缺少的内容，也是学生学习的任务之一，是一门意义重大的功课。这门课虽不在升学考试的科目之列，却会考人一辈子。

同时，学会与异性交往也是“青春期”最重要的社会目标之一。一个正常人从初中开始就需要建立异性友谊。因此与异性交往并不是“长大以后的事”。相反，如果等到离开学校走上社会以后才开始学习与异性交往，很可能就会因为缺乏锻炼而成为这方面的“困难户”。

误解二：中学生还不成熟，不懂事，不具备与异性交往的条件。

这实际上是在将异性交往神秘化，把异性交往划为禁区。青少年确实还不成熟，但是，人的心理成熟不可能靠坐等得到，与异性交往的技能也只能在实践中去摸索，去提高。

事实上，一个没有学会与异性交往、没有达成异质社交性的人很难说是一个成熟的人。在一定的程度上，学习与异性交往是青少年走向成熟的一条重要途径。

误解三：与异性交往分散精力，影响学习。

这种说法是很多家长和教师竭力反对学生与异性交往的主要理由之一。

其实，真正的原因并不是分散精力，而是承受不了巨大的精神压力，这种压力又往往来自教师或家长对于异性交往的过敏反应。

实际上，一个与异性交往很成功的人，往往情绪饱满，精力充沛，学习和工作的效率都很高。因此，与异性交往本身并不会对学生造成负面影响，相反还可能起到积极作用。

误解四：与异性交往很容易发生早恋，使中学生犯错误。

异性交往的动机多种多样，在很多时候并不是为了谈恋爱。虽然青少年还不成熟，容易冲动，但是他们都有正常的自我保护意识和自制能力，在恋爱问题上一般会相当慎重。

如果说一些中学生真是早恋了，“早恋”也是一个心理现象，而不是道德品质问题。对“早恋”的学生，老师和家长不应该孤立、打击，而应该给予更多的关心和引导。

误解五：与异性交往是少数“坏学生”的行为，“好学生”不应该仿效。

与异性交往是青少年心理发展的正常需要，所有发育正常的中学生都会自然地产生这方面的需求。但是由于中学生被灌输了对异性交往的很多偏见，他们很可能自觉或不自觉地压抑自己的需求，一些学生则采用“地下活动”方式与异性交往，不敢让老师和家长发现。这样的境况对学生正当的异性交往是非常不利的。如果一个学校里，真是只有少数学生对异性交往感兴趣，我们就不得不怀疑这个学校出了什么问题。

误解六：如此交往下去，担心他们过早地发生“那种”关系。

体内骤然剧增的雄性激素（男）或雌性激素（女），使他们无法抹掉对异性怀有的特殊敏感和关注。

实际上，过早或随便发生性关系多是那些被严格限制与异性交往，或家庭缺乏温暖的关怀的中学生；而那些生活在比较民主的家庭中的青少年，可以和父母公开讨论与异性交往或性的话题，则通常会在性行为上采取较为谨慎的态度。

经典研究

初中生异性交往心理发展的调查

2009 年，陈军、隋欣对黑龙江省 1082 名初中生异性交往心理发展进行了调查研究，结果发现：

一、初中生异性交往的愿望是迫切的。76.58%的初中生与异性已经有各种形式的交往，很少交往的只占23.42%。初二年级是学生交往心理发生显著变化的时期。在这一时期，大多数学生将由对异性心理上的疏远，明显转变为对异性心理上的亲近，异性交往已成为初中生心理发展不可缺少的需要。

二、初中生异性交往的意向有着显著的性别差异。“愿意与异性交往”的女生比例明显高于男生，而“不愿意与异性交朋友”的比例，则明显低于男生。

三、初中生异性交往的动机具有浓厚的感情色彩，以寻求精神寄托和感情抚慰为动机的异性朋友的选择标准，第一位是相貌英俊漂亮，第二位是学习成绩优秀，第三位是思想品德好。

四、初中生对异性朋友的选择标准存在明显的性别差异。男生比较重视女生的“相貌”，女生则更重视男生的“学习成绩”和“思想品德”。

五、初中生异性之间的交往出现亲密、早恋的趋向。具体表现为：异性交往的比例增大，“与异性有融洽交往”的人数占36.14%，“心中有爱慕对象”的人数占21.50%，“有要好的异性朋友，但不恋爱”的人数占13.01%，“彼此相爱”的人数占4.91%。早恋合理化观念有随年龄增长而强化的特点。

第九单元

相亲相爱一家人

今日视点

渴望理解的我

——致父母的一封信

亲爱的爸爸、妈妈：

很久没有跟你们谈心，我真的有很多话想跟你们说。

我已经是初二的学生了，学习固然重要，但我也要有休息呀！每当我复习完功课，想看电视或听歌的时候，你们准会说："又看电视、听歌，也不知道这电脑买了有用没用。"

要不就会说："多长时间没背单词了？待会儿给我从头默写一遍吧！"

每次月考后，我都是又紧张又害怕。考好了，还可以休息一会儿；考不好，又会免不了挨一顿批。你们从来不帮我分析一下考不好的原因。考好了，得不到你们的鼓励；考差了，也得不到你们的安慰。我真的很难过，很失望！

你们让我学习英语，我知道你们是为了我好，可你们从来都不问我喜欢不喜欢。有时候，我真的厌学了，但一想到你们对我的期望，我只好硬着头皮学下去，现在转了个班还好点儿。你们知道吗？在以前的那个班，去了也是白去，老师既不带我们读课文，也不给我们留作业，简直是上那儿玩儿。现在的老师虽然年轻，但就是因为她让我们大量地读、写、背，才使得我记的单词越来越多，而且也让我慢慢地喜欢上了"英语班"。说实话，我还真挺感谢你们的。虽然有时仍觉得背单词是件挺烦的事，但我还是会学下去的。

生活方面，我现在已经14岁了，已经是一个大孩子了！我已经有很强的自理能力，已经不需要你们像管小孩子那样管我了。比如，为什么放学之后，你们还要问我中午吃的是什么呢？这样，只会让我觉得你们更爱唠叨了。虽然你们是关心我，但我已经不小了，更需要的是你们的信任、支持和理解！

再有，我从小时候开始就很爱出去玩，让你们带我去吧，你们说没时间；我想和同学们一起玩吧，你们又有了顾虑，不是怕我们会遇上坏人，就是怕我会学坏。说真的，我的智商不低，怎么会说学坏就学坏呢？如果不出去，怎么会使我的社会经验丰富呢？上次，表姐叫我去西单找她，你们不放心，于是就不让我去了。结果他们还笑话我胆儿小。如果总是这样，我长大后，怎么走出家门、走向社会呢？难道以后我去哪里，都让你们送我去吗？……

祝你们身体健康，心情愉快！

你们的女儿

讨论：以上北京市某中学初二（2）班一位同学给父母写的一封信的部分内容，同学们读后有何感想？你是否也有类似的烦恼和困惑？我们应该怎样处好与父母之间的关系呢？

指点迷津

家庭是心灵的港湾，良好的家庭关系是心灵得以健全成长的重要条件。但良好的家庭关系不是天然而成的，需要家庭的所有成员付出自己的心血。

上面这位同学的信反映了父母与子女间在思想、观念、行为等方面的一些不同看法和做法，反映了亲子间的一些矛盾和冲突，表达了这位同学对如何处理亲子关系的困惑。亲子关系是人际关系的一种，指父母与子女之间双向作用的人际关系，既包括亲生父母子女之间的关系，也包括无血缘关系的养子女、继子女，以及过继等关系。人世间最亲密的关系，莫过于父母与子女的关系，这是所有人际关系的基石。良好的亲子关系有助于子女对他人产生情感依恋，产生安全感和信任感。然而，良好的亲子关系像幼苗一样，也需要时间、情感等足够的养分去栽培，才会开花结果。怎样才能建立良好的亲子关系呢？这是一个很多人都在求解，而处在青春发育期的孩子常常难以解决好的问题。教师要引导孩子认识父母，理解父母，尊重父母，形成平等、民主、和谐的家庭关系。

教育方略

亲子故事

合　影

小迪父母对孩子一直很疼爱，从他一周岁那年起，每逢儿子过生日，全家都要在一起合影留念，从小迪被父母抱在怀里，到扛在肩上，摆出 pose，站在中间……十多年积累下来的合影摆放在一起十分有意思，能勾起全家太多的幸福回忆。

小迪进初中后不久，又逢他的生日，父母还想和儿子一起在这个值得纪念的日子合影留念，于是有了下面一段对话：

妈妈：“我们一起去合个影吧！”

爸爸：“好，合影后我还要去开会。”

小迪：“你们去吧，我不想去了。”

妈妈：“为什么不想去呢？妈妈爸爸都祝贺你的生日呢！”

经再三劝说，小迪还是不肯去，爸爸因后面还有事，也不能再等了。每年一次的全家合影从此中断了。

讨论：同学们读完这则故事有何感想？在日常生活中，同学们是否有这样一种感觉，随着年龄的增长，与父母之间的沟通和交流变得越来越少，或越来越不愿和父母说话，不愿和父母一起去做同一件事，或者感到父母说的话越来越像是多余的啰唆。这则故事对我们有什么启发？

教师点评

中学生和父母要搞好关系，就必须多进行双向的情感交流，要多了解和亲近父母。

首先，中学生应该了解父母。例如，了解父母身体是否健康，有什么病；他们在单位里承担什么工作，每天工作量多大，累不累；他们每天上下班要处理什么事情，在路上要花多长时间；他们每天几点起床，几点睡觉，每天自己起床之前和入睡后，父母都在忙些什么等等。

其次，中学生应该了解父母是怎样爱护、关心自己的。例如，父母对自己有什么希望和要求，他们拿出收入的百分之多少供养自己上学读书，他们每天花多长时间来为自己服务。如果条件允许，中学生应该到父母所在的单位去看看父母的工作情况，听听叔叔阿姨对自己父母的评价。

最后，中学生应该经常和父母谈谈心，向父母汇报自己近来的表现，说说自己的心里话，同时征求父母对自己的意见。如果父母是很有事业心、进取心的人，那么，中学生还可以和他们开展比赛，看谁能在工作或学习中取得成绩，在事业上获得成功。

判断正误

请同学们阅读下面两则故事，然后判断一下究竟是子女错了，还是父母错了，说明自己判断的理由。

故事一：小蕊是一名初二女生，一天晚上因参加好朋友的聚会，事先未告诉家长，回家晚了近三个小时。她刚进家门，妈妈就吼道："这么晚了才回来，干什么去了？我给老师、同学、亲戚朋友打电话，到处找你，就是没你的消息，我还以为你从人间蒸发了呢！以后你再到处乱跑，我就打断你的腿。"小蕊一听，气得火冒三丈："这是我的私事，你无权过问……"

故事二：星期六早晨，我起床后便马上洗漱，然后照例去吃饭。这样一折腾已经都十点钟了。我想也没想，就坐在电视机前看起了我爱看的故事片。这时，妈妈正在洗衣服，看见我没有学习，反而在看电视，心里就不痛快，马上严厉地说："一起来就看电视，也不复习复习，学习就能进步吗？"我不耐烦地说："我昨天晚上就写完作业了，也复习完了，今天可以歇一下了。""谁说的，学习要靠勤奋，要不停地预习复习才能进步，像你这样能考上大学吗？不是白给你花那么多学费？你这孩子，那么大了，一点道理也不懂。"妈妈接着说。我没有说话，过了一会儿，妈妈又说话了："看你姐姐，人家都上班了，还在学习，准备考研究生呢，你有这吃苦的精神吗？平时不用功，早晚考得一塌糊涂。"妈妈一句接一句地唠叨着。听着妈妈喋喋不休的唠叨，我气得"啪"的一声将电视机关上，然后，跑到我的卧室，"哐"的一声把门撞上了……

讨论：请同学们发表意见，分析"我"和父母哪些地方做得对，哪些地方做得不对，并可适当辩论。

教师点评

青少年应该尊重和理解自己的父母。虽然青少年的独立意识增强，思想也日渐成熟，但对于正在成长中的你们来说，毕竟还有很多方面要依赖父母的指导和帮助。因而，青少年在对待父母的教导和意见上，一定要采取尊敬和理解的态度，虚心地接受，客观、冷静地思考，然后和父母民主地讨论，最后决定自己的行动。即使父母的意见不合理或没有建设性，青少年也应该明白父母的指导都是善意的，应该充分尊重。

世上只有妈妈好，天下没有不爱自己孩子的妈妈，青少年应该珍惜浓浓的母爱，享受暖暖的亲情。父母管教孩子的初衷是好的，都是源自对孩子的关心和爱护，青少年都应该表示理解，更应该表示感激！如果确实感到父母不对，你又有充足的理由说服他们，就以平静的态度和父母说理，最好不要意气用事、情绪化发展，这样会把事情弄得更糟。

心理剧场

下列事情，有的同学可能经历过，有的可能没有经历过。对于经历过的事情，大家回想一下，自己当时是如何处理的。对于没有经历过的事情，同学们可以设想一下，如果此事发生在自己身上会怎么做呢。

情节一：当考试成绩不理想时，我怎么向父母说？我希望父母怎么做？

情节二：我希望父母多给一些零用钱，我会怎么说？父母可以怎么做？

情节三：我想看电视，我希望父母怎么做？父母可以怎么做？

情节四：我觉得参加暑期补习班太累，我可以怎么说？父母可以怎么做？

情节五：我因为有事回家晚了，爸爸妈妈很着急，他们希望我怎么做？我希望他们怎么做？

情节六：周末，我想和好朋友一起去公园玩。我可以怎么向父母说？父母可以怎么做？

就每个情节，分别挑选若干名同学进行表演，并请表演的同学谈自己表演完后有何感想，自我评价一下自己的做法是否恰当。然后，教师引导全班同学发表意见和讨论，看看有没有其他更好的解决办法。

教师点评

父母和子女属于两代人，年龄不同，生活经历不同，接触的事物、人物各异，导致思想方法、价值观念和行为方式产生差别。如果这种差别缺乏沟通就会日益扩大，两代人之间便会形成一堵无形的墙，容易产生误会，形成心理学上所说的“代沟”。“代沟”是两代人之间由于价值观念、心理状态、生活习惯等产生的差异。代沟是时间的痕迹，出现代沟是自然的。同学们不应该以代沟为理由排斥长辈的教诲，毕竟父母比你们成熟，经历和经验比你们丰富。同学们对自己的年轻和肤浅需要有清醒而深刻的认识，要学会站在父母的角度考虑问题。作为子女，我们要多体谅、关心父母，尊重爱戴父母，主动承担家庭责任，采用合适的办法引导父母了解自己，了解时代观念。代沟并不是不可跨越的鸿沟，父母与子女的沟通可以消除代沟的障碍。父母与子女良好的沟通包括接纳、融合、折中、搁置四个方面。接纳：经过认真分析和思考，弄清对方的意见和态度后，接纳其中正确、合理的部分，放弃自己的偏见。融合：同学们可以从父母那里学到经验，而父母可以从子女那里学到新观念，两者可以取长补短，融合成更完美的方案。折中：对于两代人不同的思想和意见，可以来一个折中方案，双方都各作一些让步。搁置：对于原则性问题，双方看法不一，也不要针尖对麦芒，争得面红耳赤，可以暂时将问题搁置，等双方都冷静下来以后再解决。

期望对接

每个人都会有自己的期望，找个机会和父母聊聊，了解一下他们期望你成为什么样的人，从事什么职业，取得多大的成就。而你自己在上述各方面的期望又如何，找出自己的期望与父母期望的差异，并设法沟通协调，能一致的尽可能一致起来，不能一致的也不必勉强。

讨论：请同学们列出自己与父母期望不一致之处，讨论如何解决这类问题。

教师点评

父母与孩子的诸多矛盾起源于他们的期望不一样，不少父母期望较高，而孩子还没有意识到，于是产生了矛盾。在可能的情况下，让孩子了解父母的期望会在一定程度上减少矛盾。一方面家长的期望可能有一定道理，可以成为动力；另一方面又要尊重孩子的自主选择，毕竟一切需要孩子自己去做，千万不要抹杀了孩子的灵性。

学以致用

教师：同学们要主动与父母沟通交流，理解父母，关心和体贴父母。从今天起，同学们应该行动起来，努力做好下面每一件事情。

1. 主动跟父母讲学校里发生的事情。
2. 主动帮助父母做家务。
3. 父母下班回家后，主动给他们倒水喝。
4. 与父母发生冲突后，主动向他们承认自己的错误。
5. 父母生日时，祝福他们生日快乐。
6. 自己生日时，给妈妈买礼物，感谢她的养育之恩。
7. 父母伤心、难过时，主动关心他们、安慰他们。
8. 节假日时，多留出时间陪伴父母。

心灵感悟

父母给了我们生命，给了我们温饱，给了我们温暖，给了我们依靠，给了我们安全，给了我们幸福，给了我们快乐……父母只讲付出，不求回报，试想想，我们给了父母什么？

父母恩情

——写给天下父母

张世伟

第一声啼哭
就撕痛了这个世界
轻轻睁开眼睛
就湿润了这个季节
手舞足蹈的语言
只有父母才能读懂

无数次的黑夜
都是你的歌声
唤醒了黎明
无数次的黎明
又让你的笑颜
陶醉了黑夜

父亲是你的阳光
母亲是你的月亮
你是父母的希望
天上的云彩
是父亲无微不至的呵护
夜里的星星
是母亲无微不至的关爱
你安静的睡眠
是父母最大的欣慰

一泡屎一泡尿
你在父母的手中走路
你在父母的眼中长大
而今——

你又像放飞的风筝
在父母的牵挂中飞翔天涯

弹指一挥间
十年二十年三十年……
如过眼云烟
母亲的双手被岁月烙上了深深的老茧
父亲的头发被岁月染上了白白的雪花
也许你的一个问候电话
就会让父母泪流满面
也许你常回家看看
就会让父母悬着的牵挂休息一下
也许你吃上自家的便饭
就会让父母回忆你的童年
……

父母的恩情啊
情深似海，血浓于水
我铭记着——
我的心跳就是父母的世界
父母的心跳就是我的世界

教师播放满文军演唱的《懂你》，并带领大家演唱该歌曲，让同学们细细品味子女对父母的理解和浓浓的爱意。

你静静地离去
一步一步孤独的背影
多想伴着你，告诉你我心里多么的爱你
花静静地绽放
在我忽然想你的夜里
多想告诉你，其实你一直都是我的奇迹
一年一年，风霜遮盖了笑脸
你寂寞的心有谁还能够体会
是不是春花秋月无情
春去秋来，你的爱已无声
把爱全给了我，把世界给了我
从此不知你心中苦与乐
多想靠近你
告诉你我其实一直都懂你
把爱全给了我，把世界给了我
从此不知你心中苦与乐
多想靠近你
依偎在你温暖寂寞的怀里
花静静地绽放
在我忽然想你的夜里
多想靠近你
告诉你我其实一直都懂你
一年一年，风霜遮盖了笑脸
你寂寞的心有谁还能够体会
是不是春花秋月无情
春去秋来，你的爱已无声
把爱全给了我，把世界给了我
从此不知你心中苦与乐
多想靠近你
告诉你我其实一直都懂你
把爱全给了我，把世界给了我
从此不知你心中苦与乐
多想靠近你
依偎在你温暖寂寞的怀里
多想告诉你，你的寂寞我的心痛在一起

讨论：从上面的两首歌中，你是否感受到自己以前对父母的态度上有什么不妥之处？

教师点评

一般而言，总是父母为孩子做得多，所以当父母做得不合自己的心意时，孩子首先要做的是理解而不是埋怨。

小结

家庭是我们温馨的港湾，家庭是我们成长的摇篮，家庭还是心灵的归属地。父母都关心爱护自己的子女，望子成龙，望女成凤。俗话说：“家家有本难念的经。”我们每个人生活在家庭中，每个家庭都会发生各种各样的事情。我们要尊重父母，理解父母，关心和体贴父母，主动地与父母沟通、交流，积极地表达自己的思想和观点，让父母听取自己的想法，减少亲子间的矛盾和冲突，力争建立良好的亲子关系，让自己的心灵有个安全、平静、惬意的归属。

参考资料

中学生与父母相处时的注意事项

1．理解万岁

无论父母对自己有什么样的误解，对待自己的态度多么令人难以接受，都要尽可能理解他们的本意是为了自己好，是出于对子女的关心和爱护。不可消极抵触或直接冲突，这样不但解决不了问题，还可能产生彼此伤害的后果。

2．耐心解释

父母一般对子女的衣食住行和学习等方面了解关注得多，对于内心的需要和感受了解得少，这就需要我们耐心地解释，争取最大限度的理解。不能认为反正说了他们也不懂，索性不屑理睬。另外，因为理解是相互的，想要父母理解自己，自己就要主动接近父母。将自己在父母面前封闭起来，势必会造成更深的隔阂。

3．求同存异

不必强求父母与自己的观点一致，说不通可以暂且不谈，更不能强词夺理。对于父母的一些观点，没有必要过分地指责或表现出不屑，徒增家庭矛盾，毕竟父母是为子女好。

4．尊重关爱

父母作为平凡的人会有这样那样的一些不足之处，做子女的要学会宽容。虽然他们是长辈，却也非常需要孩子的关心、体贴和爱护。在他们生病、疲惫或工作繁忙的时候，我们主动地照顾一下；在他们遭遇挫折、情绪低落时，我们真心鼓励、支持一下，都可以使他们真切地体会孩子的懂事与成熟，反过来会尊重你的一些选择。

你和妈妈的关系紧张吗？

指导语：你和妈妈的关系怎样？非常和谐，还是充满紧张？下面的测试题如一张 pH 值试纸，帮你评估你和妈妈的关系，每题有三种答案：A 经常发生，B 很少发生，C 偶尔发生。请根据自己的实际情况如实回答。请注意每题只能选择一个答案。

1．妈妈叫我做的事，我不会照她的吩咐去做。（　　）

2．我的考试成绩通常令妈妈失望。（　　）

3．妈妈指出我的错误，我会反击。（　　）

4．我情绪不好时，会对妈妈呼呼喝喝。（　　）

5. 总是不在妈妈规定的时间内回家。（　　）

6. 我会对妈妈隐瞒一些重要的事。（　　）

7. 我做错了一点小事，妈妈就会唠叨。（　　）

8. 妈妈在我交朋友的问题上，总会发表自己的意见。（　　）

9. 妈妈会进我的睡房，偷偷检查我的私人物品。（　　）

10. 我尝试将自己的问题告诉妈妈时，她并不关心。（　　）

11. 妈妈为了隐瞒一些事情对我撒谎。（　　）

12. 妈妈要求我做很多家务。（　　）

计分方法：

A 经常发生——2 分；B 很少发生——1 分；C 偶尔发生——0 分。

结果分析：

24 分以下

请不要过分担心，冲突其实是转化你和妈妈关系的自然机制。在我们的生活中，通常妈妈和子女的冲突较爸爸和子女的冲突多一些，因为我们的社会将教养子女的责任更多地放在了妈妈身上。这种责任自然对母亲造成一定压力，教育子女自然严格而执著，形成了与子女间频繁的冲突。

16 分以下

说明了你和妈妈的性格有较大的差异，在很多问题上你和妈妈都各抒己见、互不相让，这就是造成你和妈妈关系不和谐的因素。为什么不谦让一下呢？和睦的家庭靠大家的努力。

8 分以下

说明你和妈妈的关系较融洽，你和妈妈都是会控制自己情绪的人。

0 分

说明你是生活在一个非常良好的有教养的家庭，在生活上你和你的妈妈已经达成了默契。你更是一个很乖的孩子。

第十单元

善结人缘

今日视点

魔术师的成功秘诀

在风靡世界的魔术大师华哲斯顿从未上过一天学，从小靠从铁路旁的标牌上学会识字。但他前后40年在世界各地为6000万名观众演出，获得了巨大的成功，被公认为魔术师中的魔术师。

有人向他请教成功的秘诀，他说，他懂得的魔术手法跟其他同行一样多，并没有什么特别，但他有两样东西却是别人所没有的：一是他能在舞台上把自己的个性显示出来；二是他了解人类的天性——喜欢别人对自己感兴趣。他说："许多魔术师会看着观众对自己说，'瞧，台下一群傻子，略施小技就可以把他们骗得晕头转向'；而我上台前总对自己这么说，'我很感激，这么多人来看我的表演，是他们给我提供了一种我所喜欢的生活，我要用最大的热情和最高明的手法来满足他们的期望。'"信不信由你，这就是有史以来最受观众欢迎的魔术师的成功秘诀。

讨论：华哲斯顿懂得的魔术手法跟其他同行一样多，为什么他成为最受观众欢迎的魔术师？华哲斯顿成功的秘诀是什么？

指点迷津

由于时空情境都在变化，任何人的每一次交往都是第一次，也都是最后一次。一次交往能产生什么样的效应，关键看双方的心灵碰撞到什么程度。华哲斯顿之所以成功是因为他"观众缘"很好，受观众欢迎。而华哲斯顿之所以受观众欢迎，是因为他了解观众，尊重观众，对观众感兴趣，充分展示自己的个性。也就是说，华哲斯顿了解观众的心理，掌握了与观众互动、沟通的技巧，尽可能增强自己与观众的心理碰撞强度和力量。同样，在人与人交往的过程当中，即在人际交往或社会交往过程当中也需要讲究一些技巧和方法。

社会交往又称为人际关系，是指社会人群中因交往而构成的相互依存和相互联系的社会关系，常指除亲属关系以外的人与人交往关系的总称，包括朋友关系、同学关系、师生关系、战友关系、同事关系、陌生人偶然交往关系等。人是社会动物，每个人都有其独特的思想、背景、态度、个性、行为方式、信念和价值观，人际关系对每个人的情绪、生活、学习、工作有很大的影响，甚至对组织气氛、组织沟通、组织运作、组织效率及个人与组织之间的关系均有极大的影响。一个人能否成功，20%取决于自己，80%取决于人际关系。好人缘，是人际关系的润滑剂，也是为人处世的支撑点。人缘关系的好坏，对一个人的事业和生活有着重要的影响。那么，到底什么样的人受人欢迎呢？怎样才能拥有好人缘呢？

教育方略

故事分享

有缘相会淘金岛

很久以前，有两个人一起去一个叫淘金岛的地方，俩人准备好了一切，正要出发的时候，其中的一个人突然有事，当他把自己的事情办完的时候，他所要乘坐的船已经开走了。从此以后，这个人每天什么也不干了，只是自责和后悔。几年后，那个去了淘金岛的人成了一个很富有的商人。

有一天，没有去淘金岛的那个人想明白了，这样下去是没有任何用处的，慢慢地他开始坚强起来，经过了几年的努力，他乘上开往淘金岛的船。但他并不是像其他人一样去淘金，而是在淘金岛上开了一家餐厅，因为，在这个岛上除了金子没有别的，他在这里，高价把食物卖给那些在这里淘金的人。最后他终于超过了他当年的伙伴并成了世界上最富有的人。

讨论：不同人的缘分是不一样的，后来去淘金岛的那个人如果没有任何想法，是否还能续上去淘金岛的缘分？他还有机会挣得更多的财富吗？

教师点评

懂得多角度、全方位思考的人，能发现别人所没有发现的契机，结上别人结不上的缘分。上面故事中引发事件发生转折的关键点在哪里？这个关键点与什么相关？善解人意、善观情势、与人为善、依势而为，都是做人的积极的和有意义的行为，它们能够创造一种宽松和谐、友爱的人际环境，使你赢得好人缘，便于建立良好的人际关系。善解人意，首先要与人为善，善待他人，尊重他人，而后才能理解人、谅解人、体察人，体现你人格的魅力。善解人意，要懂得相互接纳、相互合作、相互融洽，找到你和他人之间的心灵最近点和最远点。尊重他人的优势和才华，也宽容他人的脾气和个性。不一定要赞同他人与自己不同的意见，而是不去计较他的缺点，或者说与自己不合拍的地方。不能理解的时候，就试着去谅解；不能谅解，就平静地去接受。善解人意，就是很能体谅人、很能体贴人，学会换位思考。所谓换位思考，简单地说，就是站在别人的角度看问题。

漫画赏析

与我无关

讨论：请同学们说一下，真的像坐在船后面的人所说的一样与自己没有关系吗？上面的漫画对我们有哪些启发？

教师点评

俗话说："雪中送炭真君子。"当别人有困难，需要你帮助时，千万不要吝啬你的爱心和钱财，要学会时时处处帮助别人，做事多替他人着想。自私自利，对人漠不关心，事不关己高高挂起，是个人素质低下的表现，不可能赢得好人缘。真心关心和体贴他人，主动、真诚地帮助他人，互相理解、互相尊重、互相支持，做事尽责尽力，能让人感到温暖，可赢得他人对你的好感，让人愿意与你亲近，将使你很快地在他人心目中占有一席之地，拉近他人与自己的距离。心理学家研究发现，以帮助和相互帮助为开端的人际关系，不仅有利于确立良好的第一印象，而且可以迅速缩短人与人之间的心理距离，建立亲密的关系。如果你帮助的人越多，那么你的朋友就会越多。

各抒己见

教师：每位同学都有自己喜欢与之交往的同学，请同学们准备一张纸，各自写出 3 ~ 5 位最喜欢与之交往的同学的名字，然后仔细思考一下这些同学具有哪些特点？为什么愿意跟他们交往？同学们书写完毕，请在各自小组内交流大家所喜欢的同学的特征。

讨论：收集学生所列易于交往的人的特点，归纳出最受大家喜欢的同学所具有的共同特征，将其写在黑板上，并让学生讨论。

教师点评

通常某一缘分的建立可能具有偶然性，但能建立这样的缘分往往是由于双方在此之前就有共同的期待、共同的经历、共同或互补的个性特点。良好的个性品质是与人结缘的基础，那些有好人缘的人无不都有一个健康的个性。"人缘型"的人大多热情开朗、平易近人、乐于交往、乐于助人且富有幽默感；而有些人却因为个性上的缺陷，如偏执、傲慢等影响了与别人的友好关系。只有加强个人修养，发扬自身优点，努力克服自身的弱点和不足，才能受到别人的欢迎。大家要牢牢记住受欢迎同学和社会上粉丝很多的人的特点，虚心向他们学习，人人争做人缘好、受欢迎的学生。

故事分享

银行家与乞丐

从前有个银行家，在他上班的银行旁边，每天都蹲着一个乞丐，面前放着一个盆儿，他常往这个盆里丢些小钱。可是，这个银行家跟其他施舍者不同的是，他在投小钱的同时，总是要向乞丐要一支他脚下的铅笔，并且说："你是一个商人呀！我是个从来都想从交易伙伴那儿得到比我支付的更多的好处的人。"

一天，那个佝偻于街头的乞丐不见了，随着时间的流逝，银行家也渐渐忘掉了这个乞丐。可是有一天，银行家走进一幢公共大楼时，在一角的商店里，发现了那个乞丐。乞丐认出银行家后，激动地说："我总是期待着能够再见到您。今天，我能坐在这儿，是托您的福呀！您总是对我说，'你是一个商人呀！'听了您的话，我开始想，我不该是个要钱的乞丐，而应该是个商人。于是，我开始卖铅笔了，卖了很多很多。您教会了我自尊，托您的福，我意识到了自身的价值。"

讨论：请同学们想一下，这个故事告诉我们什么道理？这两个人的缘分之间什么起了关键性的作用？

教师点评

从这个故事我们可以看出，银行家恰如其分的赞美改变了乞丐一生的命运。这就是赢得好人缘的第一个技巧：不要吝啬你的赞美。心理学家威廉·詹姆士说："人类本性上最深的企图之一是期望被钦佩、赞美、尊重。"赞美对于人的情绪，就像阳光雨露对于花草树木一样，会给人愉悦、美妙的感觉，可说是人生活中的一大享受。一句赞美之辞，可能把人与人之间的距离拉近很多，也可能会使事情发生戏剧性的变化。渴望别人赞美，渴望受人喜欢，渴望受人尊敬，是我们内心的基本愿望。在人际交往中，恰如其分地赞美对方，能创造出一种热情友好的气氛，能使彼此的心情更加舒畅。因此，我们要学会赞美他人。

心灵感悟

教师带领全班同学朗读下面的诗歌，让同学们细细品味其中蕴含的哲理。

受人尊敬好品格，
心胸开阔第一条。
心底无私顾大局，
斤斤小事不计较。
宽容忍让性随和，
豁达诚实气度高。
亲切热情交朋友，
团结友爱乐陶陶。

小结

缘分能让心灵驰骋于更加广阔的空间，缘分又是不同心灵间的纽带和黏合剂，善结缘分就能让众多心灵连接为众志成城的同心群体，发挥心灵的更大效能。"千林风雨莺求友，万里云天雁断行。"交往是人类的本能，人需要交往，人离不开交往。为人处世是一门学问，是人生的必修课，尤其在当今交往频繁而又人际关系复杂的社会里，真正的缘分未必就增加了，学会如何与人交往和相处，是人生道路上的必修课。同学们要掌握正确的为人处世之道，善结人缘，力争做一个受人欢迎的人，力争自己的心灵被他人乐意接受乃至欣赏。

参考资料

如何获得好人缘

1. 服饰要整洁美观

个人吸引力离不开外形和风度上的魅力，如容貌、体形、服饰等。对中学生而言穿着整洁美观，还要与自己的年龄和身体相符，标新立异不会收到好效果。

2. 给人以善意的微笑

心理学家研究指出，呆板的表情是人际交往中的障碍之一，它如同设在路口的路标，告诉人们"此路不通"，别人会因此不自觉地回避你。而微笑则是人际交往中的"润滑剂"。

3. 做一个善于倾听的人

人们欢迎一个善于倾听的人，远远胜于一个专爱诉说自己意见的人。对于别人的谈话不但要认真去听，还要及时鼓励对方谈论自己。

4．要学会赞美他人

人们都希望能获得他人的赞美，如英国文豪萧伯纳所说的："我们总是喜欢赞扬我们的人。"只要我们仔细观察、不去嫉妒，就不难发现他人身上的可赞美之处，如果能将其真心实意地表达出来，一定会使对方非常愉快，并发现你是一个可以给他自信的、难得的朋友。

5．要有一颗诚实的心

注意言必行，行必果，言行一致，表里如一。

6．对人亲切热情

主动关心、帮助他人，做事尽责尽力。要想有个好人缘，助人为乐是根本。

7．不要自高自大

待人谦虚有礼，善于发现别人的长处和优点，虚心向他人学习；同时经常发现自身的不足，并勇于承认，及时改正。

8．不搬弄是非，不搞"小团体"

拉帮结派，说三道四，是人际交往中的大忌。中学生的学习和生活中，难免出现闲言碎语，不能添油加醋，要善意地减少摩擦，维护同学间的团结友爱。

中学生人际关系测验

指导语：本测验共有36道题目，请你根据自己的实际情况，对其中的每个问题作出回答。符合你的情况的，则把该问题后面的"是"圈起来；不符合你的情况的，则把该问题后面的"否"圈起来。

1．你平时是否关心自己的人缘？　是　否

2．在食堂里你一般都是独自吃饭吗？　是　否

3．和一大群人在一起时，你是否会产生孤独感或失落感？　是　否

4．你是否经常不经同意就使用他人的东西？　是　否

5．当一件事没做好，你是否会埋怨合作者？　是　否

6．当你的朋友遇到困难时，你是否时常发现他们不打算来求助你？　是　否

7．假如朋友们跟你开玩笑过了头，你会不会板起面孔，甚至反目？　是　否

8．在公共场合，你有把鞋子脱掉的习惯吗？　是　否

9．你认为在任何场合下都应该不隐瞒自己的观点吗？　是　否

10．当你的同事、同学或朋友取得进步或成功时，你是否真的为他们高兴？　是　否

11．你喜欢拿别人开玩笑吗？　是　否

12．和自己兴趣爱好不相同的人相处在一起时，你也不会感到兴味索然、无话可谈吗？　是　否

13．当你住在楼上时，你会往楼下倒水或丢纸屑吗？　是　否

14. 你经常指出别人的不足，要求他们去改进吗？　是　否
15. 当别人在融洽地交谈时，你会贸然地打断他们的话吗？　是　否
16. 你是否关心和常谈论别人的私事？　是　否
17. 你善于和老年人谈他们关心的问题吗？　是　否
18. 你讲话时常出现一些不文明的口头语吗？　是　否
19. 你是否时而会做出一些言而无信的事？　是　否
20. 当有人与你交谈或对你讲解一些事情时，你是否时常觉得很难聚精会神地听下去？　是　否
21. 当你处于一个新的集体中时，你会觉得交新朋友是一件容易的事吗？　是　否
22. 你是一个愿意慷慨地招待同伴的人吗？　是　否
23. 你愿向别人吐露自己的抱负、挫折以及个人的种种事情吗？　是　否
24. 告诉别人一件事情时，你是否试图把事情的细节都交代得很清楚？　是　否
25. 遇到不顺心的事，你会精神沮丧、意志消沉，或把气出在家里人、朋友身上吗？　是　否
26. 你是否经常不假思索就随便发表意见？　是　否
27. 你是否注意赴约前不吃葱、大蒜？　是　否
28. 你是否经常发牢骚？　是　否
29. 在公共场合，你会很随便地喊别人的绰号吗？　是　否
30. 你关心报纸、电视等信息渠道中的社会新闻吗？　是　否
31. 当你发觉自己无意中做错了事或损害了别人，你是否会很快地承认错误或作出道歉？　是　否
32. 有闲暇时，你是否喜欢跟人聊聊天？　是　否
33. 你跟别人约会时，是否常让别人等你？　是　否
34. 你是否有时会与别人谈论一些自己感兴趣而他们不感兴趣的话题？　是　否
35. 你有逗乐儿童的小手法吗？　是　否
36. 你平时告诫自己不要说虚情假意的话吗？　是　否

计分方法：

请把你的答案和下面的答案逐个对照：

1. 是　2. 否　3. 否　4. 否　5. 否　6. 否　7. 否　8. 否　9. 否
10. 是　11. 否　12. 是　13. 否　14. 否　15. 否　16. 否　17. 是　18. 否
19. 否　20. 否　21. 是　22. 是　23. 是　24. 否　25. 否　26. 否　27. 是
28. 否　29. 否　30. 是　31. 是　32. 是　33. 否　34. 否　35. 是　36. 是

如果某题你圈的答案与上面所列的这道题的答案相同，就得 1 分，如果不相同，就不得

分，把全部得分累加起来，即得到总分。总分越高，表明你的人际关系越好，最高总得分为36分。看自己的得分是在哪个得分范围内，便能大致判断出自己的人际关系的好坏。

结果分析：

30分以上，表示人际关系很好；

25～29分之间，表示人际关系较好；

19～24分之间，表示人际关系一般；

15～18分之间，表示人际关系较差；

15分以下，表示人际关系很差。

第十一单元

关爱自然，保护环境

今日视点

全球十大环境问题

环境通常是指影响人类生存和发展的各种天然的和经过人工改造的自然因素的总体，包括大气、水、海洋、土地、矿藏、森林、草原、野生生物、自然遗迹、人文遗迹、自然保护区、风景名胜区、城市和乡村等。环境又可分为自然环境、人工环境两大类：前者包括大气环境、水环境、地质和土壤环境等；后者包括居住环境、生产环境、交通环境、文化环境、人文遗迹、风景名胜区、城市和乡村等。

环境问题大致可分为环境污染和生态破坏两大类。近代，人类在创造巨大的物质财富和精神财富的同时，也给环境带来了很大的危害。由于治理措施滞后，绝大多数工业废物未经处理就直接排放，使得污染物浓度和总量很快就超过环境的承载能力。伴随世界范围内工业化、城市化进程的不断加速，全球性的环境问题仍呈继续恶化之势。地球上已很难找到一块净土：珠峰雪样中含汞含锰，大西洋底有铅铬沉积，南极企鹅体内含 DDT，北极云雾在加浓变酸……环境的恶化严重影响了支撑人类生命活动的生态系统。

当今，全球及中国主要面临十大环境问题。一是由于人类活动的影响，全球大气二氧化碳、甲烷等温室气体浓度显著增加。温室气体大量排放使全球气候变暖，将造成中国境内极端天气与气候事件发生的频率增多、概率增大，干旱区范围可能扩大，荒漠化可能性加重，沿海海平面继续上升，青藏高原和天山冰川加速退缩，一些小型冰川消失。二是臭氧层耗损与破坏，使地面受到紫外线辐射的强度增加，给地球上的生命带来很大的危害，影响生态平衡和水体的自净能力。三是生物多样性减少，1970 年到 2000 年间，物种的平均数量丰富性持续降低了约 40%，直接影响人类福祉。四是酸雨蔓延，使土壤酸性增强导致大量农作物枯死；使林木生长缓慢，森林大面积死亡；使河水、湖水酸化，微生物和以微生物为食的鱼虾大量死亡，成为“死河”、“死湖”；酸雨还会渗入地下，致使地下水长时期不能利用；还会对桥梁楼屋、船舶车辆等造成严重侵蚀，会对人体健康造成严重危害。五是森林锐减，带来物种减少、水土流失、气候失调、旱涝成灾等严重后果。中国森林资源人均占有量仅相当于世界人均水平的 11.7%。六是土地荒漠化，包括土地沙化、水土流失、植被退化等，中国是世界上受荒漠化影响最严重的国家之一。七是大气污染，空气中的可吸入颗粒物、二氧化硫、二氧化氮等增加，破坏生态系统和人类正常生活条件。八是水污染加剧，全世界每年向江河湖泊排放的各类污水约4260亿吨，水污染进一步加重了水资源短缺，水质污染引发疾病已成为影响人体健康最主要的危害。九是能源和资源濒临枯竭，人类所需能源的97%来自不可再生的矿物能源，而一些重要的矿产资源现已严重短缺。十是垃圾泛滥和固体废弃物污染，全世界每年产生各种固体废弃物约100亿吨，垃圾包围村庄的景象比比皆是。

环境保护已成为全人类共同关心的热门话题。自1972年联合国在瑞典首都斯德哥尔摩召开人类环境发展会议以来，环境保护已成为每个地球人的共识；人类只有一个地球，保护环境是所有地球人义不容辞的责任！

讨论：你以前知道人类的环境问题有如此严重吗？结合你身边的环境，谈谈你对自然和环境的认识。

指点迷津

自然是人类的母亲，环境是心灵的住所，人的心灵是自然通过人类开出的美丽花朵。不关爱自然的心灵将会枯萎，并且还会伤害到众多其他人的心灵。正因为如此，关爱自然，保护环境应成为健全心灵必不可缺的要素。人是大自然的一部分，大自然是人类赖以生存的家园。保护大自然就是保护我们赖以生存的家园，保护动物、植物就是保护人类生存的环境，就是保护人类自己。关爱自然，保护环境，是人类共同的、义不容辞的责任。我们应该怎样承担这一责任呢？

为保护自然环境和自然资源，国家设立自然保护区对具有一定代表性的自然环境和生态系统、珍稀动植物栖息地、重要自然历史遗迹及重要水源地带等划出界线加以保护。自然保护区包括生态保护区、生物圈保护区、特定自然对象保护区，国家公园、自然公园、森林公园、海洋公园，禁伐区、禁渔区、禁猎区，以及冰川遗迹、温泉、化石群等。自然保护区通过保护、培育、发展自然资源，起到维持生物多样性，保持水土，涵养水源，维护生态平衡的作用。

教育方略

故事分享

没有院士头衔的水利学泰斗黄万里

黄万里，祖籍为原川沙县（今上海），1924年进入无锡实业学校学习，1927年进入唐山交通大学（现西南交通大学），毕业后任杭江铁路见习工程师，1934年赴美留学，1935年获得美国康奈尔大学硕士学位，1937年获得美国伊利诺伊大学香槟分校工程博士学位。1945年在南京出任水利部视察工程师。1947年至1949年4月出任甘肃省水利局局长兼总工程师，黄河水利委员会委员，长期从事水利工作。1953年被调至清华大学任教，编写了

《洪流估算》和《工程水文学》等重要的学术专著。

1955年4月，黄河三门峡大坝工程动工。在当时流传“圣人出，黄河清”的言论下，黄万里认为没有科学依据，反对建设黄河三门峡大坝工程，并与其他专家在会上进行了七天的辩论。后来，黄万里被打为右派，1969年被下放江西鄱阳湖劳动，1974年被揪回清华大学批斗，并在此期间完成《论治理黄河方略》。1980年2月26日被清华大学党委“平反”。1998年，黄万里被清华大学批准给研究生授课。

1992年后，黄万里教授六次给中央领导写信，陈述长江三峡大坝工程永不可建的道理，首先是在水库尾部淤积，会淤塞重庆港，会加大水库的水力坡度，会淹没重庆部分市区。黄万里教授生前曾说：“我是看不到三峡建成后的后果了。你们还能看见，帮我记着看看，但愿我的话不要言中，否则损失太大了。”黄万里主张从江河及其流域地貌生成的历史和特性出发，全面、整体地把握江河的运动态势；认识和尊重自然规律，把因势利导作为治河策略的指导思想。黄万里先生在去世当月曾对探望他的学生留下遗嘱：治江原是国家大事，“蓄”、“拦”、“疏”及“挖”四策中，各段仍应以堤防“拦”为主。汉口段力求堤固。堤临水面宜打钢板桩，背水面宜以石砌，以策万全。盼注意，注意。除了长江的水利和汉口安危，他没有提个人及家属一句话；他满腔的深情，火一样的大爱，全部倾注于祖国人民，倾注于他为之耗尽了毕生精力、为之忍受了无限屈辱痛苦的江河山川。

讨论：你以前知道黄万里为保护母亲河不惜一切代价坚持真理的事吗？这个故事对我们保护资源和保护环境有何启发？

教师点评

黄万里为保护母亲河、保护自然环境，坚持真理，尊重生命，不顾个人得失，这本身就说明他具有一颗高尚的心灵，值得我们好好学习。这个故事告诉我们，要保护资源和保护环境，首先要提高和转变人们对资源、环境的认识，帮助人们掌握资源、环境保护等方面的基本知识，为此社会各界必须加强舆论宣传，普及环保知识，增强人们对人口、资源、环境等方面的危机意识。只有人们的认识提高和转变了，才能采取正确的行为应对自然和环境。资源和环境是我们生生不息的载体，我们享受着它们的恩赐。保护资源和保护环境是我们每个人义不容辞的神圣使命；保护资源和保护环境，时不我待；保护资源和保护环境，就是保护中华文明，就是保护我们的家园，保护我们自己，保护子孙万代。

各抒己见

稀缺的生命之源

水是生命之源，正因为有了水人类才会生存，世界万物才会生机盎然，千姿百态，丰富多彩。

有人以为水是上天的恩赐，是取之不尽、用之不尽的。据统计地球表面的水储量大约有140亿立方千米，但淡水资源只有3.5亿立方千米，在这些有限的淡水资源中，仅有0.34%是人类可以利用的，由于分布不平衡，生活浪费，全世界60%的地区供水不足，严重缺乏用水。中国水资源总量居全世界第六位，但人均水量不足2400立方米，仅占全球的四分之一，被列为全世界十三个贫水国之一。

淡水原本是一种可以不断再生的资源，可是随着工业的发展和人口的增长，大量水资源被污染。各种有害的物质，如工业废水、农药和生活废弃物等有毒物质排入水中。再加上人为的浪费和水资源的不合理利用，导致本身紧缺的水资源更加稀少。

讨论：水是生命之源，我们应该怎样做才能让生命之源源源不绝呢？

教师点评

水是人类赖以生存和社会发展不可缺少而又无法替代的物质资源。水是生命的源泉。在地球上，哪里有水哪里就有生命。一切生命活动都是起源于水。没有食物，人可以活较长时间；而如果没有水，人最多能活一周左右。所以，水对我们来说是至关重要的。但是，我国可供利用的淡水资源却非常稀少，是一个严重缺水的国家，能否有充足的水供饮用，是一个生死攸关的问题。为了解决我国缺水的问题，满足人们对淡水的需求，我们要从自身做起，从小事做起，珍惜水资源，节约水资源，保护水资源，防止水资源污染，积极开发利用水资源，在维护和改善生态环境的前提下，合理、充分地利用水资源。

经典案例

“人定胜天”

恩格斯在其经典著作《自然辩证法》中就提醒人类，“美索不达米亚、希腊、小亚细亚以及其他各地的居民，为了想得到耕地，把森林都砍完了，但是他们梦想不到，这些地方竟成为荒芜不毛之地，因为他们使这些地方失去森林，也失去了积聚和储存水分的中心”，“我们不要过分陶醉于对自然界的胜利。对于每一次这样的胜利，自然界都报复了我们”。在远古时代，曾是水源充沛、土地肥沃、五谷丰登、人丁兴旺的美索不达米亚，随着沧桑变迁和生态环境恶化，已如日西沉，辉煌不再。当今，日新月异的科学和蓬勃发展的经济，帮助人类攻克了一个又一个大自然的堡垒，但是滥伐林木、过度放牧、乱捕鸟兽、人工填海、截改河道等等行为，一次又一次地破坏了生态平衡。大自然“不舒服”了，于是干旱、洪灾、沙化、气温升高、大气污染、臭氧层空洞……灾难接踵而至，沃野变荒漠，最终导致文明的衰落甚至毁灭。人类文明发祥于良好的环境，又衰落于严重的环境污染和生态破坏，环境衰则文明衰，环境兴则文明兴。环境一旦遭到严重污染，将造成难以彻底消除的危害。因此，人类要恢复昔日山清水秀的自然环境，必须维护生态平衡，加快建设环境友好型社会。

讨论：同学们，看完这个案例你们有何感想？你如何理解环境友好型社会？

教师点评

中国古代即有主张与环境友好的思想观点和实践，称为天人合一，或天道自然。“智者乐水、仁者乐山”，老子的“人法地，地法天，天法道，道法自然”，都表现了人与自然和谐相处的价值目标。人类和万物一样，是天地自然的产物，人既不是大自然的主宰，也不是大自然的奴隶，要做大自然的朋友，与环境友好相处，将仁爱之心泽及草木禽兽，达到天地万物、人我一体的境地。建设环境友好型社会是汲取世界可持续发展新理念的实际行动。即要把节约资源作为基本国策，发展循环经济，保护生态环境，加快建设资源节约型、环境友好型社会，促进经济发展与人口、资源、环境相协调。环境友好型社会的主要内容包括“环境友好技术”——主要是指预防污染与清洁能源的工艺、技术、产品，“无害环境”——主要指环境友好材料、产品与服务等概念。目前，世界各国开始用全方位的视角来认识环境友好的理念和内涵，覆盖的范围不断扩大，相继提出了实行环境友好土地利用和环境友好流域管理，建设环境友好城市，发展环境友好农业、环境友好建筑业等，涉及的层面也从技术、产品、产业、地区等领域上升到整个社会，涵盖生产、消费、技术，甚至新的伦理道德等众多领域，促进了“环境友好”概念的形成和发展。环境友好型社会是人与自然和谐发展的社会，通过人与自然的和谐来促进人与人、人与社会的和谐。它以环境容量、环境资源承载力为基础，以自然规律为准则，以可持续社会经济文化政策为手段，以绿色科技为动力，构建经济社会环境协调发展的社会体系，在全社会形成有利于环境的生产方式、生活方式、消费方式。

综合起来，环境友好型社会是由环境友好型技术、环境友好型产品、环境友好型企业、环境友好型产业、环境友好型学校、环境友好型社区等组成。主要包括：有利于环境的生产、生活和消费方式，无污染或低污染的技术、工艺和产品，对环境和人体健康无不利影响的各种开发建设活动，符合生态条件的生产力布局，少污染与低损耗的产业结构，持续发展的绿色产业，人人关爱环境的社会风尚和文化氛围。我们还应该尊重和平等地对待地球上的每一种生物，保护生物的多样性。保护生物的多样性就等于保护了人类生存和社会发展的基石，就等于保护了人类文化多样性的基础，就等于保护了人类自身和人类的未来，进而能够为我们的子孙后代留下一片碧水蓝天和美丽的大自然。我们不应该根据个人的喜好而圈养或猎杀某种生物，破坏物种的繁衍生息。

学以致用

生活中，关爱自然，保护环境可以从以下身边的小事做起：

1. 倡导健康的生活方式

（1）绿色生活原则：节约资源、减少污染；保护自然、万物生存。

①掌握节能的知识和技能，制订节能计划，从节约一度电、一方气、一滴汽油做起。

②购买和使用有节能标志的家用电器和节能照明设备，提高能源使用效率。

③把我们的家和教室内的空调温度调到26℃以上，以节约能耗，改善环境。

（2）“食绿”：拒绝食用野生动物，看到有人捕捉野生动物要劝导并制止。

少用一次性餐具，如纸杯、木筷、餐巾纸、塑料餐布等，这些一次性产品的生产将耗费大量的自然资源，并造成污染。

积极地回收泡沫塑料餐具，较之使用一次性纸餐具对环境更有益处。最好的方式是：拒绝一次性餐具，使用可以反复洗涤、消毒的器皿。

食用“绿色食品”与“有机食品”。

（3）“住绿”：住房使用环保建材，并采用节能环保的建筑结构设计，建成即可搬进居住，对人体健康没有影响。适时通风换气，开窗换气以早晨为好，同时还要注意开窗过程中防尘。

2. 鼓励绿色的消费方式

绿色消费要求人们崇尚简约消费，控制自己对浪费资源和污染环境的产品的物欲，促进其生产方式的转变。绿色消费观念正在渗透到人们的日常生活中。

绿色消费原则（简称3R原则）是：绿色消费、环保选购（Reevaluate）；重复使用、多次利用（Reuse）；分类回收、循环再生（Recycle）。

3. 我们可以做的事

（1）选购环保产品，支持环保产业发展。

（2）以身为公交族和自行车族为荣，参与“绿色出行”，减少空气污染，节约能源。

（3）使用无铅汽油，购买小排量汽车。

（4）支持并参与废纸、废塑料和废金属等废旧物资的回收利用。

（5）尽量避免使用一次性纸杯、一次性筷子等用品。
（6）垃圾分类投放。
（7）植绿护绿，保护生态环境。
4. 遇到破坏环境的人和事怎么办
（1）12369 中国环保热线，你尝试过吗？
（2）通过电话或信件向政府投诉。
（3）向媒体反映，引起舆论关注。
（4）向居委会或街道办事处反映。
（5）通过环保组织反映。
（6）直接向造成问题的人或单位提意见。

讨论：上面所列的我们做到了多少？除了上面举的例子外，我们还能为关爱自然、保护环境做哪些事呢？请同学们举例说明。

教师点评

我们要热爱生命，热爱环境，同破坏资源、破坏环境的行为作斗争，改变“自己势单力薄，对解决问题起不了多大作用”的错误思想，从身边一点一滴的小事做起，做大自然的朋友，平等地对待大自然，与大自然和谐相处，关注大自然，尊重大自然，善待大自然，自觉行动起来，做大自然的保护者，不做污染和破坏环境的事。

心灵感悟

教师带领全班同学朗读下面的诗歌，让同学们细细品味其中蕴含的哲理。

只有一个地球

生命只有一次，
地球只有一个。
地球是大家伟大的妈妈，
我们该为她做些什么？

在天空和土地之间，
我们享受清新的空气；
在北极和南极之间，
我们手捧爱的花朵。

给每一双眼睛明亮的光芒，
给每一条小河清澈的波浪，
给每一种动物新鲜的食物，
让每一颗种子安稳地成长。

让动物王国的代表，
走上联合国的讲坛；
让绿色的古桐树，
把过去和未来诉说。

把战场变成绿色的草原，
把炮弹变成美丽的礼花，
把画家的作品放入博物馆展示，
请松树和天鹅来城里做客。

蓝的眼睛、黑的眼睛，
表达着同一种希望；
儿女们将肩负起神圣的职责，
把地球变成美好的人间天堂。

小结

自然、资源、环境不只关系着人类的兴衰繁荣，也关系着人类社会能否协调和可持续发展。人类对自然经历了由敬畏到征服的历史过程，急需调整到和谐相处的境界，首先要调整的就是心灵中对自然的态度。关爱自然，保护环境，给子孙后代留下一片蓝天和碧水，既是全世界人民向往并为之奋斗的共同目标，也是人类共同的责任。在“关爱自然、保护环境”这一神圣的使命中，同学们既要争做积极倡导者，也要争做积极参与者和生态文明的积极推动者。如果你的心灵是绿色的，就让我们行动起来，用热情和汗水，为建设绿色和谐的家园尽自己应尽的责任，作出积极的贡献，这本身就是一种心灵修炼。

参考资料

绿色学校环保行为

绿色学校是环境教育运动发展的产物。绿色学校是指在实现其基本教育功能的基础上，以可持续发展思想为指导，将有益于环境的管理措施纳入学校的日常管理工作中，并持续不断地改进，充分利用学校内外的一切资源和机会全面提高师生环境素养的学校。

规范自己的环保行为

1. 节水为荣——关紧水龙头，别让水空流
2. 一水多用——让水重复使用
3. 阻止滴漏——检查维修水龙头
4. 监护水源——保护水源就是保护生命
5. 慎用清洁剂——减少水污染
6. 关心大气质量——别忘了你时刻在呼吸
7. 随手关灯——省一度电，少一份污染
8. 节用电器——为减缓全球变暖出力
9. 少开空调——降低能源消耗
10. 支持绿色照明——人人都用节能灯
11. 利用可再生能源——不要让能源耗竭
12. 做“公交族”——以乘公交车为荣
13. 当自行车英雄——保护大气，始于足下
14. 减少尾气排放——开车人的责任
15. 用无铅汽油——开车人的选择
16. 珍惜纸张——就是珍惜森林与河流
17. 使用再生纸——减少森林砍伐
18. 替代贺年卡——减轻地球负担
19. 节粮新时尚——让节俭变成荣耀
20. 控制噪声污染——让我们互相监督

21. 维护安宁环境——从我做起
22. 认“环境标志”——选购绿色产品
23. 用无氟制品——保护臭氧层
24. 选无磷洗衣粉——保护江河湖泊
25. 买环保电池——防止汞镉污染
26. 选绿色包装——减少垃圾灾难
27. 认绿色食品标志——保障自身健康
28. 买无公害食品——维护生态环境
29. 少用一次性制品——节约地球资源
30. 自备购物袋——少用塑料袋
31. 自备餐盒——减少白色污染
32. 少用一次性筷子——别让森林变木屑
33. 旧物巧利用——让有限的资源延长寿命
34. 交换捐赠多余物品——闲置浪费，捐赠光荣
35. 回收废塑料——开发“第二油田”
36. 回收废纸——再造林木资源
37. 回收生物垃圾——再生绿色肥料
38. 回收各种废弃物——所有的垃圾都能变成资源
39. 推动垃圾分类回收——举手之劳战胜垃圾公害
40. 拒食野生动物——改变不良的饮食习惯
41. 拒用野生动植物制品——别让濒危生命死在你手里
42. 不猎捕和饲养野生动物——保护脆弱的生物链
43. 制止偷猎和买卖野生动物的行为——行使你神圣的权利
44. 做动物的朋友——善待生命，与万物共存
45. 不买珍稀木材用具——别摧毁热带雨林
46. 植树护林——与荒漠化抗争
47. 领养树——做绿林卫士
48. 无污染旅游——除了脚印，什么也别留下
49. 做环保志愿者——拯救地球，人人有责

与环保有关的节日

2 月 2 日——世界湿地日：湿地对于保持生物多样性，特别是禽类的栖息和迁徙有重要作用。

3 月 12 日——中国植树节：1979 年中国国务院提议将 3 月 12 日定为“中国植树节”。

3 月 21 日——世界森林日：1971 年第七届世界森林大会决定将每年的 3 月 21 日定为世界森林日。

3 月 22 日——世界水日：必须摒弃“水是取之不尽，用之不竭”的错误观念，树立

“水是有限的宝贵资源”的观点。

3 月 23 日——世界气象日：1960 年世界气象组织定这一天为“世界气象日”以提高公众对与自然相关的气象问题的重视。

4 月 22 日——世界地球日：1970 年 4 月 22 日，全美国有 2000 多万人参加了第一个“地球日”活动。1990 年 4 月 22 日，全世界共有 2 亿多人参加了“地球日”活动，这一天提醒人类不要继续陶醉于对自然界的征服，该是进行自我反省的时候了。

5 月 17 日——世界电信日：先进的电信手段使我们能更清楚、快捷地掌握目前世界范围内几大环境热点问题——臭氧层耗损、洪灾、气候变化、温室效应、生物多样性减少、土地荒漠化等的最新情况。

5 月 22 日——国际生物多样性日：1992 年在巴西里约热内卢召开的联合国环境与发展大会上，153 个国家签署了《生物多样性公约》，中国是这个公约的最早缔约国之一。1995 年，联合国将每年的 12 月 29 日定为“国际生物多样性日”，2001 年改为 5 月 22 日。

5 月 31 日——世界无烟日：1987 年世界卫生组织决定这一天为“世界无烟日”。吸烟是引发多种呼吸道疾病和肺癌的重要原因。我国是目前世界上吸烟人数（包括青少年）比例最高的国家。吸烟正在越来越严重地危害着我国广大人群，特别是妇女、儿童和青少年的健康。

6 月 5 日——世界环境日：从 1972 年开始，每年的 6 月 5 日为“世界环境日”，以提醒全世界关注全球环境状况和人类活动对环境的危害，强调保护和改善人类生存环境的重要性。

6 月 17 日——世界防治荒漠化和干旱日：从 1995 年起，每年 6 月 17 日为“世界防治荒漠化和干旱日”，呼吁各国政府重视土地沙漠化这一日益严重的全球性环境问题。

6 月 25 日——中国土地日：1991 年开始将每年的 6 月 25 日定为中国的“土地日”，是告诉人们中国人口多、人均土地少、耕地资源不足的国情，以唤起全民保护土地的意识。

7 月 11 日——世界人口日：地球人口的爆炸式增长不得不引起人们的关注。1650 年，地球上大约有 5 亿人口，1 9 世纪初增长到 1 0 亿左右，150 年间翻了一番。20 世纪初，世界人口约有 16 亿，从 1950 年到 1987 年的 37 年间，由 25 亿增加到 50 亿，而从 50 亿增加到 60 亿仅仅用了 12 年！世界人口的增长不光是指数增长，而且增长率也在增长，是“超”指数增长。据专家推测，到 2050 年，世界人口将是现在的 2 倍，约 100 亿人。

9 月 16 日——臭氧层国际日：南极上空的臭氧层是在漫长岁月中形成的，可是仅在一个世纪里就被人类破坏 60%。有人形象地把臭氧层比喻为地球的“保护伞”，“保护伞”受损后，紫外线辐射增强，从而使接近地面的大气臭氧浓度反而增加，尤其是在人口最密集的城市中心，这会引起化学烟雾污染，影响人类身体健康，破坏农作物和各种材料。

9 月 27 日——世界旅游日：环境污染与生态破坏，是对旅游资源的最大破坏。

10 月 4 日——国际动物日：一百多年前，意大利传教士圣·弗朗西斯在阿西西岛上的森林里和动物建立了亲密的关系，他倡导在 1 0 月 4 日“向献爱心给人类的动物们致谢”。人们为了纪念他，便把 10 月 4 日定为“世界动物日”。

10 月 16 日——世界粮食日：保护人类粮食安全。

学校实施环境保护教育的途径

环境问题就在我们身边，人类本身有意和无意的行为已经使地球环境趋于恶性发展，以至达到不可收拾的地步，人类活动所引起的环境变化已不再是区域性问题，人类正在以各种连自己还没能认识清楚的方式，根本性地改变着使生命得以在地球上存在的各种系统和循环。人类对环境的破坏已严重事关人类的生存与发展，从这个角度看，解决现今环境问题需从人类自身寻找原因，力争做到人与自然和谐地发展。因此保护环境要从自身做起，从现在做起，而学校是实施环境保护教育的主要途径。

1. 在生物课的教学中渗透环境保护教育

人类对环境的破坏已是无处不在，地球上无处不深深地打上了人类的烙印，就连终年冰天雪地的南极、北极和高耸入云的珠穆朗玛峰都留下了人类科学考察和探险的足迹。人类的活动已经引起了地球的大气圈的化学变化，通过化学燃料的大量燃烧使大气中的二氧化碳含量急剧升高，导致温室效应的产生。如果不控制温室气体的排放，将不可避免地使南北两极冰川融化，引起海平面上升，那么我们的沿海城市将要内迁，同时大部分沿海平原将发生盐碱化或沼泽化，不再适于生产。因此要提倡植树种草，保护和发展森林资源，扩大森林覆盖面积，增强对二氧化碳的吸收能力。还有臭氧层的破坏，主要是因为使用氟利昂，这将导致农作物产量减少，皮肤癌、白内障患者增加。还有如酸雨使湖泊水体的 pH 值大幅度下降，不仅直接使鱼虾死亡，还有慢性毒害作用，使鱼类繁殖力丧失、身体畸形等。酸雨能直接伤害植物，浓度为 1% 的二氧化硫能使棉花、小麦等农作物明显减产，严重时将使植物死亡。酸雨能引起土壤性质的改变，主要是使土壤酸化，影响土壤微生物的数量和群落结构，抑制硝化细菌、固氮细菌等的活动，使有机物分解和固氮过程减弱，因此土壤肥力明显降低，生物生产量明显下降。土壤酸化还影响植物对矿物质的吸收。在讲述生态平衡的时候，我曾向学生提问“你如何看待老鼠”。有的讲它偷吃粮食、咬坏衣物，并传播疾病，应将其赶尽杀绝；有的讲可以做医学实验；有的讲可以食用等等。但绝大多数的同学不能意识到老鼠在促进经济发展，在保持生态平衡方面起着人类无法替代的作用。老鼠有挖洞的习性，起着疏松土壤的作用，在森林草原的自然更新方面，它把种子贮存在洞里，挖出的泥土又覆盖植物种子，有利于种子的萌发，它还可成为黄鼠狼的食物。通过上述的讲述，学生明白应当正确评价老鼠的功过，而不是老鼠过街人人喊打。在不造成危害的前提下，应保持其适当数量，并与它和睦相处，即使现在对人类有害无益的动物，也不应该把它从生态系统中清除掉，否则将破坏生态平衡。

2. 联系生活实际对学生进行环保教育

水是生命之源，是人类生产和生活中必不可少的重要资源。世界上只要有水的地方，就会有生命存在。水不是取之不尽，用之不竭的，人类对水资源的利用正在超出其自然更新速度，而污染正使得可用水渐渐减少，所以我们应该节约用水。如今水资源危机困扰全球，这种危机的产生有以下几个原因：首先是人类对淡水的需求量不断增加；其次是工业、农业、卫生等大量非生理性用水，完全不受生理条件的限制，其增长量更大，比如农业灌溉，以前是采用比较原始的灌溉方式进行漫灌，现在不少地方建起了防渗渠，目的是节约用水，减少农业投入，以获得更大的经济效益；第三，人类发展的本身造成盲目性地破坏水资源，围湖造田，城市和道路是滴水不进的硬地面。一到每年夏天，河水将变绿发臭，原因是上游有座磷肥厂，向河里排放含磷的污水，导致藻类植物大量生长，耗尽了水里的氧气，所以水里经常有死鱼漂浮在水面。国家推广的无磷洗衣粉，也是为了保护水资源不受磷的污染。人类依靠各种杀虫剂、除草剂以及化肥的大量使用获得农业的丰收，但在表面完美无瑕的水果上面却残留着大量农药、化肥。土壤也残留着大量农药，水体也受到了严重的污染，所以要采取生物防治的方法来防治害虫。生物防治就是利用生态系统的营养关系，发挥生物之间的制约作用，使害虫和天敌之间保持一定的平衡关系，而使害虫不致造成危害，其最大特点是不会造成有害物质的环境污染，以维持生态平衡。另外不应该破坏食物链，大家都看到有些地区的青蛙和蟾蜍数量锐减，主要原因是用青蛙和蟾蜍做饵料来捕捉龙虾，当在餐桌上品尝美味龙虾的时候，实际上也间接吃掉了青蛙和蟾蜍，导致农业害虫的数量大量增加，引起了生态平衡的破坏，所以这种方法是不可取的。这样可以通过联系生活实际，使学生认识到环保与我们每个人是息息相关的。

3. 在不同的学科之间渗透环保教育

中国有适合于不同生物生存的环境条件，但是由于对自然资源的不合理利用，造成了环境的压力，对经济发展造成了很大的影响，我们不能再以牺牲环境作为代价来换取经济的发展。榆林三迁的故事我们还记忆犹新，而如今是沙尘暴的频繁发生。以前的黄土高原，农业畜牧业相当发达，当成吉思汗占据黄土高原的时候，曾把黄土高原称为胜利的起点，但经过几百年掠夺式的开发，如今已成为不毛之地，水土流失特别严重，土地沙化，已使中华民族的母亲河——黄河成为世界上罕见的天上悬河。每年流失的氮、磷、钾总量已经跟每年全国化肥生产总量差不多，被美国学者称为中国的大动脉在出血。从政治的角度出发使学生理解我们人类要在尊重生态平衡客观规律的前提下从事生产活动，才能实现经济可持续发展。从森林生态系统的作用联系到罗斯福总统为什么要实行新政，还有被称为世纪之毒的二噁英，它是工业化社会产生的恶果之一，它是一种多氯甲苯、多氯乙苯化学品的俗称，在动物的饲料里也混有二噁英，它通过食物链进入动物体内，并积累在脂肪层或脏器中。当人食用了被二噁英污染的禽畜、肉、蛋、奶及其制品时，二噁英就会在人体聚集，并不能被排出体外，当人体内的二噁英堆集到一定数量时，就会导致组织发生癌变。所以通过不同学科之间的知识相互渗透，使学生理解产生环境问题的真正原因，并且认识到必须掌握丰富的知识，才能真正解决环境问题。

4. 在班团队活动中进行环保教育

以环境教育为主的班团队活动，通过唤起学生切身感受的方式，使其从自身做起，参与到对环境问题的了解、学习、研究和对问题的解决过程中去，由此唤起学生对环境的一份关注，形成学生自己的环境伦理观，进而在自己的环境观的指导下，形成自己的环境行为。在实际活动中，通过环境教育的专题讲座，向学生介绍黄河的断流问题、植被的破坏情况、太湖的污染、日本的水俣事件、伦敦的雾都事件等。又如云南滇池污染的治理，国家投入了上百亿元的资金，还不能恢复昔日的景观，要使学生明白，我们在搞经济建设的时候不能再走回先污染后治理的老路上去，所以我们国家现在实行退耕还林种草植树，目的是为了保护生态环境，还我青山绿水，组织学生参加义务植树，为美化自己的家乡贡献每个人的力量。我们要为美化人类生存的环境作出自己的贡献。

第十二单元

借你一双慧眼

今日视点

关于“他人优点”的实验报告

【实验名称】研究“他人优点”的性质

【实验目的】探索“他人优点”分别与“忽视”溶液、“发现”溶液、“欣赏”溶液反应所生成的“物质”。

在现实生活中，人人都有优点，有的诚实守信，有的乐于助人，有的思维敏捷，有的沉着冷静，有的能歌善舞，有的妙笔生花……但是，大多数人往往只看到他人的缺点，而忽视他人的优点。本实验将借你一双发现并欣赏别人优点的慧眼，使之一步步变得完美。

【实验用品】三支大试管、“他人优点”颗粒、“忽视”溶液、“发现”溶液、“欣赏”溶液。

【实验步骤】

1. 将等质量的“他人优点”颗粒分别置于三支大试管中。

2. 向三支试管中分别滴入等质量的三种溶液。

【实验现象】

1. 滴入“忽视”溶液的试管中反应缓慢，很久才生成一种普通的无色气体，溶液由红色变为黑色。“他人优点”颗粒由饱满变萎缩。

2. 滴入“发现”溶液的试管中反应适中，生成一种稍带香味的气体和一种叫“完美”的固体，“他人优点”颗粒萌芽。

3. 滴入“欣赏”溶液的试管中反应极快，生成一种沁人心脾的芳香气体，“他人优点”颗粒迅速长大，生成一种叫“成功”的固体。

【实验方程式】

忽视＋他人优点＝平凡＋有害物质

发现＋他人优点＝完美＋无毒物质

欣赏＋他人优点＝成功＋香气

【实验总结】由此可见，忽视他人的优点会使你变得平庸，发现他人的优点会使你更加美丽，欣赏他人的优点会使你走向成功。

讨论：生活中不是缺少美，而是缺少发现美的眼睛。如果每个人都有一双善于发现并欣赏他人优点的慧眼，我们的生活将会变得更加美好。

指点迷津

爱美之心，人皆有之。然而什么是美，什么是丑，青少年学生并非都能一目了然，他们不少人跟着社会潮流，模仿他人行为，刻意地追明星，以为流行就是美，缺乏独立思考和必要的体验，在审美上缺乏眼力，不知道何为真正的美，因而影响他们在行动上追求心灵美，上面的“实验”即是想说明提高审美力的一些基本道理。学校还需要开展审美教育。

审美教育也叫美育，即培养学生正确的审美观点，发展学生感受美、鉴赏美、表达美和创造美的能力。具体地说，审美教育的任务是：树立、端正人们的审美观念、审美理想和审美情趣；培养、提高人们感受美、鉴赏美和创造美的能力；陶冶人们的性情、净化人们的情感，美化人们的生活，使人们更加热爱美、热爱生活。

什么是美？这是一个最令哲学家、美学家们头痛的问题。尽管对美的定义以及审美标准千差万别，但可以肯定的是，美时刻存在于我们的生活之中。敏锐地感觉美、欣赏美，是感受生活的欢乐的源泉。如果这个源泉是枯竭的，那就谈不上人的完满的全面发展。所以，感知和领会美，也是审美素养的核心。苏霍姆林斯基就曾说过：“对所见所闻的观察倾听和体验，犹如通向美的世界的窗口，所以，我们认为很重要的一项任务就是教会孩子能看到和感受到美。”“美育不仅能陶冶情操，提高修养，而且有助于开发智力，对于促进儿童全面发展具有不可替代的作用。”所以，我们要争取拥有一双能够发现美的慧眼。

教育方略

辩论

选美美不美?

时下，选美比赛如洪水猛兽般来势汹汹，诸如“东方新娘”、“封面女孩”、“明日之星”、“都市少女”等各类选美大赛，已经造成不少人的审美疲劳，在泛娱乐化和观众审美分众化的今天，观众越来越不买账，有些极端的观众甚至表示，如果再端着程式化的架子办选美，那就只是自娱自乐并将被大众抛弃了。对以下的观点你怎么看，请同学们展开辩论。

1. 拒绝低级炒作，在坚持健康选美的前提下继续选美。
2. 选美有点烦，常常爆出负面新闻，应该停止选美活动。
3. 都是自娱自乐，让他们玩，我不参与。
4. 只见美女不见明星，弄不出什么名堂。
5. 美不美要看内在素质，应在现实生活中去发现，靠选美是选不出来的。

辩论：全体同学自愿组成正方和反方，进行简短的辩论。

教师点评

一个人的外形美包括很多方面，有健康美、体形美，姿态美、仪表美等。健康美的重要标志之一就是皮肤美。“红光满面”能够给人以健康美的印象，浓妆艳抹的脸孔并不一定带来美感。体形美则包括骨骼发育正常，身体各部分比例匀称等，像“林妹妹”一样的瘦弱可不是美。姿态美是指脊柱发育正常，包括立、坐、走、卧的姿态美。姿态对青少年形成健美体态十分重要。正确地站、坐、走有助于一个人健康姿势的形成。仪表美是指人的服饰和风度美，是人们外形美不可缺少的一部分，中国有句古话是“人靠衣裳马靠鞍”，可见着装对一个人的重要性。除了外表美，还要看一个人行为是否美，更要看一个人心灵是否美。过于看重外表而不注重内涵反倒是不美的。对同学们而言，青春的年华是美的，运动中的少年也是美的。着装可以适度个性化，过度则只会掩盖同学们的青春美和运动美，整洁、美观、大方的服装更能体现同学们的青春朝气。所以，要全面辩证地看待美，不要片面化、绝对化。

寓言赏析

相由心生

一位名画家一直为找不到让他画耶稣的合适模特儿而苦恼。有一天，画家终于找到一个看上去非常纯洁高尚的年轻人，就请他来做模特儿画耶稣。5 年后，画家要画出卖耶稣的犹大了，他在街上寻找了许久，终于找到一个合适的人选，于是请他到家里来做模特儿。画着画着，那个模特儿突然哭了起来，他说5 年前画耶稣就是他做的模特儿。仅仅 5 年时间，他的心灵变坏了，相貌也变得让人憎恶。

讨论：这个寓言给你什么启示？

教师点评

古希腊哲学家柏拉图说“心灵的优美与身体的优美和谐一致”是“最美的境界”，孔子提出“里仁为美”，墨子认为“务善则美”，现在也常有“秀外慧中”之说，说的都是内在美与外在美的关系。一个人的外在美只有同内在美相结合才是真正的美。离开这种真正的美，任何表面的美，都是虚伪和不真实的。美丽的灵魂可以赋予一个好看的身躯以美感，也可以让一个躯体有缺陷的人同样显得很美。内在的教养、涵养同样能使人气质卓然，给人美感。相反，邪恶的灵魂也会使一个非常漂亮的躯体让人生厌。同学们要始终要把培养自己深厚的内涵、美好的心灵放在首要的位置上。

才艺比拼

发现语言美

1. 诗词赏析：请同学们想出尽可能多的描述美景的古诗词
2. 成语接龙：美不胜收——
3. 谐音妙语大起底：列举尽可能多的谐音广告语、网络用语

教师点评

语言文字是人类文明进步的重要标志。语言文字不仅用于日常交流也用来传承千年文明。尽管最初只是交流工具，经过几千年来的雕琢，语言文字不仅完善了其工具性，也非常具有美感。通过诗词赏析的环节，同学们不难发现古代诗词语调抑扬顿挫，意境优美深远，极具感染力。通过成语接龙，同学们可以发现成语言简意赅，表达准确精练。当代的不少广告语和网络用语也是幽默睿智。在日常生活中，我们只是把语言当做日常交流的工具，很少注意到它的意境美、实用美，以及藏在文字背后的智慧之光。这就需要我们用发现美的眼睛和领悟美的心灵去欣赏感知语言文字的美。

哲文赏析

论美

如果问一只雄癞蛤蟆美是什么，绝对的美是什么？它就会回答说是它的雌癞蛤蟆，因为她的小小的头上有两只凸出的又大又圆的眼睛，有一只又大又平的鼻子，并有黄色的肚皮和褐色的后背。如果问一个来自非洲的黑人美是什么？他便会说，美就是黑得油亮的皮肤，深陷的眼睛和一个扁平的鼻子。

如果问魔鬼，他会告诉你美就是一对角、四只爪子和一条尾巴。最后，如果去向哲学家们请教，他们认为美就是某物符合美的原型并在本质上与其是一致的。

我曾经和一个哲学家一起去看一出悲剧。"多么美好！"他说道。"你在这里面发现了什么美好的东西？"我问他。"是因为作者已达到了他的目的。"他说。第二天他吃了一些对他身体有好处的药。"它达到了它的目的"，我告诉他说，"多么美好的药！"他意识到不能说药是美好的，并意识到在你把美这个词运用到任何事物以前，它一定在你身上引起了敬佩和愉悦的感情。他同意说那出悲剧在他身上引起了这两种感情，并说这就是美。

我们一起去了英国，同样那出戏也在那里上演，翻译得一字不差；可它使得所有的观众都打起了哈欠。"呵，呵"，他说，"美的理念对英国人来说和对法国人来说不一样。"良久思索以后，他得出结论：美是很相对的，就如同在日本是正派的事到了罗马就不正派，在巴黎最时髦的东西到了北京就未必是。于是他使自己省却了写一篇有关美的长篇论文的麻烦。

讨论：请同学们说说，从这篇文章里你受到了什么启发？

教师点评

通过讨论，同学们会发现不同主体对美的判断标准是不同的。在古代，有"楚王好细腰，宫中多饿死"，也有以胖为美的时代。不仅不同时代的人的审美标准不同，即使在同一时代差异也很大。在现实生活中，有的明星一出道就引来争议，正说明了"横看成岭侧成峰，远近高低各不同"。同样，任何事在不同的人眼中，都会因为看的角度和当时的心境不同，而感受到不同程度和方面的美。即使是同一个人，在不同的人生阶段对美的理解也不相同。

心灵驿站

看看你周围

有一个很特别的中学老师，其丈夫死于突发性心脏病。在他死后大约一周，她便准备把她的一些所思所想讲给她的学生听。下午的阳光透过教室的窗户照射进来，我们快要放学了，她把一些东西放在讲桌上，坐了下来。

她脸上带着温柔的表情，稍稍停顿了一下，便开始讲话："在放学前，我想跟你们分享一种我认为很重要的想法。我们每个人都生活在地球上，学习、分享、爱护别人、欣赏和付出自我，却没有一个人知道这种美好的体验什么时候就会结束了。它随时都可能被带走。也许这预示着我们必须最大限度地利用每一个日子。"

她的眼睛开始湿润了，她接着说："因此我想让你们每个人答应我，从今以后，在你上学或者放学的路上，要发现一些美丽的事物。它不一定是你看到的某个东西——它可能是一种香味——也许是新鲜烤面包的味道从某一座房里飘出来，也许是微风轻拂树叶的声音，或者是晨光照射在轻轻飘落的秋叶上的方式。请你们寻找这些东西并且记住它们吧。因为，尽管听起来有些傻气，这些东西却就是生活的内容，是我们活在世上要欣赏的一些小东西。这些东西我们经常认为是理所当然的。我们必须注意它们，这很重要，因为说不定在什么时候，它就被带走了。”

整个教室里非常安静。我们都收拾起课本，整理好，一个个默默地走出教室。那天下午，在放学回家的路上我注意到很多事物，比我以前整个学期发现的事物还要多。不时地，我会想到那位老师，回忆起她给我们留下的深刻印象，我便会尽力去欣赏有时我们都忽略的东西。

今天中午吃饭的时候专注一下你所看到的特别事物，光着脚丫散散步，或在日落时分在沙滩上漫步。今晚在回家的路上，要驻足仔细品味一下冰激凌蛋卷。因为随着我们年龄的增长，值得我们后悔的并不是做过的事情，而是那些没有去做的事情。

讨论：这篇文章给你什么启示？请回忆你最近的生活，列出身边最打动你的美好事物有哪些？

教师点评

刚才同学们列举了很多身边的美好事物。你们是否发现，如果不经提醒，有时你就忽略了他们。人最不容易发现的就是身边的美，但是对人触动最深的也是身边的美。因此，我们需要一双善于发现的眼睛和一颗更敏感的心灵，从更高更远处来看待我们的生活，从中发现那些让我们感动的美好事物。

小结

每个人周围有很多美好的事物，比如，美好的心灵、优美的语言、有着深刻思想内涵的艺术作品，以及无时不在的自然美景，但我们往往缺少了发现美的眼睛。发现美的慧眼最终是由心灵美的程度直接决定的。如果你的心灵还没有美到一定的程度，你就不可能真正彻底发现深藏在身边的美。因此，只有不断修养自己的心灵，才能让你发现美的眼睛更加智慧。我们要睁开这双眼睛发现美、感受美，同时，也要创造美，做一个有着优雅仪表和善良、美好心灵的人。

参考资料

谈加强中学生的审美教育

美育，即审美教育，是培养学生正确的审美观点，发展他们感受美、鉴赏美、表现美和创造美的能力的教育。美育在促进学生身心各方面良好的、和谐的发展过程中具有特殊的重要意义。多年以来，审美教育并未受到应有的重视，它始终是学校教育中较为薄弱的一环。

一、目前社会环境与中学生审美现状

改革开放大大丰富了人们的精神文化生活，同时也为学校的审美教育提供了有利的条件。但也不能回避的是，商品经济的飞速发展带来的人们思想意识中的趋利性、拜金主义、享乐主义日益泛滥，使文化市场产生了严重的倾斜，书刊市场“性”、“暴”日甚，影像市场“脱”风日浓，其他文化市场也不乏秽迹，各种低级、庸俗的文化产品和文化行为对文化环境产生了一定程度的污染。由于中学生身心发育还不够成熟，追求新奇，容易冲动，对文化市场的走向反应较为敏感，所以很容易受到社会环境的影响，稍不注意，就会产生一些不良后果，甚至滑入犯罪的泥潭。

总的说来，中学生的审美现状具有如下特点：一是多数学生有追求美的渴求，但由于自身审美能力较差，文化鉴赏层次较低，因而对高层次美的内容缺乏感知。他们对中国以及世界著名的文学艺术作品知之甚少，即使有的知道一些，也不能深入地领略其中的奥妙与真谛。如有的学生对唐宋时期的诗词很感兴趣，但却很少有时间或办法去领略其中蕴藏的内涵和韵味；有的学生只对流行音乐排行榜、言情小说和武打小说感兴趣，而对莎士比亚、巴赫、刘天华、关汉卿等却一无所知。二是一部分学生的审美情趣不高，审美理想趋俗，缺乏刻苦钻研学业的高涨热情，羡慕奢华，追求时髦，向往消费文化，缺乏起码的艺术修养，误以感官娱乐为美。如有少数学生对课业知识不感兴趣，把有人同自己谈恋爱当成炫耀的资本，把私下看到的不健康的录像、书刊作为谈资，并乐在其中。这部分学生虽然为数不多，但无论在校时期还是走上社会，危害都很大，因此，不能等闲视之。

二、如何进行审美教育

中学生是中学审美教育的主体，学校领导对审美教育的重视程度，教师审美教育水平的高低，最终要在学生身上得到体现。对中学生进行审美教育的主要途径有以下几种：

1. 把审美教育渗透于学校各个学科的教学之中

学生多数时间是在课堂中度过的，要让审美教育进入课堂，在各科教学中实施审美教育，以教学内容中的自然美、社会美、艺术美、思辨美、科学美等因素来启迪学生的审美感知。如语文课中的诗歌、散文、寓言、童话、小说等，都反映着自然、社会的现实，塑造出典型的形象和性格，其生动、精辟的语言，富有哲理的启迪，都会给学生以美的感受；数学课的基础是数、法则和对图形的精确表达，它们构成了一个独特的语言领域，给人以一种美感；音乐课是通过音响来抒发和反映人们思想感情的艺术，具有高尚的艺术美；体育课是健与美结合的艺术，也含有美的教育，等等。这是实施美育的基本途径。

2. 开设美学选修课

这是学校实施美育的重要途径。通过美学选修课较为系统地介绍文艺样式、文艺理论，将学生的审美活动上升到理论的高度，提高学生的审美活动档次。如可以向学生介绍音乐欣赏知识、文学艺术作品欣赏知识、历史知识等。

3. 在课外活动中进行审美教育

这是中学进行审美教育的最佳途径。可以成立兴趣小组、开辩论会，让学生充分地讨论。诸如：什么样的书该读，什么样的书不该读，如何看待文学作品中的暴力和性描写，怎样对待商品的利益等问题。还可举办艺术节等带有艺术性的各种文化娱乐活动，如唱歌、跳舞、书法、绘画等，让学生积极主动地去参与，全身心地投入，使学生的审美活动由被动接受向主动参与发展，让学生获得更多的、更完全的精神财富。

4. 要在学校日常活动中实施美育

通过规范学生的行为，培养学生美的心灵、美的语言、美的行为举止，构筑他们生活中真善美的心理结构。还要努力建设情趣盎然的校园文化，用美的校园生活、美的师生关系、美的学校环境来创造美的学校氛围，使学生一进入校园，就有一种美的心理体验。

5. 要与现实生活相结合实施美育

美是现实的反映，离开了现实，美也就成了无源之水。自然是美育的丰富源泉，自然之美，千姿百态，生机勃勃，可以给人以情感上的陶冶、精神上的振奋、思想上的启迪、灵感上的激发。社会美比自然美更丰富，社会生活中美的事物更能感染人和熏陶人。结合现实生活实施美育，可以使学生更深刻地理解美的含义，进而去主动发现美、鉴赏美、创造美。

第十三单元

打破常规，放飞思维

今日视点

最美的物理实验

在人们的日常经验中，常以为重的物体下落速度比轻的物体下落速度快，不料这个想法被古希腊伟大的哲学家亚里士多德说了出来，并认为：落体速度与重量成正比。由于得到了“权威”的认同，更助长了人们思维定势的形成，于是2000多年来没有人公开质疑过这个问题。

直到1576年，意大利有一位数学家将重20磅与重1磅的铅球从同一高度释放，结果在同一时刻落地，他表示他没法拯救亚里士多德的教义。荷兰物理学家斯蒂文在1586年更明确地记载了自由落体实验：“反对亚里士多德的实验是这样的，让我们拿两只铅球，其中一只比另一只重10倍，把它们从30英尺的高度同时丢下去，落在一块木板或有什么可以发出清晰响声的东西上面，那么，我们就会看出轻铅球并不需要用重铅球10倍的时间，而是同时落到地板上，因此它们发出的声音听上去就像是一个声音一样。”不过，斯蒂文并没有根据落体实验作进一步的理论探讨。直到16世纪末，伽利略通过反复的实验认为，如果不计空气阻力，轻重物体的自由下落速度是相同的。为了公开他的论断，批驳亚氏的落体理论，在一个有“其他教授、哲学家和全体学生”参加的大型集会上，伽利略登上高高的比萨斜塔，当众做了著名的斜塔自由落体实验，并重复做了多次，证实了自己的学说。当人们看到自己过去深信不疑的理论被推翻顿时全场哗然。这一实验结果轰动一时，从而公开对亚里士多德的理论提出了质疑。1591年，伽利略在他出版的小册子《论运动》中记录了这一实验，对同时落地作出了自己的解释。后来，他凭借数学推理，将落体实验转化成斜面实验，从而有可能精确地测量路程和时间的关系，作出判决性的实验结论。他嘲讽那些信奉权威的人们认为“有些事情理所当然是对的，仅仅因为亚里士多德是这样说的”。

讨论：在今天看来，伽利略的斜塔自由落体实验的原理和方法是如此的自然而简单，但为什么在之前的2000多年的时间里却没有人能完成这个实验？请同学们想一下，我们为什么有时找不到思考问题的正确逻辑呢？

指点迷津

如果一个人不会思维，他的心灵就不会脱离蒙昧。如果不思维成为一种集体意识，那么这个集体中的心灵都不可能高尚到哪里去。中国特定的文化使不少人思维存在严重的缺陷，也使得这些人的心灵难以真正健全。当一个人的思路受到牵绊时，就会找不出正确的逻辑。所谓“思路受到牵绊”，用专业术语讲就是“思维定势”。思维定势又称为“习惯性思维”，就是按照积累的思维活动经验教训和已有的思维规律，在反复使用中所形成的比较稳定的、定型化了的思维路线、方式、程序、模式。思维定势是一种按常规处理问题的思维方式。举个例子来说，如果给你看两张照片，一张照片上的人英俊、潇洒、温文尔雅；另一张照片上的人丑陋、粗俗。然后对你说，这两个人中有一个是全国通缉的罪犯，你认为谁是呢？在这种情况下，你大概会毫不犹豫地选择丑陋、粗俗者。其实，真正的罪犯却是看似温文尔雅、相貌英俊者。驱使你作选择的正是“思维定势”。

思维定势对问题解决既具有积极作用，也具有消极作用。在环境不变的条件下，定势使人能够应用已掌握的方法迅速解决问题。它可以省去许多摸索、试探的步骤，缩短思考时间，提高效率。在日常生活中，思维定势可以帮助人们解决每天碰到的90%以上的问题。而在情境发生变化时，思维定势则会妨碍人采用新的方法。消极的思维定势阻碍了思维开放性和灵活性，造成思维的僵化和呆板，束缚创造性思维，这使得人们不能灵活运用知识，不利于创新思考，不利于创造。那么，怎样才能发挥思维定势的积极作用，努力克服思维定势的消极作用呢？

教育方略

经典故事

谭振兆抓阄

清朝时期，通山县有个叫谭振兆的人，小时候因为家里比较宽裕，父亲给他定了亲，亲家是同村的乐进士。后来，谭父死了，谭家渐渐衰落，经济条件远不如以前，乐进士便想赖婚。

一天，谭振兆卖菜路过岳父家，就进去拜见岳父。乐进士对他说：“我做了两个阄，一个写着‘婚’字，另一个写着‘罢’字。你拿到‘婚’字，我就把女儿嫁给你；拿到‘罢’字，咱们就退婚，从此谭乐两家既不沾亲也不带故。不过，两个阄你只看一个就行了。”说完就把阄摆出来。

谭振兆心想：这两个阄分明都是“罢”字，我不能上他的当。想到这里，他立刻拿了一个阄吞在腹中，指着另一个对乐进士说：“你把那个阄打开看看，如果是‘婚’字，我马上就离开这，咱们退婚；若是‘罢’字，那就说明我吞下的是‘婚’字，这门亲事算定了。”乐进士煞费苦心制造的骗局却被谭振兆识破，没办法只好把女儿嫁给谭振兆。

讨论：请同学们想一下，谭振兆为什么能成功娶亲？这则故事对我们有何启发？

教师点评

谭振兆打破了准岳父为他精心设置的思维定势，最终成功娶亲。这则故事告诉我们：能够把人限制住的，只有自己的头脑。人的思维空间是无限的，至少有亿万种可能的变化。也许你正被困在一个看似走投无路的境地，也许你正囿于一种两难选择之间，这时一定要明白，这种境遇只是因为固执的定势思维所致，只要独立思考，勇于探索，一定能够找到不止一条跳出困境的出路。

故事分享

张巡抗敌

唐朝中叶，安禄山发动叛乱。叛军一路上势如破竹，这一天来到了雍丘。著名将领张巡率领雍丘军民进行了积极的抵抗，守卫战进行了 40 多天后，城中的箭都已用完。张巡叫士兵们扎了 1000 多个草人，给草人穿上黑衣，系上绳子。晚上，叫士兵提着绳子把草人从城墙上慢慢放下去。围城的叛军以为是唐军偷越出城，一阵乱箭射去。等草人身上扎满了箭，士兵们再把草人拉上城来。这样反复好多次，得到了十几万支箭。不料，有人将张巡的做法泄密给叛军。又一天夜里，只见又有好多人从城上吊了下去。叛军将士都哈哈大笑，嘲笑张巡愚蠢。有个将领说："张巡还想用草人来赚我们的箭呀，弟兄们，别上当啦！"

过了一阵子，有人报告城墙上的草人不见了。那个将领说："咱们不射箭，张巡准是等得不耐烦，撤回去了。大家都睡觉去吧。"到了夜深人静的时候，突然跑出一支唐军，直向叛军兵营杀来。城里的唐军也擂鼓呐喊，就要杀出城来。叛军将士早已进入梦乡，遭到这突然袭击，立刻大乱。叛军将领从睡梦中惊醒，以为是唐朝的增援大军杀来了，不敢抵抗，慌忙下令放火，把那些工事壁垒一齐烧毁后逃走。其实，这次吊下城来的不是草人，是唐军的敢死队。敢死队下城以后就找地方埋伏起来，到深夜发动突然袭击，城里再呼应助威，好像增援大军从天而降。其实敢死队一共才 500 人。等叛军惊慌逃跑，敢死队和城里的唐军乘胜追杀 10 多里，取得大胜利，才收兵回城。

讨论：同学们，在被叛军围困、弓箭匮乏的情况下，张巡为什么会打败叛军呢？

教师点评

张巡充分利用了叛军以为自己"用草人赚箭"的思维定势，频频地以假象示敌，从而使敌人麻痹，再在适当的机会动真格的，给敌人以打击。思维定势是一把双刃剑，关键在于如何把握和利用它积极的一面，克服它消极的一面。

各抒己见

神秘的牌子

法国有个女高音歌唱家，她有一个美丽的大花园。周末，常有人在里面游玩，留下一片狼藉。管家曾想尽办法制止，可无济于事。最后，女歌唱家就写了一块牌子，立在园门口。从此，人们就不再进来了。

讨论：请同学们猜一猜，牌子上写了什么？一块小牌子为什么有那么大的威力？

教师点评

同学们可能想不到，女歌唱家写的是："请注意！如果在园中被蛇咬伤，距此最近的医院有 50 多公里，驾车要半个小时。"由此可见，女主人非常有智慧。她没有怒气冲冲地写上"禁止入内"等严厉的话语，而是对私自闯入者进行了善意的提醒，但却足以让人望而却步。这位歌唱家的做法，叫逆向思维。

逆向思维也叫求异思维，是人们的一种重要思维方式。它是对司空见惯的似乎已成定论的事物或观点反过来思考的一种思维方式。敢于反其道而思之，让思维向对立面的方向发展，从问题的相反面深入地进行探索，树立新思想，创立新形象。当大家都朝着一个固定的思维方向思考问题时，而你却独自朝相反的方向思索，这样的思维方式就叫逆向思维。人们习惯于沿着事物发展的正方向去思考问题并寻求解决办法。其实，对于某些问题，尤其是一些特殊问题，从结论往回推，倒过来思考如何从求解回到已知条件，或许会使问题简单化，使解决它变得轻而易举，甚至因此而有所发现，创造出惊天动地的奇迹来，这就是逆向思维的魅力。

例如司马光砸缸的故事，有人落水，常规的思维模式是“救人离水”，而司马光面对紧急险情，运用了逆向思维，果断地用石头把缸砸破，“让水离人”，救了小伙伴性命。

与常规思维不同，逆向思维是反过来思考问题，是用绝大多数人没有想到的思维方式去思考问题。它是对传统习惯、常识的反叛，是对常规的挑战，它能克服思维定势，破除经验和习惯造成的僵化模式。运用逆向思维去思考和处理问题，实际上就是以“出奇”去达到“制胜”。因此，逆向思维的结果常常会令人大吃一惊，喜出望外，别有所得。

经典试验

一切皆有可能

拿破仑·希尔曾经做过一个这样的试验，他问一群学生：“你们中有多少人觉得我们可以在三十年内废除所有的监狱？”

学生们觉得很不可思议，这可能吗？他们怀疑自己听错了。一阵沉默以后，拿破仑·希尔又重复了一遍：“你们中有多少人觉得我们可以在三十年内废除所有的监狱？”

确信拿破仑·希尔不是在开玩笑以后，马上有人站起来大声反驳：“这怎么可以，要是把那些杀人犯、抢劫犯以及强奸犯全部释放，你想想会有什么可怕的后果啊！这个社会别想得到安宁了。无论如何，监狱是必需的。”

其他人也开始七嘴八舌地讨论：“我们正常的生活会受到威胁。”“有些人天生就是坏的。”“监狱可能还不够用呢！”“天天都有犯罪案件发生！”还有人说有了监狱，警察和狱卒才有工作可做，否则他们都要失业了。

拿破仑·希尔不为所动，他接着说：“你们说了各种不能废除监狱的理由。现在，我们来试着相信可以废除监狱，假设可以废除，我们该怎么做。”

大家勉强地把它当成试验，开始静静地思索，过了一会儿，才有人犹豫地说：“成立更多的青年活动中心应该可以减少犯罪事件。”不久，这群在10分钟以前坚持反对意见的人，开始热心地参与发言了，他们纷纷提出了自己认为可行的措施。“先消除贫穷，低收入阶层的犯罪率高。”“采取预防犯罪的措施，辨认、疏导有犯罪倾向的人。”“借手术方法医治某些罪犯。”……最后，总共提出了78种构想。

讨论：请同学们谈一谈，这个试验能够证明什么？

教师点评

这个试验证明，当你认定某件事不可能做得到时，你的大脑就会为你找出种种做不到的理由；但是，当你真正相信某一件事确实可以做到时，你的大脑就会帮你找出能做到的各种方法。

在人们大脑中有许多惯性思维，善于使用惯性思维解决问题的人常常成为别人眼中的智者。运用惯性思维能使我们凭借过往的经验教训迅速作出选择，但同时也失去了运用开放性思维进行全新探索的可能。开放性思维是指突破传统思维定势和狭隘眼界，多视角、全方位看问题的思维。它与把事物彼此割裂开来、孤立起来、封闭起来，使思维具有保守性、被动性和消极性的思维方式是根本对立的。开放性思维本质上具有反教条和实事求是的特征。具备了开放性的思维方式，就能够不断地有所发现、有所发明、有所创造、有所前进。

学以致用

放飞思维

下面有六道题，请同学们放飞自己的思维，说一下各题的答案。

1. 在荒无人迹的河边停着一只小船，这只小船只能容纳一个人。有两个人同时来到河边，两个人都乘这只船过了河。请问：他们是怎样过河的？

2. 篮子里有4个苹果，由4个小孩平均分。分到最后，篮子里还有一个苹果。请问：他们是怎样分的？

3. 一位公安局长在茶馆里与一位老头下棋。正下到难分难解之时，跑来了一位小孩，小孩着急地对公安局长说："你爸爸和我爸爸吵起来了。"老头问："这孩子是你的什么人？"公安局长答道："是我的儿子。"请问：这两个吵架的人与公安局长是什么关系？

4. 已将一枚硬币任意抛掷了9次，掉下后都是正面朝上。现在你再试一次，假定不受任何外来因素的影响，那么硬币正面朝上的概率是多少？

5. 有人不拔开瓶塞就可以喝到酒，你能做到吗？（注意：不能将瓶子弄破，也不能在瓶塞上钻孔）

6. 抽屉里有黑白尼龙袜子各7只，假如你在黑暗中取袜，至少要拿出几只才能保证取到一双颜色相同的袜子？

教师点评

思维定势对思维活动的影响是明显的。由于已有的知识、经验和习惯的束缚，人们在处理一些"似是而非"的问题时就往往囿于旧有框架，而一旦你摆脱了它，你的思维就能闪烁出创造性的火花。

小结

思维是一种复杂的心理现象，是人的大脑的一种能力。缺乏思维能力，不能独立思考的人，常常将自己的心灵搭载在别人的船上，弄不好就会被别人偷运或要挟。唯有学会独立思考、增强思维能力，才能保障自己的心灵自主。思维定势是一把双刃剑，对解决问题既有积极的一面，也有消极的一面，它容易使我们产生思想上的惰性，养成一种呆板、机械、千篇一律的思维习惯。当新旧问题形似质异时，思维定势往往会使思考者步入误区。同学们应该深刻认识思维定势的本质，发扬思维定势的积极作用，努力克服消极思维定势的束缚。同时要学会发散思维、逆向思维，提升思维的逻辑性、连贯性。

参考资料

放飞思维测试题答案

1. 很简单，两人是分别处在河的两岸，先是一个渡过河来，然后另一个渡过去。对于这道题，你大概"绞尽了脑汁"吧？的确，小船只能坐一人，如果他们是处在同一河岸，对面也没有人（荒无人迹），他们无论如何也不能都渡过去。当然，你可能也设想了许多方法，如一个人先过去，然后再用什么方法让小船空着回来，等等。但你为什么始终要想到这两人是在同一岸边呢？题目本身并没有这样的意思呀！看来，你还是从习惯出发，从而形成了“思维嵌塞”。

2. 4个小孩一人一个。对于这一答案你可能不服气：不是说4个人平均分4个苹果吗？那篮子里剩下的一个怎么解释呢？首先，题目中并没有“剩下”的字眼；其次，那3个小孩拿了应得的一份，最后一份当然是最后一个孩子的，这有什么奇怪呢？至于他把苹果留在篮子里或拿在手上并没有什么区别，反正都是他所分得的，不是吗？

3. 公安局长是女的，吵架的一个是她的丈夫，即小孩的父亲；另一个是公安局长的父亲，小孩的外公。有人曾将这题对100人进行了测验，结果只有两人答对；后来对一个三口之家进行了测验，结果父母猜了半天拿不准，倒是他们的儿子（小学生）答对了。这是怎么回事呢？还是定势在作怪。人们习惯上总是把公安局长与男性联系在一起，更何况还有“茶馆”、“老头”等支持这种定势。所以，从经验出发就不容易解答。而那位小学生因为经历少，经验也少，就容易跳出定势的“魔圈”。

4. 二分之一，这道题本来很简单。硬币只有两面，不要说任意抛10次，就是任意抛掷1000次，正面朝上的可能性也始终是二分之一，不会再多，也不会再少了。对这道题，如果没有上题的那种定势在作怪，一般马上就可以说出答案来。

5. 可以将瓶塞压入瓶内。在多数情况下，人们总是拔开瓶塞后才喝酒的。但是，也可以将瓶塞压入瓶内，不过，人们只是不常这样做罢了。

6. 3只，这也是一个简单的问题。有人曾用这道题去考4名大学生，其中居然有3人回答说，至少要拿出8只，才能保证取到一双颜色相同的袜子。这个问题的关键是“相同”与“不同”。取一双颜色相同的，答案是3只；取一双不同的，答案才是8只。那么，既然题只要求取出颜色“相同”的又为什么会产生颜色“不同”的定势呢？这主要是由于题目中“黑白尼龙袜”和“各7只”的影响。

克服思维定势的束缚

利用过去已有的经验，按照某种固定的思想去思考和分析问题的一种既定心理倾向，称为思维定势。假若学生能灵活地运用思维定势的规律，可以促使新的学习情境转化为旧的学习情境，扩大已有经验和知识的应用范围，使学生在条件不变时，能更迅速地感知对象并作出合理的反应，从而实现知识的正向迁移，提高独立解决问题的能力。但是，当环境条件发生变化时，思维定势就容易使学生盲目运用已有经验，依样画葫芦，妨碍创造性和开放性思维的形成和发展，从而造成错误判断，有时还会使学生形成知识的负迁移。曾经有位教师问学生：哪两个连续的月份都有31天？由于学生惯于按1月至12月的次序思考问题，他们立即回答7月和8月，却根本没有想到还有12月和1月也符合要求。这样的思维定势会妨碍对问题的圆满解答，因而有必要对学生进行发散性思维训练，克服学生思维定势的单向性。

刍议开放性思维的培养

开放性思维培养的重要性已逐步被学校、老师乃至家长、学生认可，并已体现在学校教育教学工作和实践中。培养学生开放性思维对教师提出了更高要求，正如联合国教科文组织所提出的那样：“教师的职责现在已经越来越少地传递知识，而越来越多地激励思考，除了他的正式职责以外，他将越来越成为一位顾问，一位交换意见的参与者，一位帮助发现矛盾论点，而不是拿出现成真理的人，他必须集中更多的时间和精力去从事那些有效果的和有创造性的活动……”这就要求教师在平时教学中培养学生的开放性思维。

开放性思维具有什么特点呢？

开放性思维具有开放性、多维性的特点，不拘泥守旧，不墨守成规，以言之成理、持之有度为要求，能够标新立异、求异创新，善于想方设法从不同角度考虑解决问题的方法。

现代教学论认为，学生有了问题才会有思考和探索，有探索才会有创新，才会有发展。开放性问题的提出是促使学生形成良好的认知结构和推断力、引导学生自主学习的重要措施，让学生在一个比较宽松、自由的问题情境中充分发挥自己的聪明才智，通过不同的角度的探索，自己去获取新知识，巩固原有知识，并在参与过程中发展思维，培养创新能力。因此教师要善于提出一些开放性问题，精心设计开放性问题。

开放性问题是指与传统的条件完备、结论确定的封闭式题型不相同的一类问题。此类问题分为两种：条件不完备，可以是变化的，即条件开放；无固定结论或结论较多，即结论开放。这就要求从全面去思考解析问题，此类题目就是抓住了多数学生不能完善思考问题的缺陷，而其特点是能激发学生学习乐趣，树立学生自信心，鼓舞学生形成较为完善的思维方式，培养创新意识、创造能力。下面就体味一下开放性问题。

例 1：从下列四个图形中找出一个性质与其他三个不同的图形来。

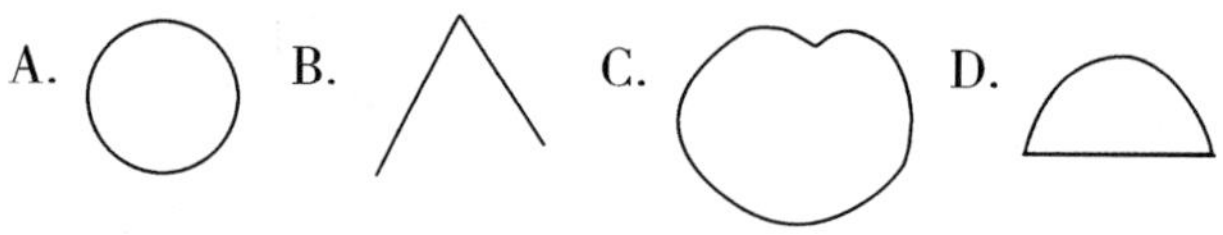

在一般情况下大家都选 B。

原因是 B 是唯一一个由线段构成的图案。

但选 C，也是对的，因为非对称图形只有 C 一个，所以会被认为与其他图形不同。然而选 A，也是对的，原因是 A 是唯一一个没有棱角的图形，那么 D 呢，当然选 D 也是对的，理由是这是唯一一个由直线与曲线构成的图形。换句话说，只要从不同角度不同位置思考，四种答案都是对的。

事物的答案往往不止一个，只要你认真探索，不满足于一个答案，你一定会发现其中的所有答案的。

例 2：板桥初级中学七年级学生步行到郊外旅游，（1）班学生组成前队，步行速度为每小时 4 千米，（2）班是后队，步行速度为每小时 6 千米，前队出发后 1 小时后队出发，同时后队派一名联络员骑车在两队之间不间断地来回进行联络，他每小时行 12 千米。根据上面的条件提出问题并解答。

解：（1）后队追上前队要多久？

（2）联络员第一次追上前队要多长时间？

（3）当后队追上前队时，联络员共走了多少路？

（4）联络员第一个来回要多少时间？

（5）联络员第二个来回要多少时间？

（6）联络员第一次与前队会合走了 1 千米，车坏了，他在原地维修、等待，多久与后队会合？

……

（解答略）

不难发现：开放性题目没有固定的标准答案，它具有宽松的解题环境和答案多样性，所以可根据个人经验、知识水平、认知能力按自己的意愿选择解决问题的方式。开放性问题体现不同人接受的不同教学，它的多样性决定了它能够满足各种层次水平的人的需求，可使他们在自己能力范围内解决问题，从而体现了其层次性。

解答开放性问题时，往往没有固定的解题模式可以遵循，有时需打破原有的思维模式，从多个角度思考问题。解答完问题后，往往能导出一般的结论或发展成为另一个新的问题。

具备了开放性思维方式，就能使我们不断地有所发现、有所发明、有所创造、有所前进。

第十四单元

远离不良嗜好

今日视点

中国中学生吸烟率达15.8%

中国控制吸烟协会青少年控烟专业委员会发布了2011年5~6月在我国11个省38839名在校中学生和6503名教职人员中开展的中学生烟草使用情况抽样调查结果。

青少年中烟草流行情况为：中学生尝试吸烟率为22.5%，其中男生尝试吸烟率为33.2%，女生为11.2%。中学生现在吸烟率为15.8%，其中男生为22.9%，女生为5.4%，较2005年有所上升。尝试吸烟以12~14岁年龄组报告率最高，为26.2%。尝试吸烟的学生，烟草来源排在第一位的是“同学朋友给的”，占39.0%。现在吸烟的学生中：烟草来源排在第一位的是“自己购买”，吸烟场所排在第一位的是“家”，在家吸烟的比率高达76.6%。虽然明确知道“吸烟有害健康”、“二手烟有害健康”的学生比率高达92.5%，但明确表示会拒绝朋友递来的烟草的学生比率仅为7.2%，青少年控烟形势非常严峻。

青少年烟草暴露情况为：调查前一个月内，家长在孩子面前吸烟的报告率为31.1%，曾见过周围同学吸烟的学生比率为53.4%；最近一年内，见到过老师在校吸烟的学生有49.9%；报告经常在影视剧中看到烟草镜头的学生有50.1%，认为烟草镜头对青少年会产生不良影响的学生有70.9%。另外，有76.0%的学生报告在学校周边200米之内至少有一处香烟售卖点，学生烟草暴露形势堪忧。

教师吸烟情况为：当前中学教职人员吸烟率为22.14%，其中男性吸烟率为50.41%，女性吸烟率为2.03%，中老年男性教职人员吸烟率最高；接受过有关预防青少年吸烟方面培训的教职人员仅为42.72%，教职人员控烟能力有待提高，学校控烟工作亟待加强。

另外，学生赞成在学校全面禁烟的比率达到88.9%，学校领导对青少年吸烟问题表示“非常关切”的比例达到87.16%。

此次调查结果显示了中学生吸烟率呈逐年上升趋势，学生吸烟人数仍在增加，诱导青少年吸烟的因素没有根除，影响依然严重。学校全面控烟的理念得到多数人的认同，但教职人员的控烟能力还有待提高。

讨论：看了上述数据你有何想法？初中生吸烟、饮酒已经成为一个令全社会都关注的重要话题。初中生吸烟、饮酒既是不良行为，也是违纪行为。虽然学校三令五申禁止吸烟、酗酒，但是为什么很多学生明知故犯，并且人数不断攀升呢？怎样才能帮助他们远离吸烟、饮酒等不良嗜好呢？

指点迷津

在心灵成长的过程中充满了诱惑，吸烟、酗酒、赌博等不良嗜好往往成为健全心灵生成的重大障碍。初中生又是这些问题的易发人群。初中生吸烟、饮酒是一个备受人们关注的社会问题。造成初中生吸烟、饮酒的原因包括以下几点：(1) 好奇心理。初中生模仿性强，自制力差，于是不少初中生在好奇心的驱使下，萌生了尝试吸烟、饮酒的念头，甚至把吸烟、饮酒当做是成熟的标志，开始模仿成人吸烟、饮酒，由此染上吸烟、饮酒的恶习。(2) 交往心理。具有吸烟、饮酒有助于社交这种认识的初中生的尝试吸烟率和饮酒率明显高于没有这种认识的初中生。(3) 消愁心理。由于主客观方面的原因，初中生不可能事事随心所愿，难免会遇到生活、学习、人际交往等方面的挫折，出现心理失衡，陷入苦闷之中。而烟酒可以暂时麻醉他们的神经，使他们暂时忘却痛苦、烦恼，获得暂时的心理平衡和快乐。于是，他们便借烟酒消愁，以逃避现实获得精神上的暂时解脱。(4) 人格不良。具有反抗性、冲动性、攻击性、自尊感较低、无助感较强、容易焦虑和抑郁，追从友伴的倾向较强、人格特征相似的初中生容易吸烟、饮酒。(5) 逆反心理。有些初中生对正面宣传产生逆反心理，你越是越劝阻，他越是跃跃欲试。(6) 侥幸心理。尽管知道吸烟饮酒有害健康，但一些初中生心存“不吸烟照样得肺癌”、“吸烟的未必个个都得癌”的侥幸心理而照吸不误。(7) 同伴的不良影响。初中生重友情，讲“义气”，朋友都抽烟、喝酒，若自己不应酬，便觉得“掉价”，于是在你来我往中就吸上了或喝上了。(8) 家庭环境的不良影响。家庭是初中生的主要生活环境。父母的态度、行为等往往成为孩子“无声”的榜样。父母的吸烟、饮酒行为，父母对自身吸烟、饮酒的态度，父母的文化程度，父母对孩子吸烟、饮酒的态度，父母与孩子的亲密度，父母对孩子的监控水平，重组家庭、单亲家庭等都对初中生吸烟、饮酒行为的产生有影响。(9) 大众传播媒体的不良影响。电影、电视剧中的吸烟、饮酒场面，特别是明星和偶像等具有较大公众影响力的人物的吸烟、饮酒、敬烟、敬酒等行为，对初中生的吸烟态度、饮酒态度、价值观念以及吸烟和饮酒行为产生潜移默化的影响，是促使或造成初中生尝试吸烟、饮酒的重要的助推力。目前，中国初中生吸烟、饮酒的现象较为普遍，并表现出随年龄增长而上升的趋势。初中生吸烟、饮酒是物质成瘾行为，不仅是健康问题，而且是社会问题。初中生吸烟、饮酒行为常常与意外伤害行为、离家出走、吸毒、暴力、自杀等问题以及减肥、不合理饮食等相关联，是其他健康危险行为的早期征兆。与非吸烟、饮酒的初中生相比，吸烟、饮酒的初中生更容易发生药物滥用和不安全性行为，其心理发育、课余生活和对学校环境的适应均受到消极影响。学校有责任帮助初中生远离吸烟、饮酒等不良嗜好，帮助他们健康成长。

教育方略

预防消毒

讨论：请同学们列举不良嗜好，它们各有什么危害？

教师点评

吸烟等于慢性自杀，在所有的肺癌患者中，吸烟者占大多数；吸烟污染环境，并影响不吸烟者的健康；吸烟是主要的火灾隐患之一；在校学生吸烟危害更大，不仅违反校规校纪，更重要的是影响个人的身心健康。不论初中生因何种原因吸烟，都与他们对吸烟危害性的认识不足密切相关。因此，同学们应该提高对吸烟危害性的认识，无论是男同学还是女同学，都不要染上吸烟的恶习。另外，如果同学们周围有人吸烟的话，也要劝告他们尽快戒烟。

积极抗毒

讨论：防止不良嗜好的积极办法就是多发展一些有益的爱好，请同学们列举一些积极的有益的爱好。你自己喜欢其中的哪一种？能否向同学们展示并分享你的爱好。

教师点评

丰富的文化生活是培养高雅情趣的重要途径。部分同学根据课前准备，展示一件最能体现自己情趣的作品（书法、美术、小制作、歌曲、舞蹈、诗歌、集邮册等）。

我们要拓展文化生活领域，积极参加各种文体活动，亲近大自然，从而使自己的文化生活越来越丰富，知识面不断扩大，获得美的体验、美的享受，不断提高审美能力和欣赏水平，使我们的情趣更加高雅，这样就自然远离了不良嗜好。

故事分享

聪明的奥德赛

《荷马史诗》中有这样一个古老的关于抵御诱惑的故事：奥德赛与船员们驶过海峡时，半人半鸟的海妖唱起了美妙动人的歌曲，她想以歌声诱惑奥德赛，使航船触礁沉没。奥德赛非常喜欢听优美的歌声，却又不想让航船向海妖靠近。他使用了一个非常聪明的计策。他命令手下的人把自己捆在桅杆上，不论他怎样求饶也不松绑，然后，他命令手下的人用蜡把他们自己的耳朵堵上，使他们自己只牢记自己的命令，而听不到海妖的歌声。就这样，奥德赛一举两得，既听到了歌声又安全地驶过了海峡。

讨论：请同学们谈一谈奥德赛为什么能安全地驶过海峡？这个故事对我们有何启发？

教师点评

如果奥德赛听海妖动听的歌声，满足自己当时对美的欣赏的需要，就会危及全船人的生命。可贵的是，奥德赛当机立断，压抑了自己的需要，抵制了海妖的诱惑，所以才安全地驶过了海峡。人生绝不只有一次欣赏美妙音乐的诱惑。如果我们没有能力控制自己，成功地抵御各种诱惑，就可能造成终生遗憾。由此可见抵制不良诱惑的重要性。绝大多数初中生是在他人的影响或引诱下开始吸烟、饮酒的。因此，同学们应该学会结交益友，辨别什么是合理的需要、什么是不良的诱惑，培养坚强的毅力，增强自制能力和抵制不良诱惑的能力。当面对吸烟、饮酒的诱惑时，应该怎样驾驭自我、控制自我，成功地抵制诱惑呢？答案就是学会说“不”。同学们可以学习使用下面的A—S—T说“不”三步法。A—S—T是三个英文单词的缩写。

A——ASK，提出问题。当别人提出吸烟、饮酒的要求或建议的时候，你要问一下自己：这个要求或建议是否合理，这个建议是否正确，是否可行，是否应该做。这是考验自己能否作出正确选择的重要的一步，也是抵制吸烟、饮酒诱惑重要的一步。在此环节中一定要放远眼光，三思而后行，不能局限于眼前的利益或好处。S——SAY“NO”，如果分析后觉得这是一种不良的诱惑，不能做、不该做，就要勇敢地说“不”。在此环节中要讲究说话的技巧。T——THINK，想出替代方式。在拒绝吸烟、饮酒诱惑的同时，看是否可以提出一个健康可行、可供选择的替代方式，还可以给对方一个较好的建议。

出谋划策

苦恼的小何

13岁的小何是一名初中二年级学生。他为人豪爽，也很有组织能力，在同学中很有人缘。担任班长的小何什么都好，就是有吸烟的毛病。小时候看到父亲吸烟，吞云吐雾，非常潇洒的样子，于是，他也模仿父亲的样子偷偷吸烟，渐渐地就有了烟瘾。闲暇时，小何就想抽烟，如果不抽烟的话，他就会觉得自己非常失落，觉得手里好像少了点什么。由于小何的烟瘾比较大，他把父母给的大部分零用钱都用来买烟了。一天，在社区橱窗里，小何看到了“世界无烟日”的宣传图片，对他心灵的触动很大，决心戒烟。可是，不知什么原因，他又忍不住想吸烟。对此，小何非常苦恼：到底怎样才能彻底地戒除烟瘾呢？

讨论：请同学们出谋划策帮助小何戒除烟瘾，消除他的烦恼吧！

教师点评

科学的戒烟方法可以有效地帮助青少年戒烟。首先，可以向小何传授“主动戒烟十二法”：(1) 特意在一二天内超量吸烟，使人体对香烟的味道产生反感，从而戒烟；或在患伤风感冒没有吸烟欲望时戒烟。(2) 想象自己在吸烟，同时想象令人作呕的事情（比如你手中烟盒或香烟上有痰渍等等）。(3) 将戒烟的原因写在纸上，经常阅读；如能可能，尽量补充新内容。(4) 将想购买的物品写下来，按其价格计算可购买香烟的包数。逐日将用来购买香烟的钱储存在“聚宝盆”内。每过一个月，清点一次钱数。(5) 同朋友打“赌”，保证戒烟。当然这要用自己的烟钱作为“赌注”。(6) 不整条买烟。(7) 不随身带烟、火柴或打火机。(8) 每周换一种牌号的香烟，但新牌号香烟的焦油含量必须低于原牌号香烟的焦油量。(9) 经常思考烟雾中的毒素可能对肺、肾和心血管造成的危害。(10) 考察烟味对呼吸、衣服和室内陈设造成的影响。(11) 考虑一下你的吸烟行为对家庭其他成员造成的危害，他们正在呼吸被污染了的空气。(12) 问自己你的健康对你父母、亲朋是否重要。其次，在帮助小何戒烟的过程中，要引导他树立坚强的意志，坚定戒烟的毅力与决心，否则容易因为意志不坚定而导致戒烟失败。著名作家杰克·伦敦说过：“戒烟最容易，我戒过一千次。”这说明他是个戒烟失败者。伟大的革命导师列宁也曾是一位烟瘾不小的烟民，但是他立志戒烟，毫无反复地就成功了。因此，可以让小何的好朋友、小何的老师与父母监督、监管其戒烟行为，防止其在戒烟过程中出现反复。

心灵感悟

读下面关于戒烟、戒酒的歌谣，让同学们细细品味其中蕴含的道理。

戒烟歌谣

“纸烟纸烟，害人真不浅，精神脑筋损伤胜鸦片。劝同胞快快戒掉纸卷烟。纸烟不吸，名誉保全，谁敢轻贱？”

本国烟，外国烟，成瘾苦海都无边。前人吸，后人和，饭后一支，神仙生活。错！错！错！烟如泪，人苦透，咳嗽气喘罪受够。喜乐少，愁苦多，一朝上瘾，终身枷锁。莫！莫！莫！

戒烟好，戒烟好，不戒烟来不得了；花钱买来尼古丁，慢性自杀生病了。

戒烟好，戒烟好，抽烟熏人受不了；吞入烟云吐烟雾，空气都被污染了。

戒烟好，戒烟好，抽烟火灾增加了；惨痛教训实在多，生命财产化灰了。

戒烟好，戒烟好，抽烟经济拮据了；请客送礼烟搭桥，社会风气毒害了。

戒烟好，戒烟好，"绿色单位"是高招；下定决心戒掉烟，儿孙拍手妻欢笑。

戒烟好，戒烟好，团体干预有必要；诗人歌德说得好，见诸行动见成效。地球清洁人长寿，有益社会立功劳。

戒酒歌谣

为了你的肾，为了你的胃，为你有健康的心、肝、肺；为了你的家庭亲和美，少喝一回是一回。为了你的健康少喝一杯，为了你的亲人少喝一杯。都说是人逢知己千杯少，危难时酒肉朋友见过谁？别指望，排忧解愁靠一醉，醒来时自己的痛苦还得自己背。说什么走熟酒场才能走官场？说什么酒喝透了经济才腾飞？说什么人生得意之时须尽欢？要当心乐极会生悲！似这般逢场作戏何时了？别忘了妻儿老小倚门盼君归。

学以致用

下面，请同学们每人写一份"不要饮酒"的倡议书。倡议书写完后，在各小组内交流。最后，形成一个全体同学都愿意共同遵守的不饮酒协议。

列举戒烟的理由，用上面的方法，订立一个所有同学都愿意遵守的不吸烟协议。

将以上两个协议贴在教室的适当位置，同学们相互监督执行。

教师点评

倡议书不仅仅是写出来看的，而要遵守承诺，亲身实践。同学们应该摈弃吸烟、饮酒这些不良行为习惯，追求一种健康、文明的生活方式。远离烟酒应该从我做起，从身边做起，从现在做起。

小结

即便心灵如同荷花那么美丽，也难免遭到污泥浸染，唯有自洁，让自己出淤泥而不染，才能保持心灵的高洁，这就要求我们在现实生活中守住底线，抵挡住不良诱惑。初中生中，因吸烟、饮酒而违纪的占有一定的比例，而且吸烟、饮酒常与其他丑恶现象（如赌博、盗窃、打架斗殴、违法犯罪等）联系在一起，并呈现出滋生蔓延之势。初中生正处于生长发育期，心理尚未成熟，身体各器官对烟酒中的有害物质极为敏感，吸烟、饮酒对初中生生理、心理造成的不良后果比成人严重得多。为了你的身心健康成长，为了你能切实对社会负责，请自觉抵制不良诱惑，远离烟酒，让心灵清洁！

参考资料

青少年吸烟的危害

一、吸烟危害人的健康已为人们所共识，对青少年来说，危害性就更大。据医学家研究表明，青少年正处在生长发育时期，各生理系统、器官都尚未成熟，对外界环境中有害因素的抵抗力较成人弱，易于吸收毒物损害身体的正常生长。据美国的调查表明，吸烟开始年龄与肺癌死亡率呈负相关，吸烟开始年龄越早，肺癌发生率与死亡率越高。

二、吸烟损害大脑，使智力受到影响。在烟草的烟雾中，一氧化碳含量很高，吸入人体后，与血液中的血红蛋白结合成碳氧血红蛋白，使血红蛋白不能正常地与氧结合成氧合血红蛋白，因而失去携氧的功能。此外，一氧化碳与血红蛋白结合力要比氧气大260倍，而从碳氧血红蛋白中离解出一氧化碳的速度要比从氧合血红蛋白中分离出氧的速度慢得多。由于人的大脑对氧的需要量大，对缺氧十分敏感，因此，吸烟过量就会感到精力不集中，甚至出现头痛、头昏现象。久而久之，大脑就要受到损害，使思维变得迟钝，记忆力减退，必然影响学习和工作，使学生的成绩下降。

三、烟草中的尼古丁是一种神经毒素，主要侵害人的神经系统。一些吸烟者在主观上感觉吸烟可以解除疲劳、振作精神等，这是神经系统的一时兴奋，实际上是尼古丁引起的欣快感。兴奋后的神经系统随即出现抑制。所以，吸烟后神经肌肉反应的灵敏度和精确度均下降。

四、据调查，引起心肌梗死的因素很多，如高血脂、高胆固醇、高血压、糖尿病、肥胖症、酗酒、紧张等，但最主要的因素是吸烟，所以青少年应引起足够重视。

青少年饮酒的六大危害

随着物质生活水平的提高，在青少年中喝酒的人也多了起来，聚会庆典中，人们常饮酒助兴，适当地喝一点儿啤酒或者葡萄酒，对身体有解除疲劳、增进食欲、帮助消化的作用。但是，青少年往往自制力不足，喝起酒来不加节制，最后“烂醉如泥”，甚至染上酒瘾，沉沦其中，导致酗酒，这对身体和心理发育危害极大。

危害一：青少年饮酒可以导致死亡、事故、谋杀和自杀。由于男女身体结构和生理特征的不同，女孩过度饮酒的危害更大。一个女孩喝一杯酒的危害与一个同龄男孩喝两杯酒的危害程度相同。有些研究报告指出，大约有27%的青少年在滥用酒精。这表示酒精的使用已影响到他们的身体健康、学校功课或工作表现，影响到应付愤怒、焦躁或沮丧等情绪的能力；同时也影响到他们跟家人、朋友沟通的能力。

危害二：饮酒后约20%的酒精立即在胃中吸收，其余全部被小肠吸收。吸收进血液中的酒精，除了极少数（10%）由汗、尿、唾液和呼吸排出外，其余的90%要经过肝脏分解，但是肝脏的分解能力有限，因此使人的各个组织器官和系统都要受到酒精的危害。青少年发育尚未完全，各器官功能尚不完备，对酒精的耐受力低，肝脏处理酒精的能力差，因而更容易发生酒精中毒及脏器功能损害，可能埋下肝硬化、胃癌、心血管病等疾病隐患。经常饮酒，容易患酒精中毒性肝炎和脂肪肝，最终发展为肝硬化。常饮烈性酒的人70%患慢性胃炎，50%患消化不良症，并且会诱发食管癌、胃癌、胰腺癌等。长期饮酒，还可引起营养和代谢失调，造成蛋白质、维生素及矿物质供应不足，损害牙齿，影响青少年的生长发育。

危害三：酒精对人的中枢神经系统的危害最严重。酒精对中枢神经系统有兴奋和抑制作用，少量可产生兴奋，过量则形成抑制。如果饮酒过多，就会脸红，乱说胡话，站立不稳以至醉倒、呕吐等。随之昏睡，面色苍白，血压下降，最后陷入昏迷，严重的还可以引起呼吸困难、窒息，造成酒精中毒死亡。酒精对中枢神经系统的作用分两个时期。少量饮酒，大脑皮层高级神经活动首先受到抑制，使得高级中枢对皮层下中枢的控制减弱，使人丧失理智和克制态度，表现为所谓"兴奋"现象，并伴有头晕、恶心、呕吐等现象。继续饮酒，可出现语无伦次、步履不稳、动作不协调和嗜睡、昏迷，严重者可因呼吸中枢麻痹而死亡。青少年由于视神经尚未发育完善，饮酒后更易引起严重视力减弱和复视。青少年饮酒后，不仅神经反射的速度显著减慢，酒精对脑细胞损害也相当大，对大脑发育极为不利，造成学习效率降低，在体育比赛中难以创造出理想的成绩，还容易发生生产事故和交通事故。

危害四：青少年饮酒，还容易引起肌肉无力，性发育早熟。酒精对精子和卵子都有毒害，造成不育和影响胎儿生长发育。女孩还容易未老先衰。东晋时代的文学家陶渊明文章写得酣畅淋漓，如行云流水，洒脱自然，但却嗜酒如命，结果他的几个儿子都有不同程度的智力缺陷。这好像是不可思议的，其实这正是酒精的毒性作用。因为酒精可以改变生殖细胞中的脱氧核糖核酸上的碱基排列，引起基因突变，染色体异常，在形成配子时，这些不正常的基因被遗传给了下一代，从而造成下一代的畸形。

危害五：长期饮酒会使人的身体系统对酒精产生依赖。当青少年染上了饮酒的习惯，吸烟这个饮酒的"兄弟"常常会赶来助纣为虐。青少年最初染上烟酒恶习，很多缘于模仿成年人或影视作品中某些边喝酒边吸烟的形象，认为是十分"酷"的表现。调查表明青少年吸烟和饮酒行为互相作用，关系密切，吸烟者往往饮酒，而饮酒者大都吸烟。这种烟酒同吸同饮的后果极其严重，因为烟中的尼古丁能溶于酒精，使人体内的尼古丁含量更高，危害也更大，有这种习惯的人极容易患喉癌。

危害六：此外，青少年神经系统还较稚嫩，自制能力差，酒后易行为失控，容易产生某些心理疾病。经常饮酒者大约15%可发展为各种精神病。青少年饮酒还可以诱发各种事故甚至危及生命，如"偷食禁果"、与人争斗、擅自驾车等。饮酒跟一半以上的交通事故有关，而船艇遇难事件有90%是饮酒造成的。最近在我国出现了一起青少年酗酒酿成的悲剧：五名中学生醉酒斗气跳珠江，其中一人失踪。记者在追踪采访这一事件的过程中发现，对青少年酗酒问题，学校、社会尚未予以应有的关注，对青少年饮酒危害的宣传和重视程度还远远不够。

当酒成为一种时尚的代名词，暗示我们透过酒红色的诱惑去体味生活的时候，记得不要自己作酒的奴隶，要让酒成为生活中一抹酒红色的点缀。

酒精依赖疾患识别测验

指导语： 请仔细阅读下列各题目，然后在符合自己实际情况的答案上画“√”。

1. 你喝酒的频率为？

（0）从不　（1）每月约一次　（2）每月 2～4 次　（3）每周 2～3 次

（4）每周 4 次以上

2. 在喝酒的那一天中所饮的酒量为多少“杯”？

（0）　1 或 2　（1）3 或 4　（2）5 或 6　（3）7 到 9（4）10 以上

3. 每次喝 6“杯”以上的频率为？

（0）从不　（1）每月不到一次　（2）每月一次　（3）几乎每周一次

（4）每天或几乎每天

4. 是否一开始喝酒就无法立即中断？这种情况在最近一年有几次？

（0）从不　（1）每月不到一次　（2）每月一次　（3）几乎每周一次

（4）每天或几乎每天一次

5. 你有没有因为喝酒而贻误了该做的事情？这种情况在最近一年中有几次？

（0）从不　（1）每月不到一次　（2）每月一次　（3）几乎每周一次

（4）每天或几乎每天一次

6. 在一次大量饮酒后，你是否需要在次日早上喝一些酒才能正常生活？这种情况在最近一年中有几次？

（0）从不　（1）每月不到一次　（2）每月一次　（3）几乎每周一次

（4）每天或几乎每天一次

7. 你会不会在饮酒后感到内疚或后悔？这种情况在最近一年中有几次？

（0）从不　（1）每月不到一次　（2）每月一次　（3）几乎每周一次

（4）每天或几乎每天一次

8. 你会不会在因为喝酒而回忆不起前夜所发生的情况？这种情况在最近一年中有几次？

（0）从不　（1）每月不到一次　（2）每月一次　（3）几乎每周一次

（4）每天或几乎每天一次

9. 有没有因为你喝酒而使你本人或他人受到损伤的情况？

（0）没有　（2）有，但不在过去一年　（4）有，是在过去一年中

10. 你的亲戚好友、医生或其他卫生工作者有没有关心过你的饮酒问题，并劝过你戒酒？

（0）　没有　（2）有，但不在过去一年　（4）有，是在过去一年中

（* 饮酒中含有酒精 10 克为“一杯”，例如 250ml 啤酒、15ml 烈酒、一玻璃杯葡萄酒或黄酒）

评分与解释：

将 10 个题的得分相加，即得问卷总分。问卷总分大于或等于 8，说明被测者具有酒精依赖疾患。通常说来，前 3 个问题高分则表示对酒精有严重依赖。

第十五单元

良言逆耳利于行

今日视点

刘邦纳谏，赢得民心

在秦朝末年，刘邦率军攻入咸阳，推翻了秦朝的统治。刘邦进入秦宫后，见宫殿高大雄伟，美女、珠宝不计其数，心中产生了羡慕之情，想全部据为己有。大将樊哙劝刘邦最好不要这样做，刘邦很不高兴。谋士张良对刘邦说：“秦王之所以不得人心，失去天下，原因就在于他穷奢极欲。现在您刚入秦宫就想像秦王那样享乐，岂不坏了大事？樊哙的话可是忠言啊！良药苦口利于病，忠言逆耳利于行，您还是听樊哙的劝告吧！”

刘邦听了深有感触，立即采纳了樊哙的意见。接着，刘邦又传令废除秦朝苛法，还约法三章：“杀人者死，伤人及盗抵罪。”刘邦不仅分毫未动秦宫的财宝，而且撤守灞上，深得秦人的拥护，这与后来的项羽火烧阿房宫形成了鲜明的对比。

正如汉高祖刘邦自己所说，他的个人能力不是太强，但他有一个突出的优点，那就是能够听取别人的批评意见，而不像项羽那样刚愎自用、唯我独尊。刘邦之所以能够以弱胜强战胜项羽并取得天下，其中一个很重要的因素就是他虚怀若谷，能诚心接受别人的批评意见，改正自己的错误，赢得了民心。

讨论：请同学们谈一谈刘邦为什么会赢得天下？其中“良药苦口利于病，忠言逆耳利于行”是什么意思？这句话告诉我们什么道理？你能听得进别人的批评吗？

指点迷津

人的心灵不是先天就完备的，需要在人的生活过程中不断吸纳他人的智慧，固执己见的人则会阻断这一过程，以致他的心灵难以丰富和完善。刘邦虚怀若谷，能诚心接受别人的批评意见并改正自己的错误，赢得了民心，所以最终能战胜项羽赢得天下。苦口的药虽然让人很难吞咽，但却有利于治病；逆耳的话虽不中听，却能帮助我们改进不足，达到目标。这句话劝导人们应该正确对待别人的批评和意见。从本质上说，每个人都希望得到他人的尊重和赞许，这是一种很正常的心理。同样，大部分人都不愿意听到他人批评的意见，这主要是因为他们害怕伤害到自己的自尊心和荣誉感。于是，一些人形成了对“忠言”的恐惧。美国学者戴尔·卡耐基通过多年的观察研究发现，任何教训、指责，都会使人感到伤了自尊而处于自我防卫状态，并且往往会激起他极大的反感，促使他竭力为自己辩解。可以说，闻过则喜者少。喜表扬，恶批评，是一种普遍存在的心理现象。

事实上，任何人都可能犯错误。正在成长中的青少年自然也不会例外。因为犯错误，难免就要被别人批评。那么，到底应该用怎样的态度和方法对待批评呢？

教育方略

经典故事

快马加鞭

耕柱是一代宗师墨子的得意门生，不过，他老是挨墨子的责骂。有一次，墨子又责备了耕柱，耕柱觉得自己非常委屈，因为在墨子的许多门生之中，耕柱被公认是最优秀的，但他却偏偏常遭到墨子的批评，这让他觉得很没有面子。

一天，耕柱愤愤不平地问墨子："老师，难道在这么多门生中，我竟是如此差劲，以至于要时常遭您老人家责骂吗？"

墨子听后反问道："假设我现在要上太行山，依你之见，我应该要用良马来拉车，还是用老牛来拖车？"

耕柱回答说："再笨的人也知道要用良马。"

墨子又问："那么，为什么不用老牛呢？"

耕柱回答说："理由非常简单，因为良马足以担负重任，值得驱遣。"

墨子说："你答得一点也没有错。我之所以时常责骂你，也是因为你能够担负重任，值得我一再教导与匡正。"

听了墨子这番话，耕柱立刻明白了老师的良苦用心，从此再也不以遭受批评为耻，而是更加发奋努力，终于成为墨子学派的继承人。

讨论：面对墨子的批评，耕柱是如何表现的？墨子批评耕柱的目的是什么？这个故事对我们有何启发？你觉得应该怎样批评别人？怎样接受批评？

教师点评

面对墨子的批评，耕柱感到委屈、难过，觉得没面子。墨子为了鞭策耕柱，望其成才而批评他。这个故事告诉我们：被批评并不是一件不光彩、见不得人或羞于向他人启齿的事，其实被批评也是一种幸福。金无足赤，人无完人。每个人都难免有这样或那样的缺点和错误。正因为别人看重我们，对我们充满了期待，希望我们好，所以才会批评我们。别人对我们的批评和提出的意见能够帮助我们改正缺点和错误，能促使我们进步。一个聪明的人，应当把批评当做自己成长、上进的"梯子"。勇于接受批评是一个人成长进步不可或缺的重要因素。因而，我们应该怀着一颗感恩的心，坦然地面对批评，乐于接受批评，勇于接受批评，虚心接受别人的批评，感受到被批评既是一份关怀也是一种幸福。

名人故事

爱因斯坦与小女孩

1940年的一天，一个小女孩撞了爱因斯坦。

爱因斯坦说："对不起，是我不小心。"说完便走了。女孩望着老人，只见他衣衫不整。"嘿！这个人简直就是从我的童话故事书里走出来的。"女孩这么想。

回到家，她将碰到老人的事情告诉了父亲。父亲听后说：“孩子，你今天撞着了当今世界上最伟大的人，他是爱因斯坦！”女孩直纳闷：这个连衣服也穿不整齐的人，不该是“最伟大的人”。

第二天，女孩又遇上那老人。他仍是衣衫不整，埋头沉思。

“你好！”小姑娘打招呼，“我父亲说你是最伟大的爱因斯坦……”

“噢，他只讲对了一半，我是爱因斯坦，但并不伟大。”

“我说也是嘛，瞧你，穿衣服还不会呢，怎么谈得上伟大？”听了这话，爱因斯坦的眼窝里放射出温柔的目光。他对小姑娘说：“你说得对，我不会穿戴，但愿你肯教我。”于是女孩将平日妈妈教给她的穿戴要领一口气全说了出来。“能记住吗？”她问。“也许能。”爱因斯坦回答说。

第三天下午，爱因斯坦在路边等待放学回家的小姑娘。小姑娘看见他的时候简直吓了一跳。他整个变了一个人，按小姑娘说的那样穿戴得整整齐齐。

“爱因斯坦先生，你比昨天年轻了20岁。”

“是吗？太好了！我打算请你到我那里做客。”

小姑娘与爱因斯坦走进了他的工作室。工作室乱得一塌糊涂。

“你得学会自己照顾自己。”女孩这样说。这话通常是她的母亲训导她的。

“小姑娘，请你再教教我。”

于是，小姑娘手把手地教爱因斯坦：“咖啡杯搁在这儿，烟灰缸放在那儿，文具该这样摆……”爱因斯坦歪着脑袋看了看小姑娘的布局：“唔，对，很有科学性。”

从此，小姑娘每天放学后，都要到爱因斯坦的工作室来坐坐。

一天，小姑娘的母亲在街上遇到了爱因斯坦，她问：“爱因斯坦教授，我女儿跟您在一起时，你们都谈些啥？”“她教我如何照顾自己。我呢，什么也帮不了她，只好帮她做数学作业。”

讨论：假如你是爱因斯坦，因为穿戴不整齐、不会收拾工作室而遭小姑娘批评时，你会如何反应？你是否会按照小姑娘说的去做？对上述故事，你有何感想？请同学们围绕上述问题展开讨论。

教师点评

相信在座的部分同学不一定会像爱因斯坦那样对待小姑娘的批评，也不会像爱因斯坦那样改正自己的错误，可能有的同学还会对小姑娘的批评嗤之以鼻，由此可见爱因斯坦既是一个伟大的人，也是一个平凡的人。这个故事告诉我们：(1) 要勇于承认错误。常言道“人非圣贤，孰能无过”，世间没有十全十美的人，每个人或多或少都有一些毛病与缺点。因此当别人好心给自己指出来的时候，应当把握这次难得的机会，虚心接受。有的人受到批评时，往往态度不冷静，不注意认真反省，急于辩解和开脱自己，这是对自己缺乏严格要求的表现。正确的态度应该是，不妨先冷静地把批评接受下来，严格认真地检讨和反省自己，老老实实地承认错误，并作出真诚的检查，这比辩解要强百倍。(2) 要坚决改正错误。受到批评，光勇于接受是远远不够的，关键是要坚决改正错误或缺点毛病，而不能“虚心接受，屡教不改”。要把批评当做动力，放下包袱，轻装上阵，继续前进，这才是批评的目的，是批评者的希望所在。人如果一意孤行、不听劝告，最终只能吃了自己的亏，上了自己的当。别人一说就生气厌烦的人是一个愚昧的人，自己的错误、毛病不改，只能降低自己的身份，在大众心中留下一个坏印象。而那些不怕别人批评，虚心接受批评并改正错误的人，才是真正有智慧的人。可以说，人生最宝贵的财富就隐藏在别人的批评指责中。凡是真心接受的人都会从中收获到人生的真谛。

角色表演

请班上两位同学表演以下的情景剧。其中一位同学扮演老师，另一位同学扮演被批评的学生。

语文课上，老师当着全班同学的面批评某学生："你看看，这作业是怎么做的？字迹潦草，简直就是龙飞凤舞。做作业时用脑子没有？说说看，到底是什么原因？是不想学了，还是对老师有意见？今天放学回家后，跟父母说一声，让他们明天来办公室找我。"被批评的学生也大声反驳道："叫家长就叫家长，没什么大不了的，反正我作业做得好的时候你也没有表扬我。"

表演完毕，请两位同学互换角色，再表演一次上述小品。教师要提醒学生："在扮演老师时，要努力体会老师的心情和愿望，要把自己当做老师，努力扮演得像一些。"如果哪位同学觉得表演得不理想，可以自告奋勇上来再表演。

讨论：请参加表演的同学分别谈谈自己扮演教师批评学生时的心情和愿望。

教师点评

面对教师的批评，同学们应该学会换位思考。当教师批评自己时，如果感到难以接受，这时不妨换个位置，站在对方的角度，设身处地从教师的角度考虑一下：如果我是教师，会怎样对待犯了错误的学生呢？能够放任自流、姑息迁就吗？这样一来，往往就会心平气和了，能够用正确的、积极的态度对待教师的批评，正视自己的缺点、错误了。如果只从自我的角度考虑问题，常常会感情用事，头脑发热、缺乏理智，陷入狭隘、偏执、片面的泥潭难以自拔。实际上，对于许多问题的思考，适时转换思维角度，往往会柳暗花明又一村。

各抒己见

教师：在日常生活中，同学们是否遇到过因无意中出差错而遭到别人严厉批评的事情？你当时的心情如何？当时，你是如何对待别人的批评的？

讨论：回忆自己曾经受到过的某一次批评，说说当时的想法，也说说现在的想法。

教师点评

因无意中出差错而遭到严厉批评，内心感到委屈、难过、甚至恼火是正常的。在这种情况下，到底应该如何正确地对待别人的批评呢？有人总结出批评和接受批评的基本原则：知无不言，言无不尽；言者无罪，闻者足戒。

案例分析

王柳又迟到了

王柳经常迟到，班主任老师说过多次，依然还有迟到的现象。于是，班主任老师对她进行了严厉的批评，并且和王柳签了一份协议，写明如果再迟到将如何处罚。

第二天，王柳确实认真对待了，头天晚上调好闹钟，早晨准时到了校门口，可这时发生了一件意想不到的事，有个还叫不出名字的同学在跑进校门时跌了一跤，鼻子鲜血直流。王柳毫不迟疑地上前扶起那位同学，并扶他到校医务室，上课的时间又过了。待他走到教室门口，才又想起昨天和老师签的协议，便开始犹豫了，最终还是硬着头皮到门口向老师报告。

这一报告引得老师大发雷霆，当着全班同学的面批评王柳不讲信用。王柳闷着头听老师批评，没有作任何辩解。

讨论：显然，由于对真实情况了解不够全面，这次老师的批评不太合理，如果你遇到这种情况，将如何应对？

教师点评

对一个严于律己的人，往往不会过于计较别人的批评方式；但若与事实有出入，也可向批评的人讲清基本事实。有的时候也需要面带笑容地接受批评，不管人家的话有多难听，平静下来，诚恳地聆听，是人成熟的一种表现。即使确有解释的必要，也要承认错误先检讨，然后找适当的场合和时机再说明情况。

英国学者帕金森说过："即使在私下，不破坏和谐融洽气氛与亲密合作的批评都是很难做到的。"批评确实是件不容易掌握的事情，既要对方认识到错误的危害性，又要做到不伤其自尊，使其欣然接受，还要以此增进双方的信任感，往往很难同时做到这一切。和风细雨式的批评好接受，而疾风骤雨式的批评就让人难以接受。然而，作为接受批评的一方应当认识到，只要他人的出发点是好的，是为帮助你、挽救你，哪怕是态度生硬一些、言辞过激一些、方式欠妥一些，你也要适当给予理解和体谅。不去冷静反思、检讨自己的错误，而是一味纠缠于他人的批评方式是否对头，甚至当面顶撞，只会激化矛盾，增加你的烦恼。

心灵感悟

教师：请同学们朗读下面的名言警句，细细品味其中蕴含的哲理。

●一个人的心灵隐藏在他的作品中，批评却把它拉到亮处。——伊本·加比洛尔

●对同时代的人的批评不叫批评，叫交谈。——勒梅特

●批评不是一个趣味的问题，而且是一个谁的趣味的问题。——詹姆斯·格兰德

●人们在批评的筛子里寻找一切奥秘。——史文朋

●敢于在杰作堆里问津的才是好批评家。——法朗士

●批评家是预料奇迹的人。——亨尼克

●巧妙地质疑是一个优秀批评家的重要特征。——拉·洛詹尔

●我愿意做一块磨刀石；虽然它本身不能切东西，却能使铁器锋利。——贺斯

●最枯燥无味的作品也无法抵挡批评家找出它迷人之处的决心。——哈罗德·罗森堡

●害虫叮人不是出于恶意，而是因为它们要维持生命。批评家也一样，他们需要我们的血而不是痛苦。——尼采

●在文学上，年轻人常常从担任法官开始他们的生涯，只有当智慧与经验到来时，他们才终于获得了受审的尊严。——托马斯·哈代

讨论：你对上面警句中的哪一句印象最深刻？说出其内含的道理。

教师点评

学会批评别人和学会接受批评都需要一个人具有较好的涵养，心灵纯正高洁，每个人都需要在生活中学会这些，尤其要学会语言运用的技巧。有一条短小的幽默道：秀才带书童去赶考，途中帽子被风吹落，书童说："帽子落地（第）了！"秀才道："不准说落地（第），要说及地（第）"。书童拣起帽子牢牢系在秀才的头上道："这次再也不会及地（第）了"。这段对话说明语言存在歧义性，批评和接受批评都是内涵

极高的艺术。

小结

批评是修炼心灵的利器，每个人都要善于利用这一利器。能否用好这把利器，关键在于自己的态度。在人的一生中，批评总是与表扬并存，伴随着人的成长和发展。从这个意义上说，人是在批评中长大的，心灵是在批评中变得日益完善的，也只有不断地接受批评才能够心智健全。批评是他人对自己缺点或错误的揭示和努力方向的指引，是对个人奋斗精神的鞭策。批评是手段，而不是目的。善于接受批评是通向成功的阶梯。同学们应该正确对待批评，勇于接受批评，“有则改之，无则加勉”。这无论对你们的学习，还是对你们今后的健康成长和心灵发展，都是一笔宝贵的财富。

参考资料

正确认识和发挥批评的作用

如果表扬是糖，那么批评是药。人生病了要吃药，人犯错了就需要批评。批评这种教育教学评价的手段和表扬一样，起着指引学生成长、促进学生发展的作用。表扬能够鼓励学生，增强自信；批评也会产生警醒力量，激发学生内在的向上动机。适当的批评，不仅能够使学生认识到自己的行为与周围环境的不协调，还会促使他们调节自我，顺应当下，从而达到与环境的平衡。事实上，人总是在这样一种不断克服挫折、不断调节自我、不断适应环境的过程中成熟的。

批评作为一种教育学生的方法，和其他所有的方法一样，只要运用得当，运用得艺术，就能起到应有的作用，达到教育的目的。作为教师，尤其是班主任，需要正确认识批评的作用，学习一些批评的艺术，最大限度地发挥批评的积极作用，减少消极作用。

根据学生错误的性质和学生的个性，选择合适的批评方法是非常重要的。批评并非越严厉越好，相反，温和的批评方式更容易使学生接受，不会损害师生的情感。下面介绍几种常用的方法。

宽容式批评。宽容是教师的一种美德，因为面对未成年人，孩子的成长过程中肯定会有这样那样的问题。有的学生犯了错，如果他是无意犯错，就不必深究，他自己也能自悔自改；有的学生犯了错，从轻处理，给他一次机会，他会心存感激，化为动力。英国有名的解剖学家麦克劳德上小学时是个调皮的孩子。有一天，他杀了一条狗，想看看狗的内脏什么样子。说来也巧，那条狗正是校长的爱犬。校长知道此事后，非常气愤，但并未对他进行过多的责备，而是宽容地对他进行了学习性的惩罚，罚他画一张动物的骨骼图和一张血液循环图。麦克劳德知道自己闯了祸，认真地画了这两张图，现在英国皮亚丹博物馆还陈列着这两幅画。麦克劳德能成为著名的解剖学家，和校长的那次宽容的批评不无关系。教师在学生犯了错误时，也不妨学学这位校长的做法，不要为了批评而批评，而应为了学生的成长和发展去批评，给学生补救的机会。如学生犯了错，让他做一件好事，将功补过，这是宽容式批评的方式。

幽默式批评。板着面孔说教，很多时候效果并不理想。《教育机智举隅》里有这样一个事例：一个班主任发现班上有不少学生躲着抽烟，便在班会课上讲了一则笑话："今天，我想与大家谈谈吸烟的好处。吸烟的好处至少有四：一则可以防小偷。因为吸烟可以引起深夜剧咳，小偷怎敢上门？二则节省衣料。咳的时间一长，最终成了驼背，衣服可以做短一些。三则可以演包公。从小就开始吸烟，长大后脸色黄中带黑，演包公就不用化妆了。四则永远不老。据医学研究表明，吸烟的历史越长，寿命越短，当然，永远别想老了。"在同学的哄笑声中，那几位抽烟的学生脸红了。

表扬式批评。所有孩子心灵深处最强烈的要求和所有的成年人一样——渴望得到别人的赏识。如果长期得不到关注，会形成"赏识饥饿"。充分利用这一点进行批评，效果往往不错。陶行知用四块糖来奖励打架的孩子，使得孩子由惊讶到感激，主动地检讨了自己的过错，不是批评，胜似批评。我们在对学生进行批评时，也要善于发现学生的闪光点，肯定学生的优点，这好像是为苦口良药包上了一层糖衣，让学生易于接受批评。表扬式批评有以下几种类型：美中不足法。即肯定主要方面，否定次要方面。如："你其他方面都很好，就是在……方面有待改进。"扬今抑昔法。赞赏现今的进步，意味着过去存在不足。比如某位学生不讲卫生，有一天打扮得特别干净。教师趁这个机会好好夸一夸他，然后说："要是每天都这样就好了。"间接地批评他平时不讲卫生。

条件辅助法。夸学生在某种条件下能够怎样怎样好，实际上就是指与此条件相对应的能力的不足。比如说早自习时，一位学生玩得非常起劲，当他看到教师进课堂了，马上拿起书装模作样地读了起来。我们不妨先表扬他能在教师的督促下认真学习，然后再批评他缺乏学习的自觉性。

启发式批评。借助寓言故事、身边典型事例进行教育能够引起学生的对照反省，从中受到启发从而改正错误。这种做法比起空洞的说教、生硬的呵斥效果要好得多，这种方法对高年级的孩子非常有效。

暗示式批评。暗示是指不直截了当地把批评意见讲给学生听，而是代用其他委婉的语言方式，由彼及此，巧妙地表情达意，让人思而得之，从而获得深刻印象。含蓄委婉的暗示方法，有利于保护学生的自尊心，维护师生之间的感情。我班有位学生上课时趴在桌上听课，我知道他不是因为身体的缘故，但故意问他："是不是身体不舒服？"在得到否定的回答之后，我又加了一句："你这样老师还以为你生病了呢！"那位学生领悟了我的暗示，赶紧挺直了身子。

批评中学生的技巧

中学生正处在半成熟的成长阶段，难免存在着各种缺点，容易犯下各种错误。教师在实施教育的过程中，只有做到以人为本，尊重学生的人格，针对学生不同的个性特征，巧妙点拨，耐心引导，才能收到良好的教育效果。

一、批评宜私下进行，单独进行

教育的过程，是师生交往、引导和发展的互动过程，师生之间具有平等的人格尊严；任何形式的公开批评都将伤害学生的自尊心，失去师生之间的信任感，严重的还可能引发学生公然与老师对抗，甚至走向极端。如果老师把尊重学生的人格放在第一位，在需要对学生进行批评时，避开公众场所，选一个避人耳目的环境，悄悄与学生谈心，并指出其错误的根源及其可能导致的后果，学生的第一感觉就是老师在照顾我的面子。他们在得到老师的尊重后，会真诚地接受老师的教导。

二、批评要有的放矢，适可而止

要教育好学生，就要全面了解和掌握学生，不能捕风捉影，似是而非，漫无边际、漫无目的地经常把批评和指责挂在嘴上；不能以有则改之、无则加勉的传统观念为绳索，将学生画地为牢，这样会使学生对老师的话感到厌烦和疲劳，根本无法听进去。要让学生有足够的生活空间，要针对每一个具体的人、具体的事，进行具体的教导。尤其在批评和指责的层次上要把握好“度”，不要得理不饶人。只要学生有认识错误的表现和改正错误的迹象，就要充分信任，并加以鼓励和引导。

三、批评的态度要友好，语气要和善

学生是尚未成熟的孩子，是受教育的对象，在教师的眼中，学生所犯的一切错误都是正常的。因此，教师应该具有一颗宽容的心，能够容纳学生的一切过错，对学生进行批评教育应以仁爱、慈善的面容和亲切友好的语气进行交流，要消除学生在接受批评时的畏惧心态，只有当老师真正占据了学生的心田，让学生感觉老师和蔼可亲时，老师的教诲才能发挥作用。

四、教师不能摆架子，要与学生在同一视平线上交流

中学生在家长的心目中，被视为没有长大的孩子，在生活的各个方面都受到制约。因此，中学生总是渴求思想解放，寻求自主独立。为了适应中学生的心理特征，老师应该把学生视为尚欠成熟的大人，放下尊长的架子，做学生同时代的朋友，替他们忧，替他们想，替他们说，再从中分析、总结指出学生的不足之处，学生不仅能乐意接受，而且会感到老师十分亲切，是信得过的知心朋友。

五、不能只盯住学生的缺点和错误，要善于发现和肯定学生的长处和优点

人无完人，但人人都希望自己的长处、优点能被别人发现和欣赏。学生如果总是被老师责备、训斥或挖苦，就会产生逆反心理。如果学生在接受批评的同时，也能得到老师对自己的长处和优点进行的肯定和褒奖，就会认为，我也有被老师喜欢的一面。学生的心理得到平衡了，就容易接受老师的批评和教导。

六、批评言辞要委婉，力求幽默、风趣

常言道：良药苦口利于病，忠言逆耳利于行。教师成功的育人艺术就在于如何将良药“苦”口变成良药“甜”口，忠言“逆”耳变成忠言“顺”耳，这就需要老师有乐观的性格、博大的情怀和渊博的知识，随时将药丸穿上一层糖衣，将直率的良言变得委婉、幽默和风趣，使学生在没有压力的情境中，轻松愉快地学习、生活、成长，这将有益于学生终生的发展。

第十六单元

兴趣是最好的老师

今日视点

星期一早上，王佳赖在床上不肯起来，妈妈一喊他起床，他就把头蒙上，他实在不愿意去学校。妈妈好不容易把他从床上拉起来，他磨磨蹭蹭地吃早饭，拖时间。为什么呢？王佳想到学校就头疼，他不喜欢班主任老师，不喜欢语文老师，不喜欢做作业，不喜欢考试，学校和学习是提起来他就厌烦的词儿。可是，他又不得不去学校，不去学校能去哪儿呢？坐在学校里，他很想听老师讲课，可是，想到班主任说的话他就觉得恶心。他企盼着快点毕业，再也不用来学校。

李享和王佳在同一所学校，学习成绩原本都是中等，和王佳不同的是，李享可爱去学校了，他觉得在学校里很开心，在课堂上，他能获取知识，考试后自己的小小进步使他特有成就感。能和同学在一起讨论问题，让他觉得学校生活充满了活力。周末独自在家，他都觉得孤单呢。

一学年下来，虽然没见李享太努力，但他的成绩明显比王佳好了不少。

讨论：上面这样的例子在你身边存在吗？你认为他们两人学业差距拉开的原因是什么？

指点迷津

一个人学业的进步与心灵的完善不会仅凭主观愿望就得以实现，而是要遵从知识学习和心灵成长的内在规律。王佳和李享对学校的不同态度和“学业情绪”直接决定着他俩的学习成绩。“兴趣是最好的老师”，一个人一旦对某事物有了浓厚的兴趣，就会主动去求知、去探索、去实践，并在求知、探索、实践中产生愉快的情绪和体验。进入初中后，随着知识、经验、技能的不断丰富，学生已不同程度地产生了表达自己对周围世界的认识和情感的要求，越来越多的人发现学业情绪在学生身心发展中扮演着重要角色，并对个体的学习、记忆、决策等有着重要的影响。从情绪对学生成长与发展的影响来看，情绪影响人的认知加工过程、学业成绩，也影响他们的心理和生理健康。因此，情绪与日常学习、课堂教学和学业成就等都有直接的关系。比如学习过程中的兴奋，成功后的自豪，以及与考试相联系的焦虑，学生在获悉学业成功或失败后的情绪体验，也包括学生在学校环境中经历的与成就有关的情绪。学业情绪作为一种与教学和学习过程密切相关的非智力因素，在学生的成长与发展中发挥着重要作用。

自豪、兴奋、愉快都是积极的情绪，它们就像发动机，让学生们“好好学习，天天向上”，远离“星期一恐惧症”。厌学情绪使学生学习目的不明确，对学习失去兴趣；不认真听课，不完成作业，怕考试；甚至恨书、恨老师、恨学校，旷课逃学；严重者一提到学习就恶心、头昏、脾气暴躁甚至歇斯底里。厌学情绪是一种消极学业情绪，它是导致学习障碍的罪魁祸首，也是导致辍学的最主要因素，具有极大的危害性。在消极学业情绪中，还有一种极其常见的就是考试焦虑，有的同学平时觉得掌握得不错，可一到考试就掉链子，总也考不出理想的成绩。消极学业情绪就像一块绊脚石，在成长的路途上让人磕磕绊绊，不能顺畅前行，所以要找到症结所在，尽力将它消除。

教育方略

角色游戏

教室是牢笼，书本是仇敌？

上课的场景：英语课上，董浩百无聊赖地坐在桌前，一会儿看看窗外，一会儿偷偷翻看书桌里的杂志。忽然老师点名：“董浩，请朗读第二自然段。”董浩站起来，抓耳挠腮，偷偷问同桌：“哪一页？”同桌给他指了指，他张了张嘴巴，一句也念不出来，他说：“老师，我不会读。”老师问：“昨天你预习了吗？”董浩又是一脸茫然：“昨天有预习的作业吗？”

回家的路上：董浩背着书包晃晃悠悠地回家，路过网吧，在门口犹豫了一下还是进去了。网吧老板拍着董浩的肩膀说：“今天你妈妈不会来抓你回家了吧？”董浩坐下没多久，妈妈来了。妈妈站在网吧门口往里看，董浩缩了缩脑袋，不想让妈妈看见自己。妈妈还是发现了他，抓着董浩的胳膊，把他拎出了网吧。

在家做作业的场景：挂钟显示是晚上11点多了，董浩的桌上摆满了教科书、英语词典、试卷……董浩不知道做什么好，翻这个又翻那个，写一张撕一张。后来干脆把书都推到了地上。董浩无奈地坐在地上长叹一声……

讨论：你觉得主人公出了什么问题？为什么会出现这种问题？

教师点评

董浩这样的行为反映出他已经有了非常严重的厌学情绪。产生厌学情绪的原因很多，比如，进入一个新学校后有的人会因心理上的孤独感而厌学。在崭新而陌生的学习环境中，学生渴望与新的同学建立友谊，却因彼此之间不了解而难以沟通。因而对此前良好融洽的师生关系、同学关系有更多回忆与留恋，此时，学生对新老师有了很大的期待，而新老师对新同学不甚了解，往往忽视了个别学生，在这样的同学、师生关系中，少数对人际关系敏感的学生常常顾影自怜，认为自己是一只被剪了翅膀的灰鹊，终日抑郁寡欢，久而久之，就会产生一种孤独感。进而厌恶学校的学习生活。也有的学生会因为心理上的挫败感而厌学。比如，学习内容加深、教学节奏加快、教学方法变化、学习竞争加剧，一系列的变化使这个把自己的自尊全部押在考分上的学生的考试成绩不理想，心理压力变大，在金字塔顶上站惯了的学生，面对自己意想不到的挫折，很容易丧失自信，在悲观失望中产生厌学情绪。还有的学生，会因为讨厌某个老师而厌恶相应的学科。有的学生和某个任课老师发生冲突，或者课堂上遭受挫折、考试严重失利等刺激都可能导致他对该学科的课堂学习、作业练习等产生厌烦反应，严重者连听到这个学科的名称都心情烦躁。

心理自查

你厌学吗？

1. 我经常需要完成大量的课程作业。
2. 我会由于很长时间解不出题恼火。
3. 在学习时，我经常感觉自己很笨。
4. 我觉得学习枯燥无味。
5. 老师讲课内容太难我跟不上。
6. 我对学习有一种厌倦感。
7. 我学习时经常会头昏脑涨。
8. 我没有养成良好的学习习惯和学习方法。
9. 清早起来，想到要面对一天的学习，便感到很疲惫。

提示：如果你有至少5道题目都回答了“是”，那么你有厌学的可能。

讨论：根据调查，厌学情绪是导致学习障碍的主要因素，也是导致辍学的罪魁祸首，怎样才能消除厌学情绪呢？

教师点评

消除厌学情绪，首先要给自己创造一个良好的人际环境。在新的环境里，可以多和自己的班主任老师以及新同学交流，虚心向他人请教问题。每个人内心深处都有“大哥或大姐情结”，向别人请教问题能够让人的这种情结得到释放，自己也能很快融入新的团体中。对于自己不喜欢的学科，要多和任课老师交流，尽量在交往中发现对方的优点，通过喜欢这个老师爱上相应的学科。其次，要选择适合自己的目标动机水平，过强或过弱的动机水平都容易使自己产生失败体验而导致心理压力，可以制定阶段性目标，在不断达到目标的过程中体验成就感，增强自信心。再次，要对自己有一个客观、全面的评价，学会体验内心的喜悦感和成就感，要相信之所以失败是由于自己努力不够或无效努力，学会乐观、平静地对待挫折，因为挫折对于成功同样是必要的。最后，当出现某种厌学情绪时，应敏感地意识到，并提醒自己不能成为情绪的俘虏。尽快着手按已制订的计划学习，直到完成。

案例分析

阳光怎么了？

阳光平时上课表现很好，认真听讲，积极回答老师的问题，作业完成得也很好。平时，同学们遇到不懂的地方也喜欢向他请教，他也总是乐于回答同学的问题。可是，一遇到重要考试，他就会出状况，平时很容易解决的问题，这时却怎么也解不出来，或者答得漏洞百出，甚至在很简单的问题上也会出现计算失误、看错题等问题。面对这种情况，他很是着急，拼命想在学习方法上找到原因。尽管他不断改善自己的学习方法，但是遇到考试还是一如既往地考不好。阳光因此失去了学习的热情，成绩也每况愈下。阳光这是怎么了？为什么会出现这种情况呢？

讨论：出现上述情况的原因可能有哪些？如何改变？

教师点评

阳光这是出现了考试焦虑情绪。考试焦虑是考生中常见的一种以担心、紧张或忧虑为特点的复杂而延续的情绪状态。当考生意识到考试对自己具有某种潜在威胁时，就会产生焦虑的心理体验。这种情绪在考生的日常学习中可以说是一种常见现象。比如考生考前对自我的消极认知，对考试后果的担心、忧虑及考试时的多种紧张心理和行为反应，这些都是考生考试焦虑的表现。考试焦虑产生的原因很多，主要有如下几种：(1) 自我期待过高或者成就动机太强。有些考生对自己要求过高，每次考试都要求自己比别人考得好；有些考生则因家长或教师对自己的成绩过分关注，这两类考生都会不自觉地被不允许失败的思想占据头脑，且一旦面对把握不大的考试时，便会产生严重的焦虑情绪。(2) 被考试失败的经历困扰。有相当一部分考生有过在大考中失败的经历。这些失败的阴影，特别是面对失败时的一些负面情绪状态，如对自身能力的怀疑、严厉的指责、痛苦的体验等在大脑中保留了下来。当面对新的考试时，以前的考试情景就会引发记忆中的失败体验，从而引起情绪波动。这样导致的直接后果便是注意力分散和记忆力减退，从而使考生无法从容应考。(3) 用脑不科学，复习方法单调。美国著名心理学家波芬培格对脑力活动与工作效率的关系作过研究，他让被试者从事智力测验、填空、评定文章和加法运算这四种脑力活动，发现加法运算效率最低。这种由于加法运算造成的低效率就被称作波芬培格现象。如果长时间用同一种方法复习一门功课，大脑皮层的某一部位就会产生保护性抵制，影响记忆效果。有些考生只顾拼命复习迎考，放弃了必要的睡眠和活动时间，长期打疲劳战，结果整天头昏脑涨，学习效率低下。

辩论

考试焦虑真的一无是处吗?

将同学分两组辩论：正方——考试焦虑危害大；

反方——考试焦虑有益处。

教师点评

心理学研究表明作业效果与焦虑水平的关系是条抛物线，说明中度（适度）焦虑对考试起积极作用。它使人复习时更专心，考试时更细心。而低焦虑时，人会过度放松，无所用心，不求上进；高焦虑时，因为脑力受损、过度兴奋产生保护性抑制、脑细胞联结紊乱等因素，人会担心、紧张，出现复习时静不下心，注意力分散，记忆力下降，考试时记忆受阻，思维僵滞，头脑一片空白。所以可以有适度的考试焦虑。那么怎样消除高水平的考试焦虑呢?

首先，要正确认识考试。考试是检验学生学习中不足的有效途径。考试是一块路标，导引着考生的未来。每一次考试都是进步的机会，发现问题，改进学习策略，提高成绩才是根本。考生要坚持过程大于结果的信念，重视过程，只要过程好，结果不可能糟。考生不要将成绩看得太重要，关键是从中发现问题，取得进步。要端正心态，理智面对自己的实际水平，制定科学的目标。目标的制定不仅要使考生明确前进的方向，更要起到帮助考生树立自信心的作用。“不制定大目标，只制订小计划”，即目标不要太远大，走一步看一步，把握现在，做好手头的事情。考生要分清主次，哪些事情是必须做好的，哪些事是可做可不做的。其次，合理安排考前学习和生活，做好“加减乘除法”。“加”是加强营养和锻炼。“减”是降低得病的可能性。“乘”是保证睡眠，以达到事半功倍的效果。“除”是消除不必要的烦恼和焦虑。保持考前良好的心态，愉快的心境有助于形成积极乐观的学习态度，从而提高学习效率。而消沉、倦怠等负面情绪会使大脑处于抵制状态，影响学习效率。可以采用深呼吸法和自我暗示法。深呼吸法就是缓慢吸气和呼气，吸完气可适度停留3~5秒再呼气。技巧在于“深”和“长”，“深”是吸气到肺部，让肺部充分扩张，“长”是呼气要尽量拉长。自我暗示法就是通过言语给予自己积极的心理暗示，比如：“这没什么，我只是有点考试焦虑。”“一步步来，我能控制这种情况的。我能把会做的题都做出来，现在注意这题问的是什么。”“你做得很好，接着做，就这样。”“刚才我做得不错，情绪控制得挺好的，以后就这样做，我会做得更好。”

心理自查

你容易考试焦虑吗?

1. 在重要考试到来的几天，就变得茶饭不思了吗?
2. 在考试的时候紧张得考卷掉在地上都不知道吗?
3. 在考试时，常常连平时弄懂的题都给忘了吗?
4. 一讲到考试你就头疼吗?
5. 考试结束，在等待考分的日子里，你会神情恍惚吗?
6. 考试时，经常看走题吗?
7. 考试时，写的和想的不一样吗?
8. 考试时，看到题目很多就不知道先做哪些才好吗?
9. 在考试的前一天，连觉也睡不着吗?
10. 监考老师一走进教室，就开始心跳加速吗?
11. 考试时，听不清老师说了哪些注意事项吗?
12. 经常在晚上做噩梦，梦见自己考试又不及格吗?
13. 做完了题目，哪怕是容易的，也会担心自己没有做对吗?
14. 考试时，发现第一题不会做，后面的题也不会做了吗?
15. 上课时，最怕老师说考试这两字吗?

提示: 如果你有至少 8 个问题都回答了“是”，那么你比较容易产生考试焦虑。

讨论: 如果你没有考试焦虑当然好，如果你有考试焦虑，该怎么办?

教师点评

是否有考试焦虑，因人而异。有些人在某次考试时有考试焦虑，在另一次考试时则没有考试焦虑。解除考试焦虑最重要的是将心态放平，将学业成绩的期望放得适中，将注意力更多地放在具体的过程上，而不要过多看重结果。

小结

消极学业情绪问题是校园中的常见问题之一，它可能成为学生心灵成长的一块伤疤。出现这类情况时，首先要摸清学生产生消极学业情绪的主要原因。其次，要给学生自信，一般情况下，有消极学业情绪的学生，内心深处都有一种自卑感，缺乏自信，就会使他们对学习产生畏难情绪。再者，尽量减轻学生的心理和学业负担。老师和家长要尽量减轻学生学业负担，结合中学生心理特点施教，做到寓教于乐，劳逸结合。而最为关键的一点是要对学生进行学习方法的辅导。最后，要帮助学生找到他最喜爱的学习内容和方法，使他对学习有兴奋点，再逐渐扩大这一点，以培养他对学业的积极情绪。

参考资料

怎样培养学生的积极情绪

一、重视个体因素

在了解学生个体差异的基础上，必须采取积极措施激发学生的积极学业情绪。

第一，引导学生积极归因。拥有更多积极情绪的学生，更易看到事件蕴涵的积极意义，更倾向于对事件积极归因；情绪发生后，积极归因又有助于学生的情绪调节。教师要引导学生关注自己或他人成功或失败的事件，和学生一起讨论、分析成败的原因，让学生自由发言，对学生的积极归因予以无条件的支持、鼓励，对消极归因给予恰当的批评、指导。通过一系列的反馈、强化，最终使学生形成积极归因倾向。

第二，提高学生情绪调节能力。情绪调节能力高的学生，能更快地从情绪低落状态中恢复过来，产生积极情绪。提高学生情绪调节能力就要教给学生一定的情绪调节方法，如认知调节法，指改变对事件的认知视角、认知方式以产生对事件的积极认知从而调节情绪的方法；注意转移法，指把注意从引发消极情绪的事件转移到其他令人愉快的事件上去从而调节情绪的方法；合理宣泄法，指以恰当的方式将内心不良情绪表达出来从而调节情绪的方法。

第三，激发和维持学生内在动机，增强其自我效能感。情绪是动机的重要表现，尤其是内在动机强的学生由于视学习本身为动力因而更能在学习活动中得到满足，更易保持积极情绪状态；自我效能感是动机的表现，一般地，自我效能感越强，动机越强，从而越容易保持积极情绪状态。教师要从学生的兴趣和需要出发，联系学生生活实际，给出具有一定挑战性但学生通过努力又能解决的学习任务，让学生在任务解决中逐渐接近目标，每步都体验到成功；要对学生以鼓励性评价为主，侧重奖励学生的努力和进步；还要引导学生通过观察他人，特别是相同特征较多的他人的替代经验强化自身内在动机，提升自我效能感。

二、调动外界因素

情绪具有感染性的特点，因此培养学生的积极学业情绪，除了针对学生的措施外，还必须对学生的重要他人提出要求。在学校里，教师是第一重要他人。要培养学生的积极学业情绪，教师必须自己拥有积极情绪，以自己的积极情绪去感染学生；必须善于进行情绪的自我控制和调节；必须善于营造、维持和增进师生、同学良性互动的关系，让学生和教师分享积极情绪。还必须掌握相关的技巧。

1. 建立良好的师生关系

师生关系状况与学生的学业情绪有很大的关系。在中小学的调查研究中我们发现，很多学生产生严重的厌学情绪与不良的师生关系有着密切的关系。在学生当中，由于与某位任课教师发生冲突，导致讨厌学习某学科的现象比比皆是。更为严重的是，学生会因此开始厌倦所有教师，甚至所有跟学习有关的活动，产生“学校恐惧症”。此外，教师的厌教情绪也会在潜移默化中通过各种途径感染学生，影响学生学习的积极性。根据马斯洛的需要层次学说，人都有归属和爱的需要以及尊重的需要，学生作为独立的个体，他们也同样需要教师的关爱与尊重。因此，如果教师能够在学习过程中给予学生积极的鼓励，让学生有成功的情绪体验，在评价中给予建设性的评语，用心跟学生进行沟通、交流，将会有助于学生形成良好的学业情绪，进而提高学业成绩。可以说，良好的学业情绪与良好的师生关系是相辅相成的。

2. 培养学生的学习自主性

积极主动的学习态度有助于学生形成良好的学业情绪。现代心理学认为，主体参与性是促进学生学习的原始性机制。建构主义也告诉我们，企图从外部对学生注入知识是很难奏效的，真正有效的教育应建立在学生主动理解的基础上。因此，只有让学生成为课堂教学活动的主体，才能使学生在教学活动中分享应有的权利，承担相应的义务。而学生成为课堂主体的前提是必须调动学而不厌的主观能动性，使学生有意识、有兴趣、有责任感地去参与教学活动，最终使学生变“厌学”为“乐学”。怎样才能培养学生的学习主动性呢？首先要增强学生的自主意识。其次，创设最佳的学习氛围。第三，打破思维定势，激励创新意识。

3. 给学生适宜的成绩反馈

学生最关心的是学习成绩，如果经常体验不到学习成绩的进步，学生是难以拥有积极情绪的。因此，在学习过程中教师要给学生适宜的成绩反馈。反馈就是控制系统把信息输送出去，又把其作用结果返送回来，对信息的再输出发生影响，起到控制的作用，以达到预定的目的。因此，反馈是复杂系统行为的决定因素。教学是一个有目的有方向的完整有序的复杂信息传递系统，在这一系统中，教师既是教学信息的传输者，又是反馈信息的接受者，在教学过程中起主导作用，是整个教学系统的控制器。

在教育实践中不难发现，多数情况下教师向学生提供反馈以及教师从学生处获取反馈的行为，并没有真正起到激发学生学习积极性和促进自己教学动机的作用，例如，在教学活动中有些教师因学生的行为表现较差或不符合自己的要求而给其提供一些讽刺、挖苦等负面的反馈信息。这样做不但没有调动学生学习的积极性，反而极大地伤害了学生的自尊心与自信心，使学生越来越厌恶学习。有的教师经常给学生的学习结果不好的评价或打很低的分数，结果使学生的学习积极性越来越差。而有效的教学反馈应该具有激励性，即通过教学反馈，能够更好地激发师生教与学的积极性。教师依据教学目标，对照学生的学习状态，向学生传递评价、启发、指导等反馈信息，使学生从中受到教益和激励，增强学习信心和兴趣，并激发起其进一步获得成功的新动机。

在教学实践中，教师最好能够适宜地给学生“进步”的反馈。进步反馈能增强学生的自我效能感。它通过给予学生“我做得不错”和“学习是有价值的”等信息，使学生相信自己的学习是成功的，所学内容是重要的，从而提高学生的自我效能感，增加积极学业情绪体验。有调查表明，差生在学习时经常受到老师的批评。由此而形成的失败者心态和自我效能感低往往是学习困难形成的一个重要原因。在成绩目标定向的条件下，学生易形成无助的动机模式。而给予差生进步反馈，有助于提高他们的自我效能感，促使他们真正使用所学策略，提高学习成绩，最大可能地减少消极学业情绪。

第十七单元

心中常存责任感

今日视点

稻子熟了，妈妈我想您了

袁隆平

妈妈，您在安江，我在长沙，隔得很远很远。我在梦里总是想着您，想着安江这个地方。人事难料啊，您这样一位习惯了繁华都市的大家闺秀，最后竟会永远留在这么一个偏远的小山村。

还记得吗？1957 年，我从重庆的大学分配到这儿，是您陪着我，脸贴着地图，手指顺着密密麻麻的细线，找了很久，才找到地图上这么一个小点点。当时您叹了口气说：“孩子，你到那儿，是要吃苦的呀……”

我说：“我年轻，我还有一把小提琴。”

没想到的是，为了我，为了帮我带小孩，把您也拖到了安江。最后，受累吃苦的，是妈妈您哪！您哪里走得惯乡间的田埂！我总记得，每次都要小孙孙牵着您的手，您才敢走过屋前屋后的田间小道。

对于一辈子都生活在大城市里的您来说，70 岁了，一切还要重新来适应。我从来没有问过您有什么难处，我总以为会有时间的，会有时间的，等我闲一点一定好好地陪陪您……哪想到，直到您走的时候，我还在长沙忙着开会。

那天正好是中秋节，全国的同行都来了，搞杂交水稻不容易啊，我又是召集人，怎么着也得陪大家过这个节啊，只是儿子永远亏欠妈妈您了……其实我知道，那个时候已经是您的最后时刻。我总盼望着妈妈您能多撑两天。谁知道，即便是天不亮就往安江赶，可是我还是没能见上妈妈您最后一面。

太晚了，一切都太晚了，我真的好后悔，妈妈当时您一定等了我很久，盼了我很长，您一定有很多话要对儿子说，有很多事要交代。可我怎么就那么糊涂呢！这么多年哪，为什么我就不能少下一次田，少做一次试验，少出一天差，坐下来静静地好好陪陪您。哪怕，哪怕就一次。

妈妈，每当我的研究取得成果，每当我在国际讲坛上谈笑风生，每当我接过一座又一座奖杯，我总是对人说，这辈子对我影响最深的人就是妈妈您啊！

无法想象，没有您的英语启蒙，在一片闭塞中，我怎么能够用英语阅读世界上最先进的科学文献，用超越那个时代的视野，去寻访遗传学大师孟德尔和摩尔根？无法想象，在那个颠沛流离的岁月中，从北平到汉口，从桃源到重庆，没有您的执著和鼓励，我怎么能够获得系统的现代教育，获得在大江大河中自由遨游的胆识？无法想象，没有您在我的摇篮前跟我讲尼采，讲这位昂扬着生命力、意志力的伟大哲人，我怎么能够在千百次的失败中坚信，必然有一粒种子可以使万千民众告别饥饿？他们说，我用一粒种子改变了世界。我知道，这粒种子，是妈妈您在我幼年时种下的！

稻子熟了，妈妈，您能闻到吗？安江可好？那里的田埂是不是还留着熟悉的欢笑？隔着21年的时光啊，我依稀看见，小孙孙牵着您的手，走过稻浪的背影；我还要告诉您，一辈子没有耕种过的母亲，稻芒划过手掌，稻草在场上堆积成垛，谷子在阳光中哔啵作响，水田在西晒下泛出橙黄的颜色，这都是儿子要跟您说的话，说不完的话啊。

讨论：此文是农学家袁隆平在80岁生日晚会上的致辞，袁隆平的母亲为何从城市到乡村去？袁隆平为何将对母亲的思念与稻子熟了联系起来？请同学们找一找这篇文章中涉及哪些责任关系？

指点迷津

事实上，袁隆平这篇怀念母亲的文章中包含着一系列的责任链，母亲对儿子的培育、儿子对母亲的赡养、奶奶对孙子辈的抚养、个人对国家社会的贡献回报等等，显现出袁隆平一家强烈的责任意识。

责任感是指个体能自觉地做好分内的事情，并愿意承担相关责任的情感。人有责任感，就会将有关道德任务的完成情况与自己对道德的评价相比较，并产生不同的情感。当完成任务时，就感到心安理得、愉快；否则，就会产生内疚感，所以个体对道德的评价是很重要的。责任感是一种较为复杂的情绪体验，包括同情心、义务感、良心、羞耻感、爱心与奉献精神；其中也包括了消极的情感，如嫌弃、愤怒、憎恨、恼火、躲避、厌恶等等，这类情感的延伸就产生了一种排斥式的责任感。古人云：天下兴亡，匹夫有责。这就是责任，天下即为客体，匹夫即为主体，客体的“兴”的刺激产生属于接纳性的责任感，客体的“亡”的刺激产生属于排斥性的责任感，主体为客体促兴避亡而努力地承担着各种责任。

如果一个人希望自己一直有杰出的表现，希望自己心灵不空虚，就必须在心中种下责任的种子，让责任感成为鞭策、激励、监督自己的力量，使自己在学习、生活、工作上没有丝毫的懈怠。一个人的学识、能力、才华确实很重要，但责任感、责任意识、责任心更重要。责任感是一个人精神境界的反映。有责任感的人，对什么事情都不会袖手旁观，而是负重前行，敢于说真话，关键时刻敢表态。虽然我们都不是法官，但是我们每个人都有最基本的道德观，是非分明，对就是对，错就是错，一清二白。紧要关头，危急时刻，要敢于负起自己的责任。

教育方略

故事分享

瞎和尚敢担当

有间庙宇盖在一座大湖中央，大湖一望无际，庙中供奉着传说中菩萨戴过的佛珠链子，庙里只有一艘小舟供和尚运补给用，外人无路接近，把佛珠链子放在湖中庙，更显现佛珠链子的珍贵与安全。

庙里住着一位老师父，带着另外几位年纪较轻的和尚修行。和尚们都期望能在这个山清水秀的灵境中潜心修炼，加上菩萨链子的庇佑，早日完成修道。直到有一天，老师父召集他们说："菩萨链子不见了！"

和尚们都不敢相信，因为庙中唯一的门二十四小时都会由这几位和尚轮流看守，外人根本进不来，佛珠链子不可能不见，和尚们议论纷纷，因为他们都从和尚变成嫌犯。

老师父安慰这群和尚，说他并不在意这件事情，只要拿的人能够承认犯错，然后好好珍惜这串佛珠链子，老师父愿意将链子送给喜欢的人。所以老师父给他们七天静思。

第一天没有人承认，第二天也没有，但是原来互敬共处的和尚们，因为多了猜疑，彼此间已不再交谈，令人窒息的气氛一直持续到第七天，还是没有人站出来。

老师父见没有人承认便说："很高兴各位都认为自己是清白的，表示你们的定力已够，佛珠链子不曾诱惑得了你们，明天早上你们就可以离开这里了，修行可以告一段落了。"

隔天早上，为了表示自己的清白，和尚们一大早就背着行囊，准备搭舟离开，只剩一个双眼失明的瞎和尚依然在菩萨面前念经，众和尚心中松了一口气，因为终于有人承认拿了链子，让冤情大白。老师父一一向无辜的和尚道别后，转身询问瞎和尚："你为什么不离开？链子是你拿的吗？"瞎和尚回答："佛珠掉了，佛心还在，我为修养佛心而来！"

"既然没拿，为何留下来承担所有的怀疑，让别人误会是你拿的？"师父问道。

瞎和尚回答："过去七天中，怀疑很伤人心，自己的心，还有别人的心，需要有人先承担才能化解怀疑。"老师父从袈裟中拿出传说中的佛珠链子，戴在瞎和尚的颈子上："链子还在，只有你学会了承担！"

讨论：假如你遇到故事中的情况，你将怎么应对？赞同瞎和尚的做法吗？为什么？

教师点评

责任感是个人素质的核心成分，责任感的强弱直接反映了一个人素质的优劣。美国的西点军校曾将"责任"二字作为校训。1993年，联合国在中国召开了主题为"21世纪挑战及教育改革"的会议，来自24个国家的与会专家提出了一个共同看法：新世纪摆在我们面前的第一个挑战，既不是新技术革命，也不是经济发展，而是青少年一代的道德问题。一个道德情感贫乏，缺少责任感的人是不会真正关心他人，无法与他人真诚合作的，也是无法适应社会的。如果缺乏责任感具有普遍的社会性时，则这个社会无法凝聚力量促进社会的长期繁荣和持续发展，社会的和谐程度更会受到损害，严重时甚至会使公平、公正、正义的现代社会核心价值观体系崩溃，给国家和社会造成灾难。

所以说，责任感是一个国家民族素质的重要方面，是新时代人应该具备的基本素质。可以说"学会负责”已成为进入21世纪的通行证。只有具备高度责任感的人才会主动承担起对社会的责任、对家庭的责任、对自己的责任。

各抒己见

究竟谁之过？

在一个私人工厂里，发生了这样一件事：A（业务员）领客户到厂里提货，事先通知了B（保管员），B临时有急事没来得及打招呼就走了。A领客户到厂里后见库房大门紧闭，没办法进去，就给C（业务主管）打了电话。C无法打开库房，考虑了一下就让A先回去。没办法，A只好让顾客空手而回。顾客很生气，第二天就取消了同该厂的一切合同。事后，C把情况反映给D（老板），D大怒，臭骂了B一顿，还扣了B500元钱，同时，D大大夸奖了C，认为他做事认真，发现问题及时告诉了老板，值得其他人学习。

讨论：从这个事例中你能得到什么启示？请大家说说哪些人没有尽到责任？

教师点评

首先分析一下B，作为一名员工来说，没有做到最起码的在其位谋其事。工厂利益是第一位的，倘若真有事，可给老板（或分管他的领导）汇报一下找别人先接替他的工作；如果实在来不及可在库房门上留张条子，说明情况，告知回来时间，然后再去处理自己的事情，并尽快赶回来。

其次是A，既然做市场，就应该灵活机动，随着情况的变化而改变策略。当B不在时，A及时告诉了C，却没有进一步稳住客户，尽快想办法联系B，如果B一时赶不回来，A可向客户解释清楚，让客户稍等片刻或者做完别的事再来取货。从严格意义上来说，A也没有尽到一个业务员的责任。

再来看C，作为一个分管领导，就更有责任为工厂的利益着想，而不是在没有尝试任何解决的办法（比如通过多种渠道寻找B，或者想想变通的方法）的情况下就将事情一推了之。尽管事后他向D作了汇报，但完全可以追究他不作为的责任。

最后是D，看问题不全面，没有做到赏罚分明。B在这件事上应负主要责任，扣钱是应该的；A则应适当进行教育，督促其提高业务能力和服务观念；C遇到事情不想办法解决，听之任之，在这件事上也应负一定的责任——领导责任（或不作为责任），理应受到处罚。同时，如果D在事后不进行反思，为什么这样的事情会在自己的工厂出现，管理上有什么漏洞，应该怎么去解决，那么D也只是表面上尽到了管理者的责任。

市场是一种约定，约定建立在各方负责的基础上，这就要求每一个人要有高度的岗位责任感。这个岗位责任感不仅仅指履行基本岗位职责，还应该延伸到团队的每一个环节。

责任感培养是一个由低到高不断升华、不断强化的过程，责任感的培养是从最基础的“对自己负责”，逐步上升到“对社会负责”这一层次。同学们培养责任感，要同自己的现实生活结合起来，同自己的学习任务结合起来，同积极参与社会实践结合起来。从一件小事、一个任务开始，随着年龄的增长不断增加自己负责的内容和扩大责任范围。当然，我们不要求同学们完成自己力所不能及的事情。

自我反省

下面的一些现象或者是与此类似的一些现象是否在你身上发生过？

1. 上课时，忽然发现课桌底下有一张废纸，于是，一脚踢开它，心想：“反正今天又不是我值日”。

2. 作业没有做完，埋怨父母没有督促自己做作业。

3．学校举行争创“文明班级”的活动，心想：“这不是我一个人的事情，此事与我无关。”

4．衣服弄脏了，回家后扔在一边，让妈妈帮我洗吧，因为我自己可能洗不干净。

5．妈妈卧病在床，我帮妈妈拿药端水。该做午饭了，我按平日妈妈做饭的方法，给妈妈蒸了米饭，炒了一盘芦笋。能为妈妈做事，我感到非常高兴。

6．“节约资源，保护环境，从我做起。”现在铺张浪费、破坏环境的人多的是，何必非要从我做起呢？

7．你正在兴高采烈地看足球比赛，忽然响起了敲门声。原来是邻居家的哥哥，他说自己正复习参加高考，希望你把电视的音量调小一些。你对邻居家哥哥的要求置之不理，继续看电视。后来，邻居家哥哥又来，你才不情愿地调小电视的音量。

讨论：对照上列的各种情况，看看自己的责任心如何。怎样培养自己的责任心？

教师点评

责任心体现在日常细小的行为和态度上，对自己负责是责任感教育的起点。如果一个人对自己都不负责任，很难想象他会对他人或社会负责任。一个班级就是一个集体，每一名学生对集体的责任主要靠自觉。每个人肩上都有责任，这些责任是每个学生的义务，学生们在履行义务的同时也能加强责任心的培养。家庭是一个微型的社会，一个人对他人的责任心是从对家庭的责任心开始的。所谓家庭责任感，是指家庭成员对家庭所承担的各种责任以及任务的自觉性。社会责任感是指人们有崇高的理想，健全的人格，勤奋学习，艰苦奋斗，爱岗敬业，乐于奉献，面对集体、社会和国家的需要能够挺身而出，积极承担社会责任。如果对家庭不能承担责任，又何谈承担社会责任？责任心的培养要从小事做起，从一点一滴做起。责任感需要爱心来支撑。如果对父母、对同学、对集体、对事业、对祖国怀有一份真挚的爱心，也就怀有一份赤子的情感，责任感便会油然而生，就会尽心尽责，无怨无悔。

实践一再证明，一个从小受到良好责任教育并有责任意识的人，比没有责任意识的人成长要快些，而且长大后在人生道路上也比较容易有所作为。因此，加强道德修养，必须从“责任”二字做起。对自己应尽的责任认识得越早，越能健康快速地成长；而一个真正成熟的人，也会在履行责任中实现自己的人生价值。

学以致用

责任感是现代人必须具备的基本素质，是现代公民的“通行证”。同学们想不想取得这张通行证呢？为了取得这张通行证，我们应该为家庭、为学校、为社会、为自己、为他人做些什么呢？请大家依据自己的想法填写下列卡片：

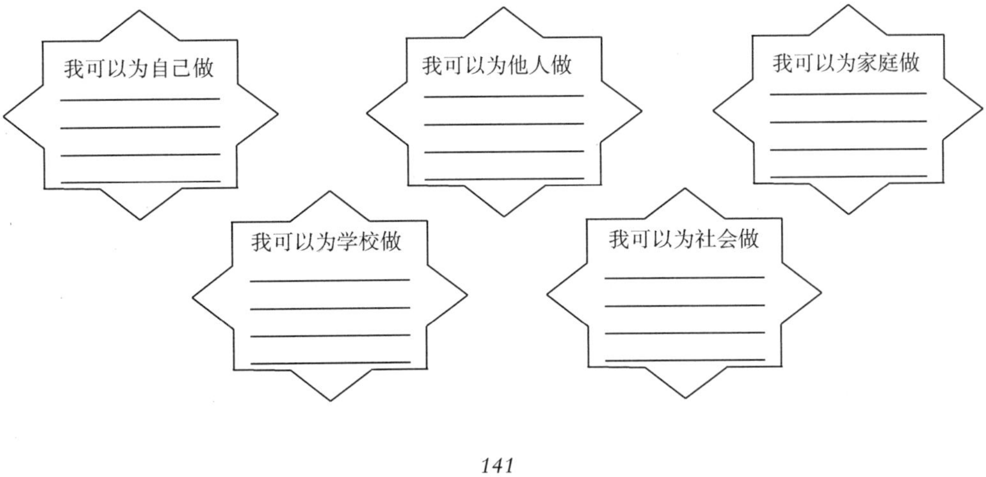

讨论：收集各位同学填写的卡片，将各条分类在黑板上列出，在讨论的基础上形成大家共同认同的看法。

教师点评

我们要对自己负责，爱惜自己的身体和灵魂，自己的事情自己做，敢于承担行为的后果；我们要对他人负责，关心他人，帮助他人；我们要对家庭负责，爱父母，理解父母，体贴父母；我们要对学校负责，认真听讲，好好学习，遵守学校的规章制度；我们要对社会负责，尽自己最大的努力去为它做一些事。

小结

责任感是一个人所应具有的基本素质，是一种高尚的道德情感，是社会道德的基础，是建立内在价值观的根本前提，也是健全心灵不可缺少的要素。一个人事业成功需要责任感，它是构成人格魅力的重要的组成部分，是决定个体对社会起多大作用的重要因素之一，个人的业绩大小与其责任感成正比。社会发展对公民素质不断提出更高的要求。只有具有责任感的人才能对家庭、事业和社会承担起应有的责任和义务。同学们应该努力培养对自己、对他人、对家庭、对学校、对社会的责任感，并让责任感成为我们脑海中一种强烈的意识，深入到学习、生活中的每一点每一滴，并一直坚持下去。

参考资料

责任感教育的内容

热爱生命，维护尊严，修身养性，发展自己，实现自我价值——这是对自我的责任；平等待人，乐于助人，善意批评，真诚合作，宽容大度——这是对他人的责任；养老抚幼，孝敬父母，维护家庭和睦，承担家务劳动——这是对家庭的责任；履行义务，奉献集体与社会，遵纪守法，参与社会活动——这是对集体、对社会的责任；热爱祖国，维护国家统一和国家尊严，保持民族气节，履行保卫祖国的义务——这是对国家的责任；认识自然，爱护自然，美化、绿化、净化环境，节约能源——这是对自然的责任；认识学习社会、自然知识的价值，广泛学习知识，灵活运用知识，以便创造性地解决问题——这是对学习的责任。

责任感测验

指导语：请根据自己的实际情况，在下面每题的答案中选择一个最符合的答案，您的回答没有正确与错误之分，请放心作答。

1. 我做事总是非常认真，哪怕让人感觉有点过分。(　　)

a. 是　　　　b. 否

2. 和朋友约好一起玩，我总是准时赴约。(　　)

a. 是　　　　b. 否

3. 我做事一向善始善终，有头有尾。(　　)

a. 是　　　　b. 否

4. 不论做什么事情，别人都很信任我。(　　)

a. 是　　　　b. 否

5. 我认为每一天自己都是进步和发展着的。(　　)

a. 是　　　　b. 否

6. 我经常把事情拖到最后一刻才去做。(　　)

a. 是　　　　b. 否

7. 我有时候会有放任自流的想法。(　　)

a. 是　　　　b. 否

8. 专心致志地做一件事，如果时间持续很长，对我来说就很困难。(　　)

a. 是　　　　b. 否

9. 我需要很长时间准备才能开始做一件事。(　　)

a. 是　　　　b. 否

10. 我常常会忘了需要我做的小事情。(　　)

a. 是　　　　b. 否

11. 学习或者玩游戏，别人都很难和我步调一致。(　　)

a. 是　　　　b. 否

12. 我喜欢评论和批评别人。(　　)

a. 是　　　　b. 否

13. 别人认为我是一个懒散的人。(　　)

a. 是　　　　b. 否

14. 只要我答应做某件事情，不管过程有多麻烦，或者有很多变故，我总会努力实践诺言。(　　)

a. 是　　　　b. 否

15. 有时候做事情，我会想马马虎虎混过去。(　　)

a. 是　　　　b. 否

16. 老实说，我比其他人都更守诺言。(　　)

a. 是　　　　b. 否

17. 如果需要在早上很早起床，我会调好闹钟。(　　)

a. 是　　　　b. 否

18. 参加任何选举，我都不在乎自己得到的票数。(　　)

a. 是　　　　b. 否

19. 在街上，我不会随地乱扔垃圾，一定要找到垃圾箱才扔。(　　)

a. 是　　　　b. 否

20. 我有的时候会装病，用来逃课。(　　)

a. 是　　　　b. 否

21. 我确信自己是幸运儿。(　　)

a. 是　　　　b. 否

计分方法：

下表中的答案计分栏中，a=1，b=0，表示这道题选a得1分，选b得0分。将各题得分相加即为测验总分。

题号	答案计分	题号	答案计分	题号	答案计分
1	a=1，b=0	8	a=0，b=1	15	a=0，b=1
2	a=1，b=0	9	a=0，b=1	16	a=1，b=0
3	a=0，b=1	10	a=0，b=1	17	a=1，b=0
4	a=1，b=0	11	a=0，b=1	18	a=0，b=1
5	a=0，b=1	12	a=0，b=1	19	a=1，b=0
6	a=0，b=1	13	a=0，b=1	20	a=0，b=1
7	a=0，b=1	14	a=1，b=0	21	a=0，b=1

结果分析：

0~7分

表示个体的责任感现状不佳。

得分处于这一分数段的个体责任感较差，做事情常常敷衍了事，不太愿意帮助其他人，想事情总是以自己为出发点。个体的情绪变化比较快，爱好常常变来变去，给人一种朝三暮四的感觉。在很多方面个体都可能有兴趣，但是却没有哪一项认真下工夫去做好的。对于这样的孩子，应该同时努力培养他们的责任心和意志力，因为他们在这两方面都会比较薄弱。

8~14分

显示个体的责任感现状中等。

得分处于这一分数段的个体责任感水平处于中等情况。他们做事会考虑后果，因而对于一些比较简单的任务可以坚持下去。他们和朋友的关系较好，愿意帮助其他人做事，但是对于别人的事情还是不如自己的事情认真。

15~21分

表示个体的责任感现状良好。

得分处于这一分数段的个体很富有责任感。他们对于社会、外界的事情很关注，常常会有悲天悯人的感情。他们会主动地帮助其他人，以别人的快乐为自己的快乐。答应的事情，他们一定会全心全意地做好，哪怕有的时候并不能一切如愿，他们仍然会全力做好这些事情。

第十八单元

行有不得，反求诸己

今日视点

孟子（节选）

孟子曰：“爱人不亲，反其仁；治人不治，反其智；礼人不答，反其敬——行有不得者皆反求诸己，其身正而天下归之。诗云：‘永言配命，自求多福。’”

“行有不得，反求诸己。”这句话出自《孟子·离娄上》，它的含义是：事情做不成功，遇到了挫折和困难，或者人际关系处得不好，就要自我反省，一切从自己身上找原因。而我们平时的做法却往往与圣人的要求背道而驰。有了问题，不是反躬自省，而是怨天尤人。

讨论：你是否认同“行有不得，反求诸己”的道理？你自己能在多大程度上做到这点？

教师点评

成语“行有不得，反求诸己”出自《孟子·离娄上》。这段话的意思是说，我爱别人而别人不亲近我，那就应反问自己的仁爱之心够不够；我管理别人而未能管理好，那就应反问自己的知识能力够不够；我礼貌地对待人而得不到别人相应的礼貌回应，那就要反问自己态度够不够恭敬；任何行为得不到预期效果，都应反躬自问，好好检查自己。自身行为端正了，天下的人自然就会归服。《诗经》说：“长久地与天命相配合，自己寻求更多的幸福。”为了离幸福更近点，我们就要学会反求诸己。

指点迷津

人类发展的早期，主要靠向外界索取解决自己的生存和发展问题，如狩猎、农耕，这时的心灵是相对浅薄的；后来，孟子提出“行有不得，反求诸己”，既找到了从内心解决问题的路径，又促使人的心灵丰富深刻。随着人类的发展，环境资源的有限性决定着人类要越来越多的通过“求诸己”的方式实现更进一步的发展，并通过这种方式丰富自己的心灵。

“反求诸己”通俗地说就是自省。自省就是自行省察、自我反省，反思自己，检查自己言行的得失，做对了哪些事，做错了哪些事；哪些是做得有意义的，哪些是无意义的；哪些事情应该坚持，哪些习惯应该改变等。其目的就是要通过自我反省随时了解、认识自己的思想、情绪与态度，从而弥补短处，纠正过失，不断完善自我。这是积极追求进步的一种表现。俗话说人眼前的路是黑暗的，在黑暗的人生道路上自省就好似一缕阳光般引领着人前进，这样才不会使人陷入危险的境地。自省力就是人们自我反思、醒悟的能力。自省力强的人走的是明明白白的路，自省力弱的人走的是稀里糊涂的路。一个人自省力的强弱对人生成长、成就未来有着重要的意义。

教育方略

故事分享

磨刀不误砍柴工

一个年轻人每天到森林里面去砍木材，他非常努力，别人在休息的时候，他依然还是非常努力地在砍，不到天黑绝不罢休，他希望能够多砍些；可是来了半个多月，他竟然没有一次能够赢过那些体力远不如他的老年人，明明他们时常休息，为什么还会输给他们呢？

年轻人百思不解，以为自己不够努力，下定决心明天要更卖力才行；结果是成绩反而比前几天还差。这个时候，有一个老年人就叫这个年轻人过去泡茶，年轻人心想：成绩那么烂，哪来的时间休息啊？便大声回答："谢谢！我没有时间！"

老人笑着摇头说："傻小子！一直在砍都不磨刀，收效不好你迟早要放弃的，真是精力过剩！"原来，老年人们利用泡茶、聊天、休息的时候，在一边磨刀，难怪他们很快地就能够把树砍倒。老人们拍拍年轻人的肩膀说道："年轻人要努力，但是别忘了要省力，千万可别用蛮力呦！哈哈……"老年人握着他刚磨好发亮的斧头。你呢？别忘记，你要的是效率，不是有事情做就好。提升你的技巧、能力，你才会有时间做你应该做的事情。

讨论：读了这个小故事，你有什么感想？当你遇到困难的时候是否会反省自己？回想自己过去哪件事做得有点蠢？

教师点评

年轻人砍柴少，总以为是自己努力不够，而没有进一步反思自己，真的是自己努力不够吗？其实，他已经很努力了，只是没有找到砍柴的技巧而已。由于他没有进一步反省，致使其花了很多时间，付出了很多艰苦的劳动，而结果却是事倍功半。常常反省自己就会少走很多弯路，就会少犯错误，一步步走向成功。

卧薪尝胆

公元前496年，吴王阖闾派兵攻打越国，但被越国击败，阖闾也伤重身亡，让伍子胥选后继之人，伍子胥独爱夫差，便选其为王。此后，勾践听闻吴国要建一支水军，不顾范蠡等人的反对，出兵要灭此水军，结果被夫差奇兵包围，大败，大将军也战死沙场，夫差要捉拿勾践，范蠡献策，假装投降，留得青山在不愁没柴烧。夫差不听老臣伍子胥的劝告，留下了勾践等人。三年后，饱受屈辱、终被放回越国的勾践暗中训练精兵，每日晚上睡觉不用褥，只铺些柴草（古时叫薪），又在屋里挂了一只苦胆，他不时会尝尝苦胆的味道，为的就是不忘过去的耻辱。

勾践为鼓励民众，与人民一起参与劳动，越人同心协力使越国强大起来。

一次夫差带领全国大部分兵力去赴会，要求勾践也带兵助威，勾践见时机已到，假装赴会，领3000精兵，拿下吴国主城，杀了吴国太子又擒了夫差，夫差悔当初未听伍子胥言，留下了勾践，死前，他只求不要伤害吴国百姓。

讨论："卧薪尝胆"的故事和成语大家可能都知道了，你分析过其中关键的环节和因素是什么吗？勾践为什么要卧薪尝胆呢？如果你遇到挫折，首先要做的是什么？

教师点评

卧薪尝胆形容人刻苦自励，发奋图强。勾践不时会尝尝苦胆的味道，为的就是不忘过去的耻辱。这反映出勾践是在反思自己，提醒自己，回顾自己，简单地说，勾践是在自省。所以遇到挫折的时候，首先要做的就是反省自己哪里做得不妥或不够好。

每日自省

三省吾身

曾子曰："吾日三省吾身，为人谋而不忠乎？与朋友交而不信乎？传不习乎？"

曾子说："我每天多次进行自我反省，我替人想的事情尽心了吗？和朋友交往诚信吗？老师传授的知识是否用心认真地复习了？"曾子是孔子的学生，他认为加强自身修养的方法是检查自己的思想和行为，即强调了儒家修身中自我反省的重要性。"三省吾身"就像每个人每天要洗脸一样，应成为一种自觉的习惯，否则，就会灰尘满脸。古人从做事是否尽己所能，与朋友交往是否真诚，学习是否刻苦认真三个方面来自我反省、自我鞭策，其精神实质是踏踏实实做人，认认真真做事。当今社会，每个人每天都面对着太多的人和事，更需要坚持自省；每到夜深人静时，回想一下自己今天的所作所为，是否能够无愧于心，只有这样道德修养才会不断提高，工作学习也会天天进步。

每天四问

陶行知

第一问：自己的身体有没有进步？有，进步了多少？

第二问：自己的学问有没有进步？有，进步了多少？

第三问：自己担任的工作有没有进步？有，进步了多少？

第四问：自己的道德有没有进步？有，进步了多少？

陶行知说："每天四问"是我们每天做人做事的警钟，也是一切有血性有志气有正义感的人做人做事的宝筏，能把我们的人生渡上更高境界的宝筏！将以此来祝颂中华民族共同登上光辉灿烂的历史更高境界。

讨论：上面说的"三省"和"四问"你是否做到了？作为学生我们应该每天如何反省自己？

教师点评

每个人既有优点，也有缺点。正所谓"金无足赤，人无完人"，每个人要经常问一问自己，你的自省力就提升了。或者思考一下：自己有哪些缺点？问一问知心朋友自己有哪些缺点？最近自己改了哪些缺点？希望大家从现在开始，养成每日自省的习惯吧。有自省习惯的人会时时反思自己的行为，及时发现自己的不足，调整自己的行为方式，找出自己的缺点。不定期地进行反思并改正，就能提高自省力。

励志名言

与自我反省有关的名言有很多，请同学们搜集一下，有针对性地选择自己所喜欢的箴言、警句、座右铭、格言，以鞭策和教育自己。

天才是自省的优质结晶，没有自省力就没有天才！

注重养成自省的好习惯，是人生迈向成功的第一步。

当你知道迷惑时，并不可怜，当你不知道迷惑时，才是最可怜的。

你不要一直不满人家，你应该一直检讨自己才对。不满人家，是苦了你自己。

多一分心力去注意别人，就少一分心力反省自己，你懂吗?

反省是一面莹澈的镜子，它可以照到心灵的污点。

以人为鉴，明白非常，是使人能够反省的妙法。

要找时间来考虑一下，一天中做了些什么：是正号还是负号。假如是正号——很好，假如是负号，那就采取措施。

当一个人看清自己的航线是多么迂回曲折，他最好依靠自己的良心作为领航员。而知道在适当的时候自动管束自己的人，才能获得真正的心态平衡，也才可能拥有幸福的家。

人该省事，不该怕事。人该脱俗，不可矫俗。不该顺时，不可趋时。

最困难的事情就是认识自己。

自知之明是最难得的知识。

要想了解自己，最好问问别人。

讨论：每人将自己喜欢的自省名言与别人分享，看谁说的更有意义。

教师点评

自省是人类修养心灵的智慧，古今中外都有不少人已经较好地运用了这一智慧，我们要留心汲取前人的这一智慧，不断丰富自己的心灵。

心灵感悟

下面是某中学生写的一篇关于自省的感悟的短文，请同学们仔细阅读，并找出作者理解的自省的定义以及怎样才能达到自省的目的。

一种好习惯——自省

人从懂事起，每天都要生活、学习，可在学习及生活中，我们是不是总有一些不足与缺点呢？你又是如何看待的呢？是不是一个人好好自省了呢？

所谓自省，就是检查自己的思想及行为，发现自己的优点及问题，并扬长避短。你可别小看了这自省，如果你能很好地利用它，真能给你带来不少好处呢！

以前遇到挫折的时候，我从来没有静下心来好好分析一下。只是狠狠地自责一番，可事后没几天，就把这事抛到九霄云外了，从来没有让自己认真地反省反省。于是便养成了自己这种在学习上得过且过、不求上进的习惯。总认为：我就这样，比上不足，比下有余。因此，也就不能很好地用自省的办法来鞭策自己。

现在再回想以前自己的那些做法，是多么荒唐可笑呀！于是，痛下决心，我决定好好自省。

这一次次的挫折、一次次的失败，我们总不能让它们白白地过去，应该认真总结失败的原因，并仔细分析为什么这儿错？是不会还是马虎？只要多分析，多问几个为什么，你便会发现，原来自己还有那么多不足啊。所以，只要你能够深刻地进行自省，承认并接受自身的不足，要不了多久，你就会发现，自己有了一个很大的提高。拿出你的勇气来面对失败，你就会发现，失败并不可怕，关键是不要畏惧，要敢于向挫折发出挑战。

你也许会说："看来，'自省'是很重要，怎样才能达到'自省'的目的呢？"我认为有以下四点：(1) 学会自我提醒；(2) 学会自我调节；(3) 真正自我反省；(4) 勇于面对错误。只要你按照这四点来做，我想你一定能够达到"自省"的目的。

自省是一剂良药，它能成为人前进的动力和航标。

人，不怕有错误，关键是如何改正错误，只要能改正错误，便最终达到了自省的目的，你也就成了自己的主人。

由此可见，自省在人的一生中占据着重要位置。因此，在平时的学习中，遇事要三思而后行，而且还要能够冷静地看待事物，深刻地挖掘自身的不足和缺点，并真正下决心改掉。

正如歌德所说："事前的思考是简单的，事后的回想却是多种多样的。"

朋友们，用你们暗下决心的这种精神来支配自己，你真的能取得好成绩！

养成自省这种好习惯吧！

讨论：如果让你写一篇"自省"的短文，你会怎样写？还能在哪方面写出新意？

教师点评

自省是千差万别的，每个人的自省都会与他人有不同之处，不必照着别人的样式，去找自己的自省吧。

小结

自我反省是人生日益自我圆满的助推器，也是心灵不断丰富深刻的源头活水。善于总结自己是成长的阶梯，我们每天的学习和生活是忙碌的，但无论时间多紧，每天都要静下心来总结这一天的想法和行为，发现这一天的进步及存在的问题，以便在今后扬长避短，这就是自省。自省是一种智慧，是一种力量，自省可以改变一个人的命运和机缘，使人到达更高的境界。自省力是个人持续发展的基石，自省力是心灵效力的锋刃！同学们要学会自省，养成自省的好习惯，提高自省能力，为心灵的丰富深刻获取更强大的动力。

参考资料

自省是人生圆满的密钥

自省是一种智慧，是一种力量，自省可以改变一个人的命运和机缘，使人到达更高的境界。《礼记・乐记》有云："好恶无节于内，知诱于外，不能反躬，天理灭矣。"这就是反躬自省的最早出处，意思就是说，回过头来检查自己的言行得失，其目的就是要通过自我反省随时了解、认识自己的思想、情绪与态度，从而弥补短处，纠正过失，不断完善自我。这是积极追求进步的一种表现。

人的智慧是有限的，而外在世界是无限的，因此以有限的智慧去应对无限的外在世界，不出现错误也很难。所以，世界上没有真正的完人。

人的经验也是有限的，而人与事的变化却是无止境、无规则的，因此以有限的经验去应对无止境的变化，要不出错也很难。所以，天底下没有不出错的人。

世间没有绝对的事，世间事物有其自身的发展规律，不以人的意志为转移。也因为如此，人世间才有那么多的悲喜剧。

世事虽然难以驾驭，但保持内心的清醒还是必要的，也是可以做到的。因为在没有绝对的世事中，却也有一些“必然”。也就是说，有些悲剧是属于不知道自己在做什么的人，而有些喜剧是属于知道自己在做什么的人。

随时保持清醒，你才能了解周围环境的变化，了解你该怎么做、做了之后的结果，以及这结果所代表的意义。就算有时候你并不能做什么，但你也要知道你正在“ 做”什么。能保持清醒，你就会有一颗敏感的心，并且有敏锐的判断，知道自己该怎么去做。

要保持清醒的心并不容易，因为人是感情动物，各有各的弱点和盲点，但可以经过练习来达成，而你练习的方法便是反省。

漫漫的人生路途上，流转的生命长河中，幸福人生是一颗闪亮的星，是每一个人所渴望拥有的。人生的木质就是追求生命的质量，追求完满和无憾的过程。追求幸福人生的道路是遥远的，追求的过程也是艰辛的，健康的心态是幸福人生的必备要素。从蹒跚学步到老态龙钟，生命堆积于点点滴滴的日子中，流逝于渺渺茫茫的情境中，绽放于真真切切的过程中。我们总是处在行进的状态，不曾停歇。

佛家认为，人之所以称之为人，而不是佛，是因为人有“我执”。人生的意义在于破除“我执”，求得人生圆满。而破除“我执”必须“看破，放下”。看破什么？看破影响我们追求完美人生的障碍。放下什么？放下阻碍我们到达理想之地的种种羁绊。“看破，放下”既要从宏观着眼，又要从微观做起。要想人生长河永不干枯，必须从反躬自省开始。故，自省是人生圆满的密钥。

第十九单元

共建心灵家园

今日视点

喔，戴达拉斯，飞回自己的家吧

罗伯特·海顿是二十世纪美国黑人诗歌史上有影响力的诗人之一。他一生共创作了《尘世的心形》《黑色长矛》《狮子与射手》《时代的映像：诗歌》《回忆歌谣》《诗歌选集》《哀伤时代之语》《夜花灿烂》《上升的角度》《美国之旅》等十部诗集。其中的《回忆歌谣》获得了1966年在塞内加尔首都达喀尔举行的第一届世界黑人艺术节的英语诗歌大奖。

美国黑人大多数是因奴隶贸易而被贩卖到美国的非洲黑人的后代，从奴隶贸易到南北战争这几百年的历史时期中，他们都不被当做人看待。尽管他们为美国的发展和繁荣作了大量的贡献，但是他们依然没有取得与白人同等的地位。二战后，黑人民权运动蓬勃发展，广大的黑人开始觉醒，他们积极地争取自己的权利，从对白人世界的依附中解脱出来。广大的黑人作家和艺术家也开始从文化、文学、艺术中寻找探索美国黑人的根。

《喔，戴达拉斯，飞回自己的家吧》就是罗伯特·海顿在当时兴起的回到非洲运动中创作的诗歌。

夜晚是个非洲人
他在用希望和疲倦编织成
两个翅膀
飞回家，回到自己的故乡
你还记得非洲吗？
穿过夜空飞回家乡
我的祖父，他已经飞回了非洲

讨论：罗伯特·海顿创作的《喔，戴达拉斯，飞回自己的家吧》表达了作者对心灵家园的渴求和思念，你读后有怎样的心情？你是否有过心灵家园的意识，这首诗对我们有何启发？

指点迷津

没有家园的心灵将会四处漂泊，以致影响心灵的感受和健全发展。心灵家园并不完全等同于住所，主要是指一个人的归属感是否得到满足。《喔，戴达拉斯，飞回自己的家吧》表达了罗伯特·海顿对非洲的根的强烈的向往之情，弥漫着一种对归属感的缺失的困惑。这首诗告诉我们，每个人都希望自己隶属于某个团体，成为其中的一个成员，获得归属感并对该团体产生一种寄托感。由此可见，归属感对个体身心发展的重要性。美国社会心理学家马斯洛提出了著名的需要层次理论。他认为人有五种基本的需要：生理需要、安全需要、归属和爱的需要、尊重的需要、自我实现的需要。生理上的需要是人类维持自身生存的最基本要求，包括衣食住行等温饱问题。如果这些需要得不到满足，人类的生存就成了问题。安全上的需要是人类要求保障自身安全、摆脱失业和丧失财产威胁、避免职业病的侵袭、解除严酷的监督等方面的需要。归属的需要，即人都有一种归属于一个群体意愿，希望成为群体中的一员，并相互关心和照顾。爱的需要包括友情和爱情的需要，即人人都希望伙伴之间、同事之间的关系融洽，保持友谊和忠诚；人人都希望得到爱情，希望爱别人，也渴望接受别人的爱。尊重的需要是指人人都希望自己有稳定的社会地位，要求个人的能力和成就得到社会的承认。自我实现的需要是最高层次的需要，它是指实现个人理想、抱负，发挥个人的能力到最大程度，完成与自己的能力相称的一切事情的需要。也就是说，人必须干称职的工作，这样才会使他们感到最大的快乐。由此可见，归属感是人类最基本的需要之一，是人类希望归属于某个团体，成为其中的一员，并得到团体的重视、尊重、关心和照顾，是对团体的依赖和需求的感觉。如果个体形成了对某团体的归属感，那么，他就会对该团体产生一种向心力，将自己的言行和团体联系在一起，形成一种强大的团体的凝聚力，形成良好的团体氛围。而如果个体归属的需要得不到满足，将“强烈地感到孤独、感到遭受抛弃、遭受拒绝，经受举目无亲、浪迹人间的痛苦”。

因此，同学们要有意识地培养自己的团体归属感。

教育方略

寓言故事

小水滴与大海的故事

从前，有一个顽固的小水滴，它一直和别的小水滴生活在大海爷爷的身边。但是，有一次它看到海鸥姐姐每次都在天空中飞翔着，自由自在地看着美丽的景色，累了就在崖上休息。于是，小水滴就想和海鸥姐姐一样在天空中自由自在地飞翔。

小水滴就跑到大海爷爷那里，对大海爷爷说：“大海爷爷，您能冲个浪把我弹到崖上吗？我不想待在这里了。”大海爷爷耐心地说：“如果你要去，就叫一些同伴和你一起去吧，要不然，你会被晒干的！”小水滴笑着说：“我只想一个人去，因为我只想单独一个人玩。”大海爷爷不准，生怕小水滴会遇到危险。

当小水滴很难过的时候，微风妹妹看到了，就去安慰小水滴说：“水滴哥哥，你怎么啦？”小水滴说：“我想在天空中飞，可大海爷爷说危险不让我去。对了，微风妹妹，你能不能帮我个忙，叫你台风妈妈让大海爷爷卷起巨浪把我弹到崖上啊？”微风妹妹说：“这倒是个好主意，你在这里等着我，我去叫台风妈妈来。”

过了不久，台风妈妈来了，吹了一阵风，让大海爷爷卷起了巨浪，把小水滴送到了崖上。台风妈妈走了，彩虹姐姐来了，太阳公公也来了，小水滴看着自己的身体在渐渐变小。它本来想跳到大海爷爷那里的，但是已经来不及了，太阳公公已经把小水滴晒干了。

讨论：同学们想一想，小水滴和大海之间是怎样的关系？读完这个寓言故事对我们有何启发？

教师点评

小水滴是大海的一部分，大海是由小水滴组成的。小水滴与大海相互依存，密不可分。一滴水只有放进大海里才永远不会干涸，一个人只有当他把自己和人类发展事业融合在一起的时候才能最有力量。人无论处在任何的时空中，都与他周边的人、事、物息息相关，可是很多人往往有一种错觉，以为自己是单独的个体，完全忽视别人在自己生存和生活中的“相关性”与“必要性”。由于看不到别人对自己的贡献，就无法感受自己对他人的依赖，更无法体会自己的成长都需要他人的配合与支持，这样对他人很难有“祸福与共”的觉悟。如果个体能够看到别人对自己的贡献，就能推动自己从心底产生贡献自己回馈他人的热诚。只有尽其所能地“发挥自己的价值”，并时时“感恩他人的贡献”，看清其他生命在自己生命中的意义时，才能真正体会到归属感，才能建起大家共有的心灵家园，这应是每个人努力的方向。如果每一个人都能在团队中找到了属于自己的存在价值，也感受到他人的存在价值，他就会生成对团体的归属感。

经典故事

土尔扈特东归

早在明代末年，在中国天山北部的塔尔巴哈台（今新疆塔城）及其以北地区，活跃着一支游牧部落，他们是明末漠西厄鲁特蒙古部落的一支——土尔扈特部。由于受到准噶尔部的欺凌，他们于17世纪20年代向西迁徙，来到额济勒河（今伏尔加河）下游一带，建立起新的游牧生活。然而，沙俄势力向南扩张，土尔扈特部开始受到沙俄的残酷奴役压迫。他们一直进行英勇的反抗，始终没有屈服。清代建立之后，他们多次纳贡，向康熙皇帝表达对祖国的向往，康熙帝也派官员进行抚慰。直到乾隆三十五年（公元1771年），土尔扈特人举行了反抗沙俄的武装起义，然后开始踏上返回祖国的艰难历程。沙俄政府派出军队进行围追堵截，经过多次激烈战斗，在8个月长途跋涉之后，他们终于在伊犁河畔与清王朝派来迎接的军队相遇。此时，出发时的17万人仅剩下7万人，他们的回归付出了惨重的代价。回归后的土尔扈特部受到清政府的热情欢迎和妥善安排，重新开始了安稳的游牧生活。

时间虽然过去了两百多年，然而，人们没有忘记东归的英雄，他们的事迹成为经久不衰的学术研究课题。中外很多学者都赞颂土尔扈特人民重返祖国的英雄壮举。东归英雄们的史诗将永远被传唱下去。

讨论：土尔扈特在历尽千险万苦的情况下，为什么还要坚持回归祖国？这个故事说明什么道理？你的生活中是否有归属感未能满足的体验？

教师点评

土尔扈特东归是因为他们是炎黄子孙，他们是华夏民族大家庭中的一员，在他们的生活受到异族迫害时，正是在“叶落归根”的强烈的归属感的驱使下，他们历尽艰辛终于回到祖国的怀抱。这个故事说明，对国家的归属感是个体归属感的重要组成部分。为祖国的建设和繁荣富强贡献出自己的力量就是对祖国母亲最好的报答，是实现归属感的行为体现。为此，就要好好学习。

各抒己见

班级和学校是由同学、老师等组成的团体，我们都在这个大家共同的“家”中学习、成长。班级、学校是同学们学习知识、发展能力的园地，是同学们培养兴趣、发展特长的场所，是同学们陶冶情操、培育品格的环境，是同学们成长的精神家园。学校归属感是学生对自己所就读学校在思想上、感情上和心理上的认同和投入，愿意承担作为学校一员的各项责任和义务及乐于参与学校活动，反映了学生和学校之间的密切关系。班级归属感是指学生对所就读的班级在思想上、情感上和心理上的认同与投入程度，反映了个体对班级的接纳与信赖程度。

讨论：同学们对班级和学校的归属感有哪些表现？怎样提高这种归属感？

教师点评

班级和学校具有一种归属功能。寒假或暑假期间，盼望开学，盼望与同学一起活动；运动会上为本班同学加油助威；一提到自己是某所学校的学生就感到非常自豪；信任所在学校和班级，对其产生依恋和认同；自觉维护学校和班级的形象；积极参加学校和班级组织的体育、文学艺术、书法绘画、摄影、演讲等活动都是同学们具有学校或班级归属感的表现。

诗歌朗诵

我爱我班

教师带领全班同学朗读下面的诗歌。请教师根据所在班级的具体情况，替换其中的“××班”。

我们的××班

我们
来到了一个崭新的世界
我们
曾经素不相识
但命运把我们紧紧相连
我们
相聚在这里
彼此渐渐加深理解

××班
新的世界
新的希望
同学们手挽手
荣获一面面
火红的流动红旗
那么耀眼
还有那一张张奖状
高高地挂在墙上
仿佛是一个个生命
活力无限

运动会上
洒下了多少同学奋力拼搏的汗水
你可知
他们课后的辛勤训练
为的什么
只为我们××班的光明耀眼

其实，还有许多同学
日夜不停地努力
也在作着贡献
啊，我们的××班
一天天在进步
一天天变得优秀

××班　　　　　　　　　　我们在这里
我们的××班　　　　　　　锻炼出坚硬的翅膀
　　　　　　　　　　　　飞向属于自己的那一片蓝天

讨论：朗诵完上面的诗歌，大家有何感想？你感到班级工作中还可以做哪些改进来增强大家的归属感？

教师点评

班级是学校集体的基础，是学生共同学习、生活，进行自我教育的集体空间。班级是一个大家庭，同学们都是这个大家庭中平等的成员，每位同学都离不开班集体。如果每位同学都融入班级中，班级就会因为我们个人才能的发挥而变得更加优秀，班集体就能更好地发挥作用。所以，同学们应该有强烈的主人翁意识，深刻地意识到自己是班级的一个成员，一切从班级的利益出发，处处为了班级的发展着想，热爱班集体，热爱我们的班，手拉手，心连心，你关心我，我帮助你，互相团结，共同努力，自觉地把自己融入班级之中，自觉为班集体出力，自觉维护班集体的荣誉，争创优秀班集体，提高班级的凝聚力，以为班集体作出贡献而自豪。

我爱我家

在古希腊神话里，安泰是海神与地神的儿子，他力大无比，但一旦离开大地，就失去了一切力量。这说明个体对生存环境的依赖。家庭就是我们重要的生存小环境。家庭归属感将每个人和自己的家庭联结到一起。家庭归属感是青少年团体归属感的主要构成部分。

讨论：请每位同学谈一谈自己对家庭归属感的真实体验。

教师点评

家庭是人类生活关系的基本单元，家庭归属感作为一种深刻的情感，将会长久地保留在个体的心里并对个体产生深远的影响，让个体不致感到世间的孤独与无助。然而家庭归属感绝不是父母单方面的意愿和行为就可以达成的，它建立在子女与父母积极互动的基础上。互动是子女与父母在思想、情感和行为上持续的相互应答活动，它是子女与父母建立深刻联结的基础。因此，作为家庭的一名成员，每个人应该关爱父母，体贴父母，关心家庭的事务，努力配合父母营造一种和谐、融洽、欢快的氛围。

小结

为自己的心灵安好“家”，这是每个人都必须做好的一件事。而且这件事必须自己去做，其他人都难以替代自己，所以大家要意识到，我们的家是一个团体，我们的班级是一个团体，我们的学校是一个团体，我们的国家是一个团体。正如树枝和树干连接在一起那样，脱离树干的树枝很快就会枯死。我们的生活、学习、工作等各方面都与团体息息相关，我们每时每刻都生活在团体里，我们是团体的一员。团体是我们每个人快乐成长的精神家园。归属感是个体在群体活动中最基础的特性。求得归属感几乎是人的一种本能。每个人只有融进团体当中，才能充分展现才华和生命的价值，才能获得归属感。同时，归属感并不是否定每个人的自主性，要求所有的人都变得一样，用同一个声音说话，而是要像百花园那样，百花争艳，和而不同，各美其美，美美与共。

参考资料

班主任如何培养学生的归属感

班主任是一个班集体的组织者和建设者，班主任的工作性质决定了班主任工作应细致入微，把班级的组织管理渗透到学生的日常生活，对学生的思想问题应晓之以理、动之以情、导之以行，进行和风细雨式的疏导，从中寻求双方交流思想信息的契机，以真诚坦率的交流来沟通与学生之间的思想、情感，以增加理解、取得信任，在这种基础上施以正确的理想观、人生观，从而树立良好的班风，让学生感到班集体的温暖和快乐，并由此产生强烈的归属感。

学生的归属感是指学生自觉地将自己看成学校集体的成员并对学校班级产生一种寄托感。人本主义心理学家马斯洛认为，人在满足生理与安全需要之后都寻求一个自己所归属的集体，在这个集体中获得他人的尊重、帮助和关心爱护。学生正是有了这种内心需求，从而希望在所在班级获得这种归属感。如果学生形成了归属感，那么，他就会对学校、班级产生一种向心力，将自己的言行和学校班级联系在一起，在学校内和班级中形成一种强大的凝聚力，形成良好的班风和校风。因此，要培养学生的归属感，必须首先明白建立学生归属感的作用。

一、有利于突出家庭、学校、社会组成的教育系统中学校的主导作用，有效地预防青少年犯罪

当前，青少年犯罪率和问题行为都有上升的趋势，究其原因，其一是社会上的各种诱因，如网络、黄色书刊、毒品等的影响；其二是有的家庭缺少温暖，如父母离异或粗暴的家庭教育方式等，造成学生对家庭的反感，甚至离家出走；其三是有的学生在学校没有获得真正成长的机会和动力，对学习产生厌倦情绪，逃学、逃课。当今社会各种思想言行良莠并存，冲击着社会生活，也冲击着校园生活，培养学生的归属感，可以使学生的心贴近学校集体，对学校采取认同、趋近、参与的态度，形成集体强大的内聚力。这样，不仅能预防青少年犯罪与问题行为的产生，更重要的是发挥了学校班集体培养青少年健康发展的主导作用。

二、有利于培养学生的向心力，建立良好的班集体及和谐的师生关系

如果学生没有在心理上产生对班级的向心力，那么，他们可能对班集体产生冷漠的感情，在意识上没有将自己看成是班集体的一员，这样，无法将自己与班集体融合在一起。只有建立学生的归属感，使学生明确自己在班级中所处的位置，感到教师与同学对自己的关心，才有可能在学生之间形成一种向心力，不但使学生可以积极参与班级活动，爱护集体荣誉，还可以使学生将班集体看成自己生活的环境，培养师生之间、同学之间的深厚感情，形成尊师爱生的良好风气。

三、有利于改善学生的学习环境，促进学生素质的提高

学生归属感的建立能有效地排除外界干扰，使学生能将学习作为主要任务，专心致志，努力学习。魏书生曾说："教师让学生做任何一件事都应该使学生觉察到心灵中有一种美感、幸福感、自豪感。这种美感、幸福感、自豪感就能形成学生继续做同类事情的动力源泉。”归属感不仅满足了学生心理上的需要，而且也促使学生在行为上向班级和学校趋近、靠拢，使班集体和学校真正成为学生成长的快乐园地。

那么，如何培养学生的归属感呢？一般说来，应注意如下四个方面的工作：

1．认真组织有益的课外活动

课外活动能够消除课堂上严肃紧张的气氛，突破课堂所受的时空限制，使教师与学生之间能充分地交流思想感情。学生积极参与课外活动时，能意识到自己是活动参与者和组织者，增强学生在集体中的主人翁意识，培养他们对集体的归属感，从而使归属感在一定程度上得以建立。但在开展课外活动时应注意形式多样，如兴趣小组、义务劳动、参观等，应注意学生的年龄特点，充分发挥其主动积极性，在参与活动时能全身心投入。要保证有明确的目的，一种活动不论具体目的是什么，教师都应将培养学生对班级、学校的感情作为经常性内容，而且要考虑学生的成就感，如果课外活动不能让大部分学生的智趣得到充分的发挥，获得信任，而使学生屡遭失败的话，学生不仅不愿为集体出力，不愿向集体寻求帮助，反而会寻找各种借口逃避集体活动。

2．适当帮助学生设计在班级、学校中的位置

归属感的一个重要特征在于使学生明确地认识到自己在集体中所处的位置与所能发挥的作用。学生在集体中的位置主要包括两方面：一是课堂内的活动中教师根据学生不同特点进行因材施教，使学生智能得到最大程度的发挥，找到自己学习所努力的方向。二是课外活动中应特别强调各尽其能，让每个学生的爱好特长都得以充分发挥，学生找到自己的位置便可以对集体产生归属感，树立自信心。一个没有自尊心的学生很难将自己归于某一集体，对此，教师应保护学生的自尊心。

3．常采取以情感人的工作方式

教师的真情是促进学生进一步趋近靠拢的催化剂，对缺乏家庭温暖、有缺陷受人歧视的学生，教师的爱心尤为重要。同样，教师的爱也能促进优秀学生更完美的学习追求与道德修养。总之，班主任的工作方式应建立在对学生真心、真爱、真情的基础上。

4．重视节假日向心力的培养

除星期六、星期天外，学校假期主要是节日性假期和寒暑假。寒暑假一般较长，最易疏远学生对集体的感情，也易使学生受外界干扰。为此，班主任教师应组织定期聚会（有条件的地方）。一方面检查假期作业的进展，另一方面又可交流假期生活的体会，诸如做家务的感受、旅游的见闻之类，这样，既可以使学生度过一个愉快的假期，又使学生不至于“乐不思蜀”，忘了学校生活。

总之，学生的归属感的培养在当前学校工作中具有十分重要的意义，班主任教师不仅要从外部输入一些观念让学生接受，而且要借助学生美好的心灵基础，从那里面挖掘出美好的思想种子，利用他已有的心理土壤加以培养，这样根植于学生原有心理基础的理想才易于成长。因此，班主任教师应采取多种形式培养学生的归属感，真正完成教书育人的任务。

中学生学校归属感的培育途径探讨

人们总是希望自己能成为某一社会群体中的一员，被其他成员接纳与认可，获得他人的

支持与认同。马斯洛的"需要层次理论"中就提到人都有归属和爱的需要，而且是一种较高层次的需要。学生在学校中也有同样的归属感的需求，而且这对于促进学生身心健康的发展和增强学习的积极性有重要的影响。Bururnett（1994）的调查发现，当学生对学校没有一种归属感时，他们会更多地卷入到一些校外的不良事件当中。包克冰等人的研究也发现，学校归属感和学校适应、学生的自我概念有正向的相关。学校归属感是学生对自己所就读学校在思想上、感情上和心理上的认同和投入，愿意承担作为学校一员的各项责任和义务及乐于参与学校活动。中学生大部分时间都是在学校学习知识及各方面的技能。因此，培养他们对各自学校形成强烈的归属感对其学习和生活具有重要的作用。

一、归属感作用的发生机制

"归属感"作为一种社会心理，是介于外界环境与人的行为之间的一个中间变量，要探求人的行为与外界环境的互动关系，往往需要借助这一变量。社会心理学研究表明，归属感是个体的最基本属性，当具有一定目标的群体接纳个体成为其中的一员时，在心理契约上必然要求个体服从或认同群体的总体特性，认同群体的总体目标并将之当成自己社会活动的主要目标来规范自己的行为，并为之而努力，甚至在特定的环境下作出一定的牺牲；而当个体被群体接纳后，同样也期望群体将自己当成其中的一分子，并在群体中占有相当的地位，期待自己的思想理念、行为能被整个群体所感知，同时能在群体中产生相应的作用。这就产生了群体对个体的归属感与个体对群体归属感的互动。学校是学生上课、学习的地方，教师则是学生与知识间的一座桥。因此学生与学校、教师的互动在很大程度上决定了教学能否相长。Goodenow（1993）的研究证实，有较高学校归属感的人对学业更加重视，且有更强烈的成功欲望，会花费更多的时间来学习，有更高的出勤率和更强烈的学习动机。

二、影响学生归属感的因素

学生在学校是否能够安心、努力地学习，是否具有安全感，很大程度上是受到自身的学校归属感的影响。Finns（1989）在其认同参与理论中提出，除非学生对学校有很好的认同感，否则他的学习积极性会受到限制。从学校和个人角度分析，有很多因素影响学校归属感的形成。学校的学习氛围、校规校纪、学校与家长的沟通是否有效、教师的教学方式、学校的规模、学校类型（是否重点）等对形成良好的学校归属感都有影响。学生个人的人格特征、自尊水平、身体与心理的健康水平、在学校能否获得社会支持等对其能否对学校形成归属感非常重要。对于如何增强学生的学校归属感，Albert（1991）曾经提出3c理论，即需要让学生在学校与同伴、老师交流，在学习中感到自己是有能力的，对学校有感情并愿意为学校做些事情（担任班干部、帮助老师组织活动）。

三、中学生学校归属感的培养途径

1．发挥校园文化的正面熏陶功能

校园文化和学校的各项规章制度对学生的心理、性格、行为有深刻的影响，不同的校园文化和学校规章制度造就了学生不同的习性，而且还在一定程度上决定着学生的价值取向。校园文化的主要表现形式是校风、教风、学风、道德行为风气及其制度文化。校园文化对学生学校归属感的培育有着客观自发的一面，但这种客观自发的影响并没有明确的目的性和方向性，对学生学校归属感的建立和增强而言，其作用非常有限。因为校园文化本身涵盖广泛，有积极的一面，也有消极的一面。而且随着社会各种元素的发展变化，校园文化也处于不断变迁之中，在一定程度上具有不确定性。校园文化的这种广覆盖性和不确定性使其对学生的影响也是多方面的。中学生处于价值观逐渐形成的过程中，对外面的世界抱有很强的好奇心，极易受到一些不良风气的影响。因此，要培育学生的学校归属感，必须要增强校园文化对学生的正向熏陶功能，对校园文化在学生的影响方面给予明确的指向。目前，由于我国处于建设和谐社会的时期，尤其需要向学生倡导社会认可的价值观和行为模式，发挥校园文化对学生的价值调适功能。以校园文化为基础，开展各种形式的活动，对在校学生中存在的种种问题、困难甚至冲突给予解释和引导，使学生的思想与行为得到校园文化的正向引导。例如，在校园这个大环境下营造一个平等的氛围就非常重要，学生能否受到学校公平的待遇，对学生认同感、归属感的形成十分重要。学生对学校或教师给予自己的奖励或惩罚、机会分配、考试分数等非常敏感，而且这些对学生的自信心的增长非常重要。学校无论是在学生学业方面还是在学业之外的其他方面体现出公平，对学生而言都是至关重要的。特别是对待一些特殊家庭的孩子（单亲家庭、低收入阶层、残疾人家庭和弱势群体）尤其重要。

2. 通过开展各种活动增强学生的学校归属感

让学生参加活动是增进感情的有效方式，在活动中建立起来的感情也是比较稳固的。根据学校的具体情况，我们要培养学生的认同感和归属感，可以通过一些象征性的活动（如校歌、校训、校徽、校服、校史），以及学校常规活动（如朝会、升旗、集体操、体育比赛等）来形成。这些活动都可以给人留下深刻印象。让学生在与同伴、老师相互的交流中增强对学校的归属感。除了一些象征性的和常规性的活动，我们还可以通过课外的合作学习来培养学生的归属感，在教学模式上做文章，培养学生对学校的认同感。传统的教学模式把教师变成了一个“播放机”，占有了课堂的大部分时间。我们可以组织一些需要合作完成的工作来培养学生的归属感，成功地完成了合作任务意味着所有的成员都参与共同完成了一个目标，每个人都会有一种成就感，而且这也有助于学生形成一种团队精神，这对他们以后的学习、工作大有好处。因为学习是一个艰苦的过程，而且考试成功的机会具有不确定性，对于学生来说产生挫折感是常有的事。这时如果有他人的帮助，那么学习就可能是一个愉快的过程。除此之外，同龄人的合作、支持也是至关重要的一环。“独学而无友”是学习中的大忌，同学之间的合作还可以弥补竞争带来的疏离感。总之，学会合作可以让他们感觉到自己是一个集体中的人，同时也加强了学生与学校、教师之间的联系，提高了学生对学校目标和理念的认同感。

3. 利用良好的师生关系来培养学生的学校归属感

Routt（1996）的研究表明，当一个老师在学生心目中是一个懂得照顾学生、尊重学生、鼓励学生、关心他们生活和学习的良好形象时，学生们就会有一种归属感并且会更多地参与学习活动。良好的师生关系是培养学生学校归属感的基石，也是我们着手培养学生归属感的第一步。学校相对来说是个大环境，具体而言天天和学生打交道的人是我们的任课教师。作为每天和学生在一起的、在学生心目中又是代表一定权威的教师是他们生活中的重要的一分子。关心学生的学习和生活尤其是对那些遭受同伴排斥的、有很重负担的学生，教师的鼓励与引导是他们安全感和稳定感的重要源泉。这是让他们喜欢学校的开始，并让他们感到学校的教师很重视他们。当然想进入学生的心是需要教师运用一些技巧的。首先要取得他们的信任，这需要在与学生的接触中慢慢建立起来。尊重学生是建立良好的师生关系的起码条件，教师要与学生站在同一高度去互相了解。但是由于教师的权威，学生还是会感到拘束。因此，在与学生打交道的过程中教师可以有一定的“自我暴露”。例如，教师的家庭、爱好、空闲时间的娱乐方式等。这样可以确保教师和学生有更多的话题交流。也会让教师在学生心目中变得更加有吸引力，从而学生会把对教师的感情迁移到班级、学校。班杜拉的社会学习理论认为，人是非常善于学习的，越亲近的人对我们的学习、模仿影响越明显。而处于价值观形成过程中的青少年非常崇拜自己的老师，深受老师的一言一行的影响。在这其中，教师的每一个举动对学生形成正确的学习态度、形成对学校的好感乃至对社会的客观的态度都非常重要。因此，学校应该加强教师的职业道德感，提倡公平竞争，扩大包容性和宽容性，营造宽松的平等氛围，以促进学生对学校的认同。

4. 发展良好的同伴关系，发挥班级文化的凝聚功能

渴望独立却又离不开父母的照顾，生理发育比较成熟而心理上还是处于一种不成熟的阶段，这是中学生的普遍的心理和生理特点。他们非常注重与同伴的交流，非常注重得到同伴的认可，尤其是注重与自己班级的同学交流，得到自己班级同学的认可。而整个学校就是由一个个班级组成的，学生如果在班级中得到很好的认同、接纳，这样他们才会觉得自己真正成了班级的一员。如果一个班级的学生很团结，都有很强的集体荣誉感，那么这种对自己班级的认同非常有助于形成良好的学校归属感。积极参加班级活动（特别是课外活动），他们就能更深入地融入学校的环境中，易于对学校形成更深的感情。现实情况中，我们的一些学生由于遭到同伴的疏远、排斥，从而对学校形成恐惧，继而逃学甚至退学，这就是他们在学校没有得到认同与接受的后果。凝聚功能是优秀班级文化的主要功能。为了使所有学生凝聚在一起，我们建立的班级文化必须是整个班级师生共同期望并渴望实现的目标，是班级个体成员的思维与精神的集合体。它反映了班主任与班级学生的共同愿望。以班集体为单元的文化教育活动可以使师生更加团结一致，努力奋斗，在共同目标的指导下统一思想，统一行动。

第二十单元

不以规矩，无以成方圆

今日视点

少洗两遍行吗？

一个在日本留学的中国学生，课余为一家日本餐馆洗盘子以赚取学费。日本餐饮业有一个不成文行规：盘子必须用水洗7遍。洗盘子的工作是按件计酬的，这位留学生计上心头，洗盘子时少洗一两遍，结果，劳动效率大大地提高了。与他一起打工的日本学生向他请教技巧，他毫不避讳："少洗两遍就行了。"日本学生与他渐渐疏远了。

餐馆老板偶尔会抽查一下盘子清洗的情况。一次抽查中，老板用专用的试纸测出盘子清洁程度不够，责问这位留学生，他却振振有词："洗5遍和洗7遍差别并不大。"老板只是淡淡地说："你是一个不守规则的人，请你离开。"

讨论：请同学们谈谈，为什么老板辞退这位中国留学生？上面的故事对我们有什么启发？你在日常生活中看重规则吗？

指点迷津

有了规则才有秩序，才有安全与和谐。在一个无规则的社会中，每一颗心灵都随时可能成为被伤害的对象，因此规则意识是健全心灵不可缺少的要素。那位中国留学生正是因为没有遵守日本餐饮业行规而被老板辞退。只有遵守规则，才能适应社会生活。什么是规则？规则是约束人行为的规定，是社会公共生活中的基本准则。在一个特定的空间中，如果只有一个人，规则也许是不必要的。如果有两个以上的人，一些简单的规则就必需了。比如，两个人如何互不干扰，再进一步，如何互相协调。然而，社会是由很多人组成的，他们不得不依照规则来分享自然、社会、政治的权利和资源。因此，规则和人类社会共生。没有它，则任何社会活动都无法展开。规则有两种不同形式，其一是没有明文规定，只是人们在长期的公共生活中形成的道德经验与行为习惯，以及约定俗成、共同认可和遵守的行为规范。如女士优先、乘车购物按顺序排队，在影院、图书馆、医院不大声喧哗，在公园不攀折花草树木、不乱扔果皮纸屑，进入会场、影院要放轻脚步。另一种是有明文规定的，如社会公共生活中的公约、守则、章程、规则、规章、纪律。如交通规则、公园游人须知、商店的服务公约、学校学生守则、学校章程、考试纪律等，它通常带有一定的强制性，有的甚至与法律法规相衔接。

没有规则意识的人无法在社会立足。规则意识将影响一个人终生适应社会的程度。既然任何社会活动都离不开规则，那么怎样才能树立规则意识，培养执行规则的能力呢？

教育方略

故事分享

昂贵的罚单

内地有位颇有名气的企业家到香港办事，他住的地方到停车场要经过一段“S”形草地。一天，因出门晚了，他便走直线从草地越栏杆上车。一位年轻的香港警察发现后，立即走了过来，很有礼貌地给他开了张处罚280港币的罚单。他只好向警察“认错、赔不是、作解释”，且保证“下不为例”。之后，便收起罚单开车走了。谁知，一周后却收到了法院的传票。早已把此事置于脑后且认为问题当时已经解决的他，感到莫名其妙。询问律师方知，“按香港法律，一个星期不到指定地点交罚款，法院传你；再不理睬，就要拘捕你。”听到这儿，他请律师帮忙“疏通”一下。可律师告诉他：“我不会去疏通。最好的办法，就是老老实实认错受罚。”他没辙，开庭那天面带微笑老实认错。岂料，一看罚单却多了一倍，感到不解。法官解释说：“违反了法规，自己也承认，可是见法官就笑，这本身就是藐视法庭，所以加重处罚。”听后，他无言以对，备受震动。

讨论：内地企业家为什么受到加重处罚？律师为什么不给企业家帮忙？这则故事对我们有何启发？

教师点评

在现代社会中，规则要求无处不在，比如工厂里规定某道程序的螺丝拧三圈半，就不能拧四圈。这位企业家因为面带微笑藐视法庭而受到加重处罚。律师因为恪守法律而没有给企业家帮忙。从警察、律师到法官，大家忠于职守，环环紧扣严肃执法，人人以实际行动维护法律法规的尊严。尊重规则和按规则办事是一种教养、一种风度，是人们和谐共处的基本准则。如果每个人只从自身利益出发，不遵守规则，不考虑他人的意愿和社会后果，这个世界必定永无宁日，也必定危及每个人的利益，甚至会导致其无法在社会上生存和立足，所以每个人都要把自觉遵守规则当成一种习惯，当成自己行为的规范。

各抒己见

着急的男孩

中国WTO首席谈判代表龙永图介绍过他的一次经历：他和几个朋友在瑞士的公园散步，上厕所时，听到隔壁“砰砰”地响，他有点纳闷。出来后，一个女士着急地说，儿子进厕所十多分钟了还没有出来，麻烦他帮忙看一下。龙永图折回洗手间，打开那个“砰砰”响的隔位，他看到一个七八岁的小孩正在弄抽水马桶，怎么弄都冲不出水来，急得满头大汗。原来，小孩觉得上厕所不冲水有违规则。为此龙永图很感慨：上厕所要冲水，这是一种社会最基本的规则，一个孩子都能自觉按照规则去做，瑞士国民的规则意识可见一斑。

讨论：同学们读完这则故事有何感受？这则故事对我们有何启发？你注意到自己在这些生活细节上遵守规则了吗？

教师点评

一般规则意识在幼儿园就需要养成，但事实上不少人规则意识淡薄，以致一个七八岁的小男孩遵守社会规则让人非常感动。这则故事给我们的启发是：社会是一个整体，每个人都是社会大家庭中的一个成员，只有人人都遵守社会规则，社会才会和谐，社会才会发展进步。规则的遵守主要还是要依靠每个人的内心对规则的尊重。因此，我们要从小培养自己的规则意识及执行规则的能力，而规则意识及执行规则能力的培养要从日常生活小事做起，从吃饭、睡觉、上厕所等生活细节上做起。

判断是非

恼人的家规

在日常生活中，父母对我们在各个方面都有一定的要求，或者叫家规。家庭情况不一样，家规也不一样。下面是初二年级学生小凯的父母为其制定的网络使用“家规”。

网络使用家规

1. 网络使用规则：可以浏览有关教学资源的网站，不能浏览带有黄色信息的网站；上网时可以检索资料供学习用，但不能玩游戏，跟网友聊天等；每天晚上可以上网；每天上网时间不能超过一小时；
2. 未经父母同意，不要在网络上公布自己的个人资料，包括家庭住址、家里的电话号码、父母公司的地址和电话号码、信用卡号码、就读的学校和地点；
3. 未经父母的同意，绝不与网友见面；
4. 不把自己的照片或家庭成员的照片，通过网络或邮件寄给别人；
5. 未经父母允许，不在网络上进行需要花费金钱的活动；
6. 上网时不做出可能伤害或触怒他人的事情，更不可做出犯法的事情；
7. 把登录网络的名称和聊天时所用的名称、密码告诉父母。

讨论：看着这份家规，小凯非常恼火，认为父母对他的限制太多了。小凯的想法是否正确？你认为这份家规哪条可以接受，哪条不可以接受？理由是什么？

教师点评

俗话说“国有国法，家有家规”，“没有规矩，难成方圆”。父母是出于对我们的关心和爱护才制定家规的，家规在我们的家庭生活中是必不可少的。遵守家规，有利于我们的健康成长和发展，有利于我们与父母的沟通与交流。如果你对家规有不同的意见，可以提出来与家长磋商，一旦定下来就应遵守。

心灵感悟

爱情与红绿灯

有一位中国留学生在美国交了个女朋友，两人感情发展到比较亲密的程度了。一次两人一起外出，他挽着女朋友的手，在路过一个路口时，对面是红灯，但路上没有车，他就拉着女朋友的手要冲过去，女朋友坚决不肯，两人因此吵了起来，女朋友说：“连红灯都敢闯，你肯定是个不守规则的人！”于是两人分手了。

这位留学生从此牢记这个教训，注意在各个细节上遵守规则。两年多后，他学成回国，又结识了一位女朋友，交往一段时间后，双方都感到满意，有次他们一起上街，在一个红绿灯路口，两年多前的情景又发生了，不过这次角色变换了。这位留学生坚持等绿灯亮再走，而他的女朋友说："大家都在走，你为什么不走？一个连没车通过时的红灯都不敢闯的人还能干成什么大事？"两人因此又分手了。

讨论：上面是一个真实的故事，请同学们从规则的角度加以评析。

教师点评

交通规则是为了维护交通秩序、保障交通的安全和畅通而制定的。如果不懂、不遵守交通规则或者忽视、无视交通规则，就随时可能发生危险，甚至会危及生命。俗话说："车祸猛于虎，安全才是福。"人最宝贵的是生命，生命对于每个人只有一次，我们不能因为一时的疏忽大意而让我们的生命之花在交通事故中枯萎、凋谢。为了对自己的生命负责，为了让亲人们放心，同学们一定要珍爱生命，树立交通安全意识，学习交通规则，懂得生活中基本的交通规则，自觉遵守交通规则，对自己的交通行为负责。下面是一段交通规则的顺口溜，同学们细细品味，认真遵守：

交通安全很重要，交通规则要牢记，从小养成好习惯，不在路上玩游戏。行走应走人行道，没有行道往右靠，天桥、地道、人行道，横穿马路离不了。一慢二看三通过，莫与车辆去抢道，骑车更要守规则，不能心急闯红灯；转弯车速必减慢，抢行猛拐酿车祸。乘车安全要注意，遵守秩序要排队，头手不能伸窗外，扶紧手把莫忘记。

学以致用

教师：假如本周六我们班要组织一次野炊活动，同学们都很想去，但老师又很为难，怕出去碰到安全问题，请同学们帮助老师制定一些规则，使野炊活动能够安全进行。

讨论：每个同学写几条要遵守的规则，汇总后大家讨论，形成一个大家认同的规则。

教师点评

上述大家讨论通过的规则中的某一条或某几条，个别同学可能不太喜欢，但是为了集体活动的顺利开展，他（她）仍然应该遵守。如果我们大家都能牢记和遵守上述规则，我们就能安全、顺利、圆满地开展野炊活动。遵守规则不仅仅是课堂上的要求，不应该仅仅停留在口头承诺上，而应该体现在行动上，体现在社会生活的方方面面。规则意识的形成是一个循序渐进的过程，要经历一个从被动到主动的过程，要先由父母、老师管理和约束，最终达到个体自我管理，并形成习惯。

小结

规则是内化于心灵的准则，是心灵运行的安全通道，有素养的心灵会"随心所欲不逾矩"，俗话说"不以规矩，无以成方圆"，任何事物都有一定的规则。在经济全球化的今天，规则的重要性日益彰显。规则无处不在，无时不有。我们生活的世界是一个讲规则的世界，它要求人们必须懂规则、遵守规则。印度的谚语说："播种行为，收获习惯；播种习惯，收获性格；播种性格，收获品德；播种品德，收获命运。"希望同学们学习、掌握规则，按照规则的要求严格要求自己，持之以恒，收获坚毅的性格，收获高尚的品德，成为一个懂规则、守规则的中学生，最终在未来激烈的人才竞争中把握自己的命运，让心灵在安全的快车道上平安驰骋！

参考资料

做一个懂规则、守规则的中学生

懂规则，并遵守规则，对于中学生意义重大。

第一，懂规则、守规则是一个人具有高尚的道德品质的表现。在一切美好的事物中，人是最美的；在人的一生中，青少年时期又是最美的；而在青少年时期，良好的道德品质又是最为宝贵的、深层次的美。这种内在的、深层次的美，只有通过一个人的行为习惯才能表现出来。英国哲学家培根说："把美的形貌和美的德行结合起来，才能使美放射出真正的光辉。"遵守规则的行为就是文明的行为，文明的行为就是美的行为，美的行为反映了一个人美的品德、美的心灵。同学们，请记住，你的行为、你的言谈，都在告诉你周围的人们：你是一个品德高尚的人还是一个品德低下的人。品德美、心灵美的人，才会受人欢迎、受人尊敬。

第二，青少年时期是一个人养成遵守规则的好习惯的关键时期。作家柳青说："人生的道路很漫长，但紧要处往往只有几步，特别是在人年轻的时候。"中小学时期，正是各种良好行为习惯形成的关键时期。如果坚持按照《中学生守则》和《中学生日常行为规范》严格要求自己，天天坚持，时时提醒，日积月累，就会养成遵守规则的良好习惯。而良好的行为习惯可以转化为一个人内在的性格、情操，就会使自己成为一个有品德的人，这会影响你一生的发展。就目前来说，养成遵守规则的良好习惯，是从纠正不良习惯开始的。改变不良习惯，很艰难、很痛苦，但为了你一生的发展，值得你去和自己的不良习惯作坚持不懈的斗争。人最大的敌人是自己，人最难战胜的也是自己，能战胜自己的人才是强大的人。

规则：手段还是目的？

有一则苏霍姆林斯基的故事：①校园的花房里开出了很多很大的玫瑰花，全校的学生都非常惊讶，每天都有许多学生来看。一天早晨，苏霍姆林斯基在校园里散步，看到一个4岁的女孩在花房里摘下了一朵玫瑰花，抓在手中，从容地往外走。苏霍姆林斯基走过去，弯下腰，亲切地问："小朋友，你为什么要摘下这朵玫瑰花呢？能告诉我吗？"小女孩害羞地说："我奶奶病得很重，我告诉她学校里有这样的大玫瑰花，奶奶有点不信，我现在摘下来送去给她看，看过后我就把花送回来。"②听了孩子天真的回答，苏霍姆林斯基的心颤动了，他牵着小女孩，从花房里又摘下两朵大玫瑰花，对孩子说："这一朵是奖给你的，因为你是一个懂得爱的孩子，这一朵是送给你妈妈的，感谢她养育了你这样好的孩子。"

读完这个故事，我想了很多天，决定把故事中的①作为材料，设计一道调查题：对这个事件，你认为苏霍姆林斯基会怎么处理？对全校学生的调查结果如下：45.2%的学生选择"对小女孩进行耐心的思想教育，教育她要爱护花草树木"；16.6%的学生选择"找到小女孩家长，要求其赔偿经济损失"；11.6%的学生选择"非常气愤，没收玫瑰花，把小女孩赶走"；9.3%的学生选择"教育家忧心忡忡，担心未来一代的品质"；4.2%的学生认为，应"动员师生员工行动起来，共同维护学校的花草树木"；2.7%的学生认为，应"张贴不得损坏花草的通告，引起全体学生的警觉"；2.2%的学生选择"对小女孩进行呵斥、罚站等处罚"；2.1%的学生认为，"小女孩是因为不懂事才犯错的，应该原谅"；1.8%的学生认为，应"给该小女孩的老师记工作失误，扣该班班主任的津贴"；1.5%的学生认为，应"让小女孩及其家长到学校作公开检讨"；1.3%的学生认为，应"全校通报批评，并开大会宣布对损坏花草树木的处理决定”；1.1%的学生认为，“小女孩是由于对奶奶的爱才犯错，这是爱的体现，要表扬奖励”；0.4%的学生认为，应“把小女孩开除出学校，或者记处分一次”。

我对这个结果感到迷茫，但是仔细想想，似乎又在意料之中。在学生看来，小女孩摘花的行为是错误的，违反了校规；而对于犯错误的学生，我们通常的做法就是进行思想教育和惩罚，这种观念在学生的心中已经根深蒂固。

我们经常教育学生要遵守规则，却很少告诉他们为什么要遵守规则。其实，规则教育的本质是爱的教育。遵守交通法规，是为了爱护人的生命；珍惜花草树木，是为了爱护环境……遵守规则是手段，爱护生命是目的，二者的关系不能颠倒。故事中的小女孩无疑是有爱心的，她爱奶奶，也爱花，“看过我就把花送回来”，缺少植物常识的她没有想到这会伤害玫瑰花。对于她的爱心，苏霍姆林斯基给予了精心的呵护。反观我们的很多教师，在评价学生的行为时，习惯于以刚性的规章制度为标准，忽略了制定规章制度的目的。一言以蔽之，遵守规则应该是教育的手段，而不是目的。

第二十一单元

为一大事来，做一大事去

今日视点

论语·为政（节选）

子曰："吾十有五而志于学，三十而立，四十而不惑，五十而知天命，六十而耳顺，七十而从心所欲，不逾矩。"

这段话翻译成现代汉语即是，孔子说："我十五岁的时候立志做学问，三十岁确立自己的事业和理想，四十岁不为我所做的事情而迷惑，五十岁的时候我懂得自然的规律和法则，六十岁时无论听到什么，不用多加思考，都能领会其中的意思，并明辨是非，七十岁我的道德修养到了一定的程度便可以随心所欲地做事，而不逾越法度规矩。"

讨论：请同学们想一想，孔子这段话中哪些与我们直接相关或最为接近？你是否已确定了自己的志向？

指点迷津

志向是心灵向往的目标，当这个目标未确定时，心灵难免会迷茫；当这个目标确定了，心灵就会克服重重险阻，直指志之所向，从而效能倍增。古今中外，虽然有大志者未必皆成就大事业，但凡成就大事业者，必定有大志向。孔子的这段话告诉了我们人成长的各个阶段的特征，而其起点是必须立志。同学们正处在立志的年龄，处在立志的最佳期和关键期。立志即立下志愿，树立志向。志向就是奋斗的方向。志向是个体对未来美好前景的一种憧憬和向往，是前进的方向、奋斗的目标，是个体追求上进、不断进取的动力。立志对于一个人的成长、成才至关重要。如果一个人心目中树立了对未来前途的志向，他就会自觉地用理想中的东西激励自己、约束自己、磨炼自己，表现出一种可贵的品质。而如果个体没有志向，自身的激励因素得不到很好的发挥，那么在成长道路上只能处于波动起伏状态，不是自己向前奔，而是靠他人推着走，久而久之就会变得目光短浅，思想狭隘，得过且过，缺乏开拓进取精神。难怪法国化学家巴斯德说："立志是一件很重要的事情。工作随着志向走，成功随着工作来，这是一定的规律。立志、工作、成功，是人类活动的三大要素。立志是事业的大门，工作是登堂入室的旅程。这旅程的尽头就有个成功在等待着，来庆祝你的努力结果。"

教育方略

各抒己见

讨论：志向是人生的航标。立志就是让自己在人生道路上有所作为。每位同学都有自己的志向。请各位同学谈一下自己的志向。

教师点评

每位同学都谈了自己的志向，非常令人欣慰。正如陈鹤琴所说："志向好像是一股电流，人好像一部机器，电流一通，机器就会活动，如果没有电流，机器虽好，也是枉然的。"志向是个体人生观、世界观和价值观的体现。志向有大、小之分。只从个人私利出发确立的志向就是渺小的，着眼于社会需要，根据人类发展的需要确定的志向就是远大的。志向就是人在心目中确立的奋斗目标，包括将来要做什么样的人，干什么样的事业，对社会作出什么样的贡献等等。一个人追求的目标越高，他的才能就发展得越充分，对社会就越有益。那么，同学们到底应该树立怎样的远大志向呢？

经典故事

伽利略立志

伽利略是意大利著名的物理学家、天文学家。在他成才的道路上，引导他选择志向、使他步入正道的是他的父亲。伽利略的父亲凡山佐自己很擅长数学。但是，在那个时候的意大利，人们并不了解数学的用处，连大学里都没有专职的数学教授。凡山佐又是一个琵琶演奏家和作曲家，但是他也没法靠音乐谋生，他只能开一个他不愿意开的小铺子。在这种情况下，凡山佐当然不愿意儿子学音乐，也不愿意儿子学数学，他希望儿子成为一位医生。伽利略的名字伽利里奥，就是为了纪念他们的祖先，一位著名的医生而起的。为了让伽利略为进大学做好准备，凡山佐把孩子送到一个修道院的学校去学习。伽利略在学校里受到宗教感情的激励，决定要当一个修道士，把一生都献给宗教。凡山佐不同意伽利略的这个决定。他知道，这个孩子从小对什么事情都喜欢问一个"为什么"，这样的人是不会长期甘愿接受宗教束缚的。而且，修道院中枯燥、令人窒息的生活，也不是伽利略这样的人能够忍受得了的。经过凡山佐的耐心劝说，伽利略接受了父亲的忠告，改变了想当修道士的念头，进入比萨大学当了医科学生。虽然他始终没有成为一个好医生，可是他毕竟摆脱了当一个修道士的命运。而且，正是他在比萨大学读书期间，结识了一些数学家，开始观察和研究了一些物理现象，才走上了科学研究的征途。

讨论：请同学们谈一谈，这个故事对我们有什么启发？

教师点评

伽利略成才的经历告诉我们，年轻人常常容易因一时的感情冲动，而难于作出理智的判断。志向的确定也不是一道明确的多项选择题，需要在生活体验中逐渐摸索。在这种时候，长辈的生活经验，往往对自己有很大的帮助。尽管伽利略从小就有对任何事情都喜欢问个"为什么"的习惯，尽管伽利略具有一个物理学家的超常天资，尽管伽利略有一般人没有的毅力，但是如果不是他父亲的正确指点，如果没有接受父亲忠言逆耳的劝告，伽利略决然不会成为著名的物理学家。由此可见，同学们立志时，要适当听取长辈及其他有丰富经历的人的意见或建议，分析自己的长处和短处，树立远大的志向。

鲁迅先生三改人生志向

鲁迅是伟大的文学家和思想家。他青年时期，看到列强用海军侵略中国，无比愤慨，就抱着当海军的愿望考入南京水师学堂。入学后，他开阔了眼界，感到要使中国富强起来，最重要的是发展工矿业，于是他又到南京矿务学堂学习工业技术。毕业后，鲁迅面对中国现实，认为中国要富强，首要任务是治病救人。于是，他又转而到日本学医。他希望用医学把古老的中国从昏暗愚昧、贫病交加的落后状态中解救出来。在学医期间，有一次他看了一部电影，画面显示：一个中国人给沙皇军队当侦探，被日军捕获，要被枪毙，而围观的都是中国人，他们体格健壮，可是精神麻木，表情冷漠。鲁迅十分气愤，进而认识到中国人急需治疗的不是身体，而是灵魂。因此，他毅然放弃了即将学成的医学，拿起了文学这个武器，用笔呐喊，唤醒亿万人民，用笔和敌人作斗争。正是由于鲁迅心中这种强烈的爱国情操，才使他三改个人志向，最终把个人的志向与祖国的需要融为一体。

讨论：读完鲁迅的故事，大家对此有何感想？你认为确立志向的主要依据应该是什么？

教师点评

一个人确立志向有两方面的依据，一是自己的先天禀赋以及由此表现出来的兴趣、爱好、特长，二是当时当地的社会需要。上述故事告诉我们，鲁迅始终把个人志向同祖国人民的命运、社会的需要紧密联系在一起，为了祖国的利益他可以舍弃一切。他把自己的全部智慧和才能都贡献给了人民。这种精神，这种情操，是我们每一个青少年都应该好好学习的。诸葛亮曾说“志当存高远”，意思是立志就要立“大志”。在座的每位同学都是未来社会的栋梁，肩负着建设理想社会的重任，应该像鲁迅一样，具备高度的社会责任感，顺应时代要求，在确定个人志向时，以自己的天赋为基础，以国家利益为重，从社会的需要出发，多关心国家及天下大事，把个人志向与祖国需要、民族的前途和人民的幸福结合起来。

案例分析

立志数星星的人

威廉·赫歇尔（1738－1822）是英国天文学家，恒星天文学的创始人，被誉为恒星天文学之父，英国皇家天文学会第一任会长。

1738 年 11 月 15 日，威廉·赫歇尔出生在德国汉诺威（当时属英国管辖）的一个音乐世家。他从小就喜欢音乐，4 岁即跟随父亲学拉小提琴，稍大些又学吹双簧管。

老赫歇尔多才多艺，在夜晚教孩子们音乐之余，常乘兴指点大家认识星空。在父亲的引导下，赫歇尔对夜空中的许多星座都非常熟悉，对天文学也产生了浓厚的兴趣。

16 岁时，由于家境困难，赫歇尔不得不辍学加入禁卫军兵团，在那里担任小提琴和双簧管演奏员。1757 年，他迁居伦敦，以演奏和教授音乐为生，很快获得了成功。

闲暇时，赫歇尔努力学习英文、意大利文和拉丁文，并广泛阅读牛顿、莱布尼兹等科学家的著作。渐渐地，他对天文学越来越感兴趣，萌发了要观测和研究天体的强烈愿望。

由于买不起昂贵的望远镜，赫歇尔决定自制。这是一项枯燥繁重、需要体力与智慧的工作。一次，为了磨制镜头，他甚至连续工作了 16 小时，忙得连饭都要由妹妹一口一口地喂。

历经 200 多次的不断试验，1774 年赫歇尔自行制造的首架望远镜诞生了。以后，他又制造了 400 多架望远镜，成为制造望远镜最多的天文学家。按其特殊的光学系统制造的望远镜，被称为“赫歇尔望远镜”。

1781 年 3 月 13 日晚，赫歇尔在观测夜空时，发现双子座有一颗在星图上查不到的陌生的星。他连续 10 个夜晚密切关注，后来根据观测数据计算，认为这是一颗新行星。

同年 8 月，天文界确定该星是土星之外的大行星，它后来被命名为天王星。这是第一颗使用望远镜发现的行星，引起极大轰动，英王乔治三世为此亲自接见了赫歇尔。

将天空均匀分成几百个区域后，赫歇尔数出每区用望远镜能看到的恒星，用统计法证实了银河系为扁平状圆盘的假说，开创了对银河系结构的研究，并绘制出首张银河截面图。

赫歇尔的贡献几乎遍及天文学所有领域：最早研究双星，发现 848 对双星；经过 19 年观测，记录下 2500 个星云和星团，此前已知的不过 150 个；发现太阳的空间运动和太阳光中的红外辐射……

赫歇尔几十年如一日，只要天气允许，每晚总在妹妹的陪伴下观测夜空，无论严寒冬宵还是酷暑夏夜，常从夜幕降临工作到晨曦初上。1822 年 8 月 25 日，赫歇尔病逝。

讨论：我们常说“有志者事竟成”，有了志向以后是否一定能成功？分析威廉·赫歇尔的人生经历，我们能明白什么道理？

教师点评

“人贵有志”，胸怀大志是好事。但是，这并不是说一个人立下志向之后，就可以坐等成功了。有志者立长志，无志之人常立志，立志又立行者事竟成。也就是有了立志成才的决心，还要付诸行动，这是关键中的关键。在立志与成功之间，还需要勤奋刻苦、坚持不懈、努力奋斗和坚强的毅力。在行动中遇到新情况还需要适当调整志向，但又不能蜻蜓点水，浅尝辄止。如果没有具体的行动，没有脚踏实地地付出自己的努力，再好的志向也只能是空中楼阁。人生没有目标不行，但是目标定得太高难以实现也不行。立志不是一句空洞的口号，每个人要有远大理想，更需要有近期目标。应该将自己的志向分解成具体的阶段目标，明确当下自己应当做什么，怎样做才能达到这个目标，以便自己在达到一个个具体的目标中更多地体验到成功。这就是说目标制定要适度。如果目标定得太低，或者没有目标盲目发展，对自己的成长不利，而所定的目标自己无论如何也无法达到，就会丧失信心，甚至采取消极行为。

心灵感悟

教师：古往今来，多少有成就的人都是靠着志向这个人生的路标，来鞭策自己，推动自己奋勇开拓，攀登人生的高峰。可见，志向在人生的道路上是多么重要。请同学朗读下面的诗歌和警句，细细品味其中蕴含的哲理。

★发奋识遍天下字，立志读尽人间书。——苏轼

★志当存高远。——诸葛亮

★人生志在创业，创业充实人生——陶行知

★人生天地间，各自有禀赋。为一大事来，做一大事去。多少白发翁，蹉跎悔歧路。寄语少年人，莫将少年误。——陶行知

★老骥伏枥，志在千里。烈士暮年，壮心不已。——曹操

★青年应立志做大事，不可立志做大官。——孙中山

★有志者事竟成。——范晔

★治天下者必先立其志。——程颢

★志不立，如无舵之舟，无衔之马，漂荡奔逸，终亦何所底乎？——王守仁

★人之所以异于禽者，唯志而已矣！——王夫之

★丈夫志不大，何以佐乾坤。——邵谒

★雄心志四海，万里望风尘。——傅玄

★丈夫四海志，万里犹比邻。——曹植

★志之所向，金石为开，谁能御之？——曾国藩

★志不立，天下无可成之事。——王守仁

讨论：每个人总结出一句自己对志向感悟较深的话，写出来展示给大家。确定后贴在适当的地方以激励自己。

教师点评

尽管前面讲了那么多的立志的道理和故事，每个人的立志还是要依据自己的实际情况，不要拔高自己，也不必贬低自己，认真确定自己的志向。

学以致用

立志逻辑推演

教师：请各位同学先假定自己的志向，比如立志当个数学家，然后分析自己的先天优势、社会现实需要、实现的路径，列出自己立志的逻辑分析图示。

讨论：选取若干位同学所列的立志逻辑推演图，请同学们作分析评议，以尽可能使所立志向符合实际，具有较大的可行性。通过对志向确立的逻辑分析，同学们对志向又有哪些新的认识？

教师点评

同学们刚才的逻辑分析，也许已经比较深刻，也许还远远不够，更重要的是要掌握这种科学的立志方法，提高自己自觉立志的能力，以后在你对人生有新的感悟的时候，可以随时加以分析选择。立志实践是对志向与理想的实际行动与检验，它应当贯彻人生始终。虽然每位同学的志向不同，但是要想实现自己的志向，就必须从现在起好好学习，积极参加学校的各项活动和各种各样的社会实践，了解国情民情，磨炼自我，在锻炼中成长，在奋斗中实现自我的志向与理想。

小结

志向是引领心灵飞翔的导航和激励系统，“鹰不可没有翅膀，人不可没有志向”。鹰靠振奋双翼获得飞行的动力，人靠树立大志激发上进的力量。人只有立志才能受人尊敬；人只有立志才能创造出辉煌；人只有立志才能实现自己的理想。人生如果没有了志向，就像一辆没有方向盘的汽车、一艘失去了舵的航船。人生如果没有了志向，就像一只断了线的风筝。人生如果没有了志向，就像一次没有终点的长跑、一次没有目标的攀岩。请同学们抓住自己正处在立志的关键期和最佳期的有利时机，尽快树立远大的志向，早日奋起双翼，搏击万里云天。

参考资料

青少年立志教育必要性思考

在几千年的中国教育史上，有许多珍宝级的精华和永远闪烁着智慧光芒的精彩篇章。它们为世界各国有识之士所瞩目，是可供我们深入学习、探究、汲取的宝贵财富。其中，立志教育，便是一份极其重要的教育遗产。

一、“立志”教育是中国传统教育的精华

1. 为学须先立志

立志是一个人健康成长、发展的关键。孔子说：“吾十有五而志于学……”孔子主张对少年儿童进行立志教育。孟子说：“夫志，气之帅也。”宋朝张载说：“凡学，官先事，士先志。”朱熹明确提出：“立志不定，如何读书。”明代教育家王守仁、王夫之等都是提倡为学立志为先的。

2. 倡导立志宜正、大、远

孔子教育学生“志于道”“志于仁”。他说：“志士仁人，无求生以害仁。”孔子倡导的就是正志、大志。他还强调志的坚持和有恒，提倡艰苦磨炼与终身修养。孟子认为，人要完成天降之“大任”，“必先苦其心志，劳其筋骨，饿其体肤……”长此以往，才能修养出“浩然之气”。张载说：“人若志趣不远，心不在焉，虽学无成。”意在立志宜远不宜近。王守仁在具体、形象叙述立志重要性的同时，着重强调志笃、为善和专一。诸葛亮也说：“夫志当存高远。”

3. 立志要力行

孔子认为：志向和理想甚至比个人生命重要。他以弟子颜回为例，引导学生重视百折不挠的意志锻炼，强调“笃志”“笃行”。孟子说：“持其志，无暴其气。”他认为一个青年只有经过刻苦锻炼，做到“富贵不能淫，贫贱不能移，威武不能屈”，才能成为意志坚强的“大丈夫”。张载认为“勉力行之”必须像天道运行不息那样，才算“笃之至”。朱熹说，只有在为学、做事中把“端庄存养”和深省精察结合起来才会逐步实现所立之志。

4. 阐明立志和智力、成功的关系

早在2000多年前，墨子就提出“志不强者智不达”的重要论断。这个“智不达”，可从两个方面来理解：一是立志不坚强，治学难以精进、快进，影响了智力的增进和智慧的丰盈；二是由于意志薄弱，怕苦怕累，已有的聪明才智也难以通达和落实。这是值得深入学习和领会的哲理。

“有志者事竟成”是《后汉书》上一句传诵千年的至理名言，它阐明了“立志”和学习、事业成功的关系。

二、学生的现实思想状况，亟须进行立志教育

“立志”与立德，与理想、信念紧密相连，但将“立志”列入德育范畴就不全面、不妥帖了。朱熹说：“心者，一身之主宰；意者，心之所发；情者，心之所动；志者，心之所指，比于情意尤重。”稍加思考便可明白，立志教育，除了德育，还和心理学、生理学、教学论、社会学等学科有密切关系。孔孟学派把孔子学习过程的论述分为“博学之，审问之，慎思之，明辨之，笃行之”。其实，孔子关于“立志”有不少重要论述，是对中国乃至世界教育理论等方面的重要贡献。

立志教育在理解上的狭隘化，在实践中的边缘化，使立志教育几乎处于被遗忘的角落。根据青少年学生现实思想状况，亟须进行立志教育。根据一些人对立志教育理解上的偏颇，亟须正视立志教育的重要性、全面性和迫切性。

三、在各级学校进行系统的立志教育刻不容缓，势在必行

1. 要提高认识

不能把立志教育仅仅当做一个教育、教学方法，而是一个重要的教育、教学原则。不能把立志教育仅仅看成是对学生进行德育教育的内容，而应看做是对学校教职员工、学生都要进行的读好书、做好事的教育。要在各级学校进行系统的立志教育。这是有中国特色教育论的重要组成部分，不可忽视，应尽快实施。

2. 要借鉴经验

许多先进学校都有立志教育的重要经验，应虚心向其学习，结合本地状况，采取切实有效措施有计划、有步骤地实行立志教育，并做到长期坚持，持之以恒。可在校园里建起立志、励志性的标牌和警语，如“脚踏实地，奋力拼搏，敢立壮志”等，激发青年学生的壮志豪情。

3. 要勇于求索

认真区分和对待不同年龄段学生立志教育的差异性，有针对性地开发相应的教材。儿童、少年、青年，都各有其不同的生理、心理特点和发展规律，立志教育的内容、方法也应有所不同。在这方面应注意以下问题。

第一，儿童期，应根据儿童“乐嬉游而惮拘检”的特点，采取“诱之歌诗，以发其志意”等方法，“使其趋向鼓舞，中心喜悦，则其进自不能已”；还可通过玩游戏、讲故事、看电影和参观访问等方式方法有计划地进行。

第二，少年期，是承上启下达到“有志于学”的重要年段，可通过生动有趣的讲授和采用报告会、讨论会、演讲会、朗诵会等载体进行。教师要重视情境的创设和环境的优化，以便使学生们在“入于中和而不知其故”的情景中实现志趣“自然日长月化”。

第三，中学阶段的学生，处于少年末期和青年初期，是立志和世界观、人生观、价值观初步形成的关键年段。立志、励志教育也进入“攻坚”阶段，更应抓紧抓好。

第四，大学生思想已渐趋成熟，大部分学生志存高远，勤奋好学，但由于社会综合因素的影响，少数大学生志向模糊，信念缺失，浑浑噩噩。因此大学要大力开展立志教育。一方面，可通过人文课程进行灌输、渗透、强化；另一方面，可通过适当的社团活动，如举办专题讲座，听英雄模范报告会和组织演讲会、辩论会等形式，使立志教育有目的、有计划、有系统地进行。

4. 要有效实施

第一，幼儿期，学诵几条立志的格言、名句，诵读一些现代儿歌，选讲若干篇童话故事，创设一些立志情境和角色游戏。

第二，小学阶段，每学年背诵 10 ~ 15 条立志的格言、名句。有计划地指导阅读若干篇故事、童话。组织看几场影视节目。中高年级可精心组织一些报告会、参观、访问和远足活动，也可依据“少年人宜吃苦，苦则志定”（汤斌）的精神，组织部分少年儿童参加少年军校和夏（冬）令营活动等。

第三，初中阶段是立志教育的重要阶段。应制定出立志教育纲要，结合本地、本校实际情况，编撰校本教材，进行系统有序的教育活动。并制定相应的考核、验收办法，以确保立志教育的有效性。

第四，高中与大学阶段，学生进入青年期，有较强的独立意识和辨别是非能力。志向的确立应更加明晰，切合自身实际。要在政治类课程建设中突出立志教育的内容，采取为学生所认同的教育方法，灵活有效地开展。

立志教育是中国传统教育的宝贵遗产，是提升当代青少年人文品质的迫切需要。纵观国内外形势发展，尽快在各级各类学校进行切实有效的立志教育，实在是刻不容缓。

第二十二单元
勇于创新，追求卓越

今日视点

梦想不受限制　无事不能成就
——奥巴马给女儿的信

亲爱的玛莉亚和莎夏：

我知道这两年你们俩随我一路竞选都有过不少乐子，野餐、游行、逛州博览会，吃了各种或许我和你妈不该让你们吃的食物。然而我也知道，你们俩和你妈的日子，有时候并不惬意。

新来的小狗虽然令你们兴奋，却无法弥补我们不在一起的所有时光。我明白这两年我错过的太多了，今天我要再向你们说说为何我决定带领我们一家走上这趟旅程。

发掘潜能挑战自我

当我还年轻的时候，我认为生活就该绕着我转：我如何在这世上得心应手，成功立业，得到我想要的。后来，你们俩进入了我的世界，带来的种种好奇、淘气和微笑，总能填满我的心，照亮我的日子。突然之间，我为自己谱写的伟大计划显得不再那么重要了。我很快便发现，我在你们生命中看到的快乐，就是我自己生命中最大的快乐。而我也同时体会到，如果我不能确保你们此生能够拥有追求幸福和自我实现的一切机会，我自己的生命也没多大价值。总而言之，我的女儿，这就是我竞选总统的原因：我要让你们俩和这个国家的每一个孩子，都能拥有我想要给你们的东西。

我要让所有儿童都在能够发掘他们潜能的学校就读；这些学校要能挑战他们，激励他们，并灌输给他们对身处的这个世界的好奇心。我要他们有机会上大学，哪怕他们的父母并不富有。而且，我要他们能找到好的工作：薪酬高还附带健康保险的工作，让他们有时间陪孩子，并且能带着尊严退休的工作。

责任伴随权利而来

我要大家向发现的极限挑战，让你在有生之年能够看见改善我们生活、使这个行星更干净更安全的新科技和发明。我也要大家向自己的人际界限挑战，跨越使我们看不到对方长处的种族、地域、性别和宗教藩篱。有时候为了保护我们的国家，我们不得不把青年男女派到战场或其他危险的地方，然而当我们这么做的时候，我要确保师出有名，我们尽了全力以和平方式化解与他人的争执，也想尽了一切办法保障男女官兵的安全。我要每个孩子都明白，这些勇敢的美国人在战场上捍卫的福祉是无法平白得到的：在享有作为这个国家公民的伟大特权之际，重责大任也随之而来。

这正是我在你们这年纪时，外婆想要教我的功课，她把独立宣言开头几行念给我听，告诉我有一些男女为了争取平等挺身而出游行抗议，因为他们认为两个世纪前白纸黑字写下来的这些句子，不应只是空话。

她让我了解到，美国所以伟大，不是因为它完美，而是因为我们可以不断让它变得更好，而让它更好的未竟工作，就落在我们每个人的身上。这是我们交给孩子们的责任，每过一代，美国就更接近我们的理想。

具慈悲心坚持理想

我希望你们俩都愿接下这个工作，看到不对的事要想办法改正，努力帮助别人获得你们有过的机会。这并非只因国家给了我们一家这么多，你们也当有所回馈，因为你们对自己负有义务。因为，唯有在把你的马车套在更大的东西上时，你才会明白自己真正的潜能有多大。

这些是我想要让你们得到的东西：在一个梦想不受限制、无事不能成就的世界中长大，长成具慈悲心、坚持理想，能帮忙打造这样一个世界的女性。我要每个孩子都有和你们一样的机会，去学习、梦想、成长、发展。这就是我带领我们一家展开这趟大冒险旅程的原因。

我深以你俩为荣，你们永远不会明白我有多爱你们，在我们一同准备在白宫开始新生活之际，我没有一天不为你们的忍耐、沉稳、明理和幽默而心存感激。

爱你们的老爹

讨论：你对奥巴马告诉女儿的哪一点最感兴趣？哪一点比较认同？是否能分辨出和中国父母给孩子写信有何不同？

指点迷津

追求新奇是人类的本能，也是自然状态下心灵的趋向。然而，由于特定的文化及多重因素的影响，心灵的这一本能未能得到自然的释放。事实上，人的潜能是巨大的，但由于不少人被保守观念占据心灵，使得他的潜能得不到充分发挥。一项调查表明，常人潜能的利用率只有6%～8%，像爱因斯坦这样伟大的科学家也仅使用了10%左右，换句话说，人所利用的潜能只是蕴藏在体内潜能的极少的一部分，如果这些未被利用的潜能全部释放出来，人人皆是超人，从这里也可理解奥巴马为什么说“梦想不受限制，无事不能成就”。现代生理学的研究证实，人的大脑具有巨大的学习潜能，大脑储存知识的能力使我们目瞪口呆，一般人只使用其思维能力的很小一部分。如果我们能迫使自己的大脑达到一半的工作能力，我们就可以轻而易举地学会数十所大学的课程。正是基于这样的一个基础，每个人创新和追求卓越的空间都很大，要把它充分发挥出来。

教育方略

故事分享

人的潜能有多大

在法国一个位于野外的军用飞机场上，一位名叫桑尼耳的飞行员正在专心致志地用自来水枪清洗战斗机。突然，他感到有人用手拍了一下他的后背。回头一看，他吓得大叫一声，拍他的哪里是人，一只硕大的狗熊正举着两只前爪站在他的背后！桑尼耳急中生智，迅速把自来水枪转向狗熊。也许是用力太猛，在这万分危急的时刻，自来水枪竟从手上滑了下来，而狗熊已朝他扑了过去……他闭上了双眼，用尽吃奶的力气纵身一跃，跳上了机翼，然后大声呼救。

警戒哨里的哨兵听见了呼救声，急忙端着冲锋枪跑了出来。两分钟后，狗熊被击毙了。事后，许多人都大惑不解：机翼离地面最起码有两米多的高度，桑尼耳在没有助跑的情况下居然跳了上去，这可能吗？如果真是这样，桑尼耳不必当飞行员了，而是当一名跳高运动员，去创造世界纪录。然而，事实确实如此。

后来，桑尼耳做了无数次试验，再也没有跳上机翼。

讨论：这个真实的事例说明一个什么道理？同学们有过自己的潜能偶然超常发挥的体验吗？如果有，说出来和大家一起分享。

教师点评

这件事的解释只有一个，那就是在应激状态下他激发了自己的潜能。一位研究人体潜能的专家说：“此事完全有可能发生。人在遇到危急情况时，体内会分泌一种奇异的激素，此激素能激发人体所潜藏的超常能力。情况越危急，潜能越易发挥，而在平常情况下，潜能皆处于沉寂状态。”潜能是蕴藏在人体内的一种强大的力量，一旦激发就会创造超越自我的奇迹。在一般情况下，我们虽然无法将自己的潜能发挥到应激状态下的水平，但可以通过观念的更新、自我意识的激励，提高自己的潜能发挥的水平。

罗丹怎样工作

一天，法国著名雕塑家罗丹邀请挚友——奥地利作家茨威格到他家做客。在罗丹朴素的别墅里，他们在一张小桌前坐下吃饭。罗丹温和而慈祥地和这位晚辈交谈。文学和雕塑这两枝艺术之花让他们之间有说不完的话，他们都十分高兴，午餐在愉快的氛围中进行着。

吃过饭，罗丹便带着茨威格到他的工作室参观。

罗丹的工作室可以说是雕塑的出生地。这里有完整的雕像，也有许许多多小塑样——一只胳膊，一只手，有的只是一只手指或指节；还有他已动工而搁下的雕像和堆着草图的桌子，这里就是他一生不断追求与劳作的地方。

“这是我的近作。”他说着便把湿布揭开，现出一座女正身塑像。“这已完工了吧？”茨威格退到罗丹身后，看着他魁梧的背影说。

罗丹没有回答，自己端详了一阵，忽然皱着眉头说：“啊，不！还有毛病……左肩偏斜了一点，脸上……对不起，你等我一会儿……”于是他便拿起刮刀、木刀片轻轻划过软软的黏土，给肌肉一种更柔美的光泽，他健壮的手动起来了，他的眼睛闪耀着智慧的光芒。随着一块块黏土的掉落，雕塑变得越来越生动。茨威格站在后面，微笑着看这个对工作过于执著的艺术家。“还有那里……还有那里……”他走回去，把台架转过来，又修改了一下。时而，他的双眉苦恼地紧蹙着，他捏好小块的黏土，粘在塑像身上，又刮开一些。他完全陷入了创作之中。

这样过了半个小时、一个小时……罗丹的动作越来越有力，情绪更为激动，如醉如痴，他没有再向茨威格说过一句话。除了他要创造更崇高的形体的意念，整个世界对他来说好像已经消失了。

最后，工作完毕，他才舒坦地扔下刮刀，像一个多情的男子把披肩披到他情人肩上那样，温存地把湿布蒙上女正身塑像，然后径自走向门外。

快走到门口的时候，他突然看见了茨威格。就在那时，他才记起他还有个朋友在旁边，他意识到了自己的失礼，赶紧惊慌地说：“对不起，茨威格，我完全把你忘记了，可是你知道……”茨威格被罗丹的工作热忱深深地打动了，握着他的手，紧紧地握着，什么话也说不出来了。

讨论：从罗丹的工作状态和他对待自己作品的态度中你感悟到什么？为什么？怎样才能做出卓越的工作？

教师点评

上面第一个故事讲的是人的潜能，第二个故事讲的是工作态度，这是两个决定一个人能否创新、卓越的最为关键的因素。如果想要把事情做得更完善、更有价值的话，就应当不骄傲、不气馁，一丝不苟，精益求精，一心一意，专心致志，全神贯注地做。成功只属于那些做事认真、不粗心大意、精益求精的人。

抓住机遇

多好的机会

一位鞋商一天把他的两个销售人员叫来，吩咐说：“给你们个任务，谁能完成，我将会给他丰厚的回报。你们谁能把鞋卖到非洲去？”甲说：“老板，你这不是难为人吗？怎么可能把鞋卖给非洲人呢？那里的人根本就不穿鞋的。”乙说：“老板，我去！多好的机会、多大的市场啊，要是非洲人知道穿鞋的好处，天哪，得有多少人买咱们的鞋啊。”后来，乙果然成功了。

原来他首先作了一个非常详细的市场调查，他不但了解了非洲人的脚型特征，还了解了非洲人的生活风俗和习惯，量脚定制出适合非洲人所穿的鞋子。另外他又实施了一系列的营销策略，在非洲一个非常出名的中央广场上，制作了一个人物的雕像，用一块幕布盖着，选择了一个非洲很重要的节庆日，请了一个非洲知名的主持人来主持这场揭幕礼。当主持人喊到三、二、一时，幕布揭开，原来是一位非洲人非常崇拜的人的塑像，穿着乙的公司所设计的鞋子，而且广场周围还有很多人穿着美丽的鞋子在翩翩起舞。于是，乙成功地开拓了非洲的鞋市场。

讨论：为什么同样的一件事会有不同的结果？你自己是否丢失过创新的机遇？你身边还有哪些创新的机遇？

教师点评

从不同的角度看待同一问题，只要多加领会和善用，在差异中找对称点、平衡点，就能随心所欲，就能有新奇的发现，就能达到目标。智慧的人善于创造契机，聪明的人善于把握机遇，创新思维就能成就成功人生。

牛仔裤的由来

牛仔裤的产生，可不是偶然的。而牛仔裤的发明人李维·施特劳斯（Levi Strauss），也不是在一夜之间发明出牛仔裤的。当李维离开家乡纽约时，并没有想过，将来他会成为世界最大、最成功的牛仔裤制造商。

1849 年，美国人正沉醉于淘金热，而许多探矿者都络绎不绝地来到加州这个地方。几年之后，李维·施特劳斯（Levi Strauss）从纽约带来了一批帆布，正准备卖给当地的淘金客用作帐篷和篷顶车的材料。

一次偶然的机会，李维跟其中一名淘金客闲谈，对方的一句话启发了他：“我们经常需要到矿坑工作，裤子容易磨破。所以，我们现在最需要的是一条耐穿的长裤。”

李维由此得到灵感，马上请裁缝师将带来的那批帆布裁制成长裤，卖给淘金客。这富有创意的发明很快就一传十、十传百，探矿者都乐于改穿这种帆布制成的长裤。

讨论：你是否也有过灵感的体验？如果有，说出来和大家分享。

教师点评

灵感往往是一刹那间的事，但灵感不会无缘无故地来到，它到来的前提是自己在某一方面不断地艰苦探索，还需要丰富的生活体验作为基础。

创新游戏

创新并非都很神秘，不少创新就是在游戏中玩出来的，陶行知也曾经说：“科学是从把戏中玩出来的。”我们身边就有不少可玩的把戏，先看下面的几个例子。

游戏一：四线连九点

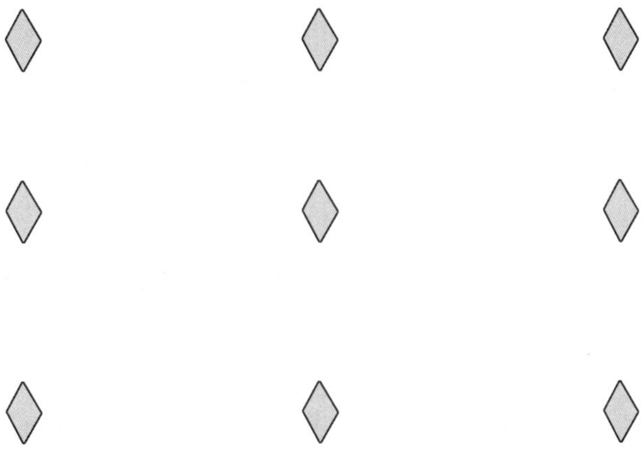

游戏规则：要求连接所有的九个点，用头尾相连的四条直线，不能倒退也不能中断，要把图上九个点全部连上。（你的笔不能在纸上倒退、重移，四条直线一笔带过。）

游戏二：钉子游戏

游戏规则：

1. 给每个组发一套钉子游戏用具（包括13根钉子和一块木板）。

2. 先把1根钉子尖的那头钉在木板上，使这根钉子直立；然后把其他的12根钉子放在直立的那根钉子上，这12根钉子只能碰到任何一根钉子，不能碰到其他的任何东西。

3. 学员在桌子上或地上都可以，只按要求把12根钉放在1根钉子上就可以了。

4. 不可以使用外力，不可以使用暴力，不可以使用粘力。

讨论与思考：

1. 到底可不可能？自己就认为不可能，所以就永远没机会？

2. 如果换种思维，从你认为不可能的想法中做出一点改变，想想别的办法，是否能找到答案？

游戏三：摆火柴

游戏规则：

1. 发给每个同学8根火柴，要求在最短的时间内用这8根火柴拼出一个菱形。要求菱形的每个边只能由一根火柴构成。拼出的人举手示意。

2. 老师要在旁观察每个人的方法是否相同，最后选出最快且合乎要求的学生，给予一定奖励。

游戏后讨论：

1. 请做出来的同学讲讲你们的思路是怎样的？

2. 没做出来的同学，你们失败的原因是什么？

游戏四：不可能完成的任务

游戏规则：

1. 全班同学分组，每组4人，然后发给每组一个任务卡。每张卡上写着一件商品的名字以及它应卖给的特定人群。要注意，这些人群看起来应不需要这些商品，实际上应该完全拒绝这些商品。比如向非洲人销售羽绒服，向爱斯基摩人销售冰箱等。总之，每个小组面临的挑战是，销售不可能卖出的商品。

2. 每个小组应根据任务卡的要求准备一条30秒的广告语，用来向特定人群推销商品。该广告应注意以下三点：

（1）该商品如何改善特定人群的生活。

（2）这些特定人群应怎样有创造性地使用这些商品。

（3）该商品与特定人群现有的特有目的和价值标准之间是如何匹配的。

3. 给每组20分钟的时间，按照上述三点要求写出一个30秒钟长的广告语，要注意趣味性和创造性。

4. 其他组同学暂时扮演那个特定人群，认真倾听该小组的广告词，应该根据广告能否打动他们，是否激起了他们的购买欲望，是否能满足某个特定需求来作出判断。最后通过举手的方式，统计出有多少人会被说服而购买这个产品，有多少人觉得这些推销员很可笑，简直是白费力气。

5. 选出优胜的一组，给予奖励。

游戏后讨论：

1. 在推销你组的商品时，你们是怎么分析特定人群和此商品的关系的？你们是否考虑过他们的习惯、需要、想法和价值标准呢？

2. 你们组的创意“新”在哪里？

讨论：上面的游戏说明，创新不只是冥思苦索，而需要在动手实践的基础上进行创新思考。从上述游戏过程中，我们能获得哪些启示？

教师点评

创新和追求卓越都不是一件容易的事，却又不是高不可攀的。事实上，创新之路就在我们的脚下，同样，每个人身边也都有一条通往卓越的路径。关键在于你是否向那个方向迈开步子，真正发现了那条路。如果对此回答否，你就与创新和卓越永远失去缘分，如果你正在路上，那也不必急于求成，总有一天，原来被看做不可能的事就会变为现实。

小结

《礼记・大学》中写道：“苟日新，日日新，又日新。”就是说如果能每天除旧更新，就要天天除旧更新，不间断地更新又更新。心灵唯有在不断追求创新和卓越的过程中才能焕发出活力，永葆清新。要改变自己的人生，要改变自己的生活环境，就要时刻有梦想，有创新，有改变，有发展。一个人如果积极去创新观念、思路及方法，与时俱进，灵活变通，在问题与细节中挖掘机遇，抓住机遇，敢于否定自我，破旧立新，直面困难与失败，永不气馁，就会走出一条创新的道路，向更好更高的目标迈进。反之，如果一味坚持原来的旧规矩而不思变化，只能让心灵僵化。中学生正处在青春萌动期，应有灵活的思维，善变的头脑，敏锐的洞察力，从变中求通，通中求久，使生活多姿多彩。所以我们处事绝不能因循守旧，凡事要追寻独到、创新见解，要敢于跳出窠臼。

参考资料

游戏揭秘

1. 先把一根钉子尖的那头钉在木板上，使其直立；

2. 把两根钉子平行拿着，留一根钉子厚度的缝隙；

3. 把其他 10 根钉子一根一根插入缝隙中，要两个两个一对，并且两个钉子帽子相勾住，形成五对，用力均匀地轻放在直立的那根钉子上（注意：用力要均匀，要注意平衡，否则放不住）。

在很多时候，由于个人经验、习惯、偏见等局限了我们想出更好的解决问题的方法，通过这个游戏，让大家意识到某些看上去不可能的事情，通过我们的努力还是有可能实现的。因此，在面对问题时我们应从不同角度进行发散性思考，在原有想法上作出一些改进以获得对事物更全面的认识，进而获取更新颖的方法。

创新教育如何开展

陶行知说："人人是创造之人，时时是创造之时，处处是创造之地。"然而创新能力不足却成为当下教育的大问题，需要通过创新教育加以改善。创造是儿童的天性，而我们的教育在某些情况下非但没有使这种自然本性得到发展，反而压制了儿童创造的冲动。创新教育的提出，要求我们以欣赏的眼光来看待学生，使每个儿童的潜能都能得到发挥。教育者应坚信每个学生都是可以造就的，尤其是不可低估"后进生"的创造潜能。

解放孩子是创新教育的希望。现今，人的主体性空前弘扬，任何对人的主体性和自由意志的扼杀几乎都被视为罪恶，因为人生而具有追求自由的天性。"人崇尚民主，向往自由，自由的本质或实质是自我选择、自我决定、自我追求、自我实现。"而现实的教育却习惯于代替儿童选择，代替儿童思考，强迫学生接受，禁锢学生自由，压抑学生个性，违背了人的自然本性、社会本性和追求自由的本质，目的是为了按社会的预设标准把儿童塑造为某一种特定的人。因此学生对抗教育、反教育现象不断出现，出现新的教育无力，教育成了异化人的一种手段，它不是引导发挥人的潜能，而成了一种强制的、令人生畏的外在力量。

创新教育就是以培养人创新精神和创新能力为基本价值取向的教育。其核心是着重研究与解决在基础教育领域如何培养中小学生的创新意识、创新精神和创新能力的问题。创新的含义是多层次的。这里所说的"创新"，是指通过对中小学生施以教育和影响，使他们作为一个独立的个体，能够善于发现和认识有意义的新知识、新思想、新事物、新方法，掌握其中蕴含的基本规律，并具备相应的能力，为将来成为创新型人才奠定全面的素质基础。这里关键是使他们具有求新的意识和相应的能力，而不是要他们时时处处搞发明创造。

创新教育与创造教育的关系

创新教育与创造教育有相同的一面但也有很多的不同。创新教育不仅是方法的改革或教育内容的增减，而是教育功能的重新定位，是带有全局性、结构性的教育革新和教育发展的价值追求，是新的时代背景下教育发展的方向。创新教育的重点不仅是在操作层面上搞小发明、小制作，或在学科教学中仅仅培养发散思维能力就可以了。这些在创新教育中仍然要搞，但除了考虑这些操作层面上的问题外，更要考虑适宜创新人才成长的"土壤"、良好的环境，这比什么都重要。创新教育与过去的创造教育固然有继承关系，但绝不是沿袭过去的东西。当然两者也并不矛盾，它们在很多方面，尤其在基础方面是相通的。创新教育是创造教育在新的历史条件下的发展和升华。

创新教育与素质教育的关系

《中共中央、国务院关于深化教育改革全面推进素质教育的决定》中已经说得很清楚，素质教育要以培养学生的创新精神和实践能力为重点。创新教育是素质教育的灵魂、核心，创新教育为实施素质教育、深化素质教育找到了一个"抓手"。这几年搞素质教育总感到有点像“老虎吃天”，不知从哪着手。先是多搞活动，多搞点音、体、美，但又感到光停留在这个层次上也不行。现在感到创新教育抓住了素质教育的一个核心内容，可以成为“抓手”，况且创新精神和创新能力便于细化，可以操作，用它可以带动素质教育的方方面面。创新是实施素质教育的关键。首先，创新是关系国家前途命运的关键问题；二是素质教育要提高全民族的素质，提高全民族的创新能力，它同创新教育追求的目标是一致的；第三，实施素质教育必须在一系列问题上创新，包括教育观念、教育思想、教育制度、教育内容、教育方法都要创新。如果不创新，还是沿袭旧的那一套，素质教育就很难实施。所以，不管是从时代的发展、现代化的需要、教育改革的需要、党和国家领导人的倡导来看，还是从素质教育追求的目标来看，创新教育是为了使素质教育能够真正得到贯彻实施。

创新教育如何实施

所谓创新教育就是使整个教育过程被赋予人类创新活动的特征，并以此为教育基础，达到培养创新人才和实现人的全面发展为目的的教育。所谓创新人才，应该包括创新精神和创新能力两个相关层面。其中，创新精神主要由创新意识、创新品质构成。创新能力则包括人的创新感知能力、创新思维能力、创新想象能力。从两者的关系看，创新精神是影响创新能力生成和发展的重要内在因素和主观条件，而创新能力提高则是丰富创新精神的最有利的理性支持。

实施创新教育就是要从培养创新精神入手，以提高创新能力为核心，带动学生整体素质的自主构建和协调发展。而创新精神和能力不是天生的，它虽然受遗传因素的影响，但主要在于后天的培养和教育。创新教育的过程，不是受教育者消极被动的被塑造的过程，而是充分发挥其主体性、主动性，使教学过程成为受教育者不断认识、追求探索和完善自身的过程，亦即培养受教育者独立学习、大胆探索、勇于创新能力的过程。因此，在教学过程中要致力于培养学生的创新意识、创新能力及实践能力。

转变教育观，培养创新意识

教师观念的转变是实施创新教育的关键和前提，教师观念不改变就不可能培养出具有创新意识的学生。首先，要认识课堂教学中教师与学生的地位和作用，教与学的关系，发挥教师的主导作用和学生的主体作用，充分调动学生的学习主动性和积极性，使学生以饱满的热情参与课堂教学活动。建构主义理论认为：知识不是通过传授得到，而是学习者在一定的情境即社会文化背景下，借助他人（包括教师和学习伙伴）的帮助，利用必要的学习资料，通过意义构建而获得。因此，教师在学生的学习过程中应是组织者、指导者、帮助者、评价者，而不是知识的灌输者，不要把教师的意识强加于学生；而学生是教学活动的参与者、探索者、合作者，学生的学习动机、情感、意志对学习效果起着决定性作用。其次，在教学方法上也要改变传统的注入式为启发式、讨论式、探究式，学生通过独立思考，处理所获得的信息，使新旧知识融会贯通，建构新的知识体系，只有这样才能使学生养成良好的学习习惯，从中获得成功的喜悦，满足心理上的需求，体现自我价值，从而进一步激发他们内在的学习动机，增加创新意识。

营造教学氛围，提供创新舞台

课堂教学氛围是师生即时心理活动的外在表现，是由师生的情绪、情感、教与学的态度、教师的威信、学生的注意力等因素共同作用下所产生的一种心理状态。良好的教学氛围是由师生共同调节控制形成的，实质就是处理好师生关系、教与学的关系，真正使学生感受到他们是学习的主人，是教学成败的关键，是教学效果的最终体现者。因此，教师要善于调控课堂教学活动，为学生营造民主、平等、和谐、融洽、合作、相互尊重的学习氛围，让学生在轻松、愉快的心情下学习，鼓励他们大胆质疑，探讨解决问题的不同方法。亲其师，信其道，师生关系融洽，课堂气氛才能活跃。只有营造良好的教学气氛，才能为学生提供一个锻炼创新能力的舞台。

训练创新思维，培养创新能力

创新思维源于常规的思维过程，又高于常规的思维，它是指对某种事物、问题、观点产生新的发现、新的解决方法、新的见解。它的特征是超越或突破人们固有的认识，使人们的认识“更上一层楼”。因此，创新思维是创造能力的催化剂。提问是启迪创新思维的有效手段。因此，教师在课堂教学中要善于提出问题，引导学生独立思考，使学生在课堂上始终保持活跃的思维状态。通过特定的问题使学生掌握重点，突破难点。爱因斯坦曾说：“想象比知识更重要，因为知识是有限的，而想象力概括着世界的一切，推动进步并且是知识进化的源泉。”想象是指在知觉材料的基础上，经过新的配合而创造出新形象的心理过程。通过想象可以使人们看问题能由表及里，由现象到本质，由已知推及未知，使思维活动起质的飞跃，丰富的想象力能“撞击”出新的“火花”。因此，在教学过程中要诱发学生的想象。

掌握研究方法，提高实践能力

科学的研究方法是实现创新能力的最有效手段，任何新的发现，新的科学成果都必须用科学的方法去研究，并在实践中检验和论证。因此，教师要使学生掌握科学的探究方法，其基本程序是：提出问题——作出假设——制订计划——实施计划——得出结论。课堂教学中主要通过实验来训练学生的实践能力，尽量改变传统的演示性实验、验证性实验为探索性实验；另外还可以向学生提供一定的背景材料、实验用品，让学生根据特定的背景材料提出问题，自己设计实验方案，通过实验进行观察、分析、思考、讨论，最后得出结论，这样才有利于培养学生的协作精神和创作能力。有时实验不一定获得预期的效果，此时教师要引导学生分析失败的原因，找出影响实验效果的因素，从中吸取教训，重新进行实验，直到取得满意的效果为止。这样不仅提高学生的实践能力，而且还培养学生的耐挫能力。

利用新的信息，触发创新灵感

现代社会，要培养学生收集和处理最新信息的能力。科学技术的迅猛发展，新技术、新成果的不断涌现，瞬息万变的信息纷至沓来，令人目不暇接。只有不断地获取并储备新信息，掌握科学发展的最新动态，才能对事物具有敏锐的洞察力，产生创新的灵感。否则，创新将成为无源之水、无本之木。因此，要引导学生通过各种渠道获取新信息，如通过图书馆、电视、报纸、互联网、社会调查等获取信息，为创新奠定坚实的知识基础，这样才能驾驭科学发展的潮流，才能使创新能力结出丰硕的成果。

创新教育内容

创新精神，主要包括有好奇心、探究兴趣、求知欲，对新异事物的敏感，对真知的执著追求，对发现、发明、革新、开拓、进取的百折不挠的精神，这是一个人创新的灵魂与动力。

创新能力，主要包括创造思维能力、创造想象能力和创造性地计划、组织与实施某种活动的能力，这是创新的本质力量之所在。

创新人格，主要包括创新责任感、使命感、事业心、执著的爱、顽强的意志、毅力，能经受挫折、失败的良好心态，以及坚忍顽强的性格，这是坚持创新、取得成果的根本保障。

创新教育误区

误区之一：创新教育就是“小发明、小创造”。

误区之二：创新教育就是培养学生的创新思维（也称创造性思维），而创新思维就是发散思维。

创新教育的任务是培养学生的创新人格、创新思维和创新技能，而不仅仅是创新思维。

创新教育的定位

1．认识定位

创新教育是各级各类教育的共同要求。对于基础教育来说，应着眼于人的创新精神和创新能力培育，为人的创新素质的持续发展打下初步的基础。创新教育的定位可以是多维度的，在创新教育的认识上，教育实践界存在许多误区，澄清这些模糊认识对学校创新教育实践有极为重要的意义。

——创新只是少数天才学生的事。许多教师以为创新是人的高级智慧，非一般学生所能拥有。其实，创新是人的本性，人人都具有创新的潜能与倾向；创新是人生存的需要，只要人存活一天就片刻也离不开创新。问题的关键是我们后天的教育是否尊重、保护并培育了这种潜能，激发、促进并满足了这种需要。《学会生存》曾指出：“教育既有培养创造精神的力量，也有压抑创造精神的力量。”人的创新精神与能力不完全是由先天因素决定的，后天的教育因素也是重要的决定力量。所以，创新教育应具有全体性，应面向每一个学生。

——创新只是自然科学的事。许多人以为创新就是科学发现、技术发明，只有科学教育才能培养人的创新精神与能力。实际上，不仅自然科学需要创新，社会科学与人文科学同样需要创新，特别是在科学技术的负效应日益显现的今天，科技创新与人文创新更应平衡发展，使未来社会既是高智力的，又是高情感的。不仅如此，即使自然科学创新也离不开社会和人文思维方式的支持。譬如，长沙九中谭迪敖老师的“哲理诗训练”，既是一种人文创新训练，同时又支撑了科学创新精神。所以，创新教育应具有全域性，面向每一门学科。

——创新只是课外活动的事。也有许多教师以为，课堂教学的任务就是传授知识，发展知识是课外活动的事。实际上，这种区分是人为地割裂了传承与创新之间的内在联系。创新是整个教育模式、教育制度和教育观念的全局性改变，并不是局部的修改和增减，它应贯穿于课堂教学、课外活动和日常教育生活等方方面面，成为全部现代教育的精神特质，局部性的教育创新不可能是真正意义上的创新教育。其中，课堂教学是创新教育的主渠道，也是学校教育改革的着重点。所以，创新教育还具有全面性，是教育系统的整体性改造。

——创新只是智力活动的事。还有一些人认为，创新是一个人的智力表现，高智力必然会有高创新。这也是一种错误认识。创新不仅是一种智力特征，更重要的还是一种人格特征或个性特征，是一个人综合素质的凝结性表现，是一个人的自我超越和自我发展，是一个人潜能和价值的充分实现。在人的智力水平相当或恒定的情况下，非智力因素往往起着决定性的作用，许多有创新精神的人并非智力超群，而是非智力的人格特征出众。单纯的智力活动只能培养匠人，而不可能培养大师。所以，创新教育还具有综合性，是个体生命质量的全面提升。

——创新只有正面的效果。几乎所有的人都认为，创新是“正面的”、“好的”事情，人们可以尽情地去追求。殊不知，创新是一把双刃剑，它既可以成为天使，也可以成为魔鬼；既可以为人类造福，也可以使人类致祸。现代社会的高级犯罪有哪一宗不是创新的结果呢？创新只是工具，并不是方向本身，创新还不能单独成为目的，创新教育也不能代替现代教育的全部，它必须与道德教育整合，培养人的同情心和责任感，把人的创新精神与创新能力引向为人类造福的方向上来。所以，创新教育具有双重性，现代教育必须致力于相互整合，兴利去弊。

2. 目标定位

基础教育是为个体升入上一级学校、自身素质持续发展以及今后走向社会做准备的教育，基础教育阶段的创新教育也要为学生未来的持续性创新打基础。那么，具有深厚基础性和广泛迁移性的创新品质究竟包括哪些？这也是创新教育定位应予以优先回答的问题。概括地说，为持续的创新打基础主要包括两大方面：一是打创新精神基础，二是打创新能力的基础。

创新精神是创新人格特征，是主体创新的内部态度与倾向，它包括创新意识、创新情感和创新意志三大方面。

——创新意识。创新意识是个体追求新知的内部心理倾向，这种倾向一旦稳定化，就成为个体的精神与文化。经验性的研究表明，具有创新意识的人常常是不满足于现实，有强烈的批判态度；不满足于自己，有持续的超越精神；不满足于以往，有积极的反思能力；不满足于成绩，有旺盛的开拓进取精神；不怕困难，有冒险献身的精神；不怕变化，有探索求真的精神；不怕挑战，有竞争合作的精神；有强烈的好奇心，旺盛的求知欲，丰富的想象力和广泛的兴趣等。这些品质都是基础教育应重点予以关注的。

——创新情感。创新情感是个体追求新知的内部心理体验，这种体验的不断强化，就会转化为个体的动机与理想。经验性研究也表明，有创新情感的人常常是情感细腻丰富，外界微小的变化都能引起强烈的内心体验；人生态度乐观、豁达、宽容，能比较长时间地保持平和、松弛的心态；学习和工作态度认真、严肃、一丝不苟，有强烈的成就感，工作的条理性强；对世间的所有生命都有同情心和责任感，愿意为改善他们的生存状态而尽心尽力等，这些也是基础教育应予以优先关注的。

——创新意志。创新意志是个体追求新知的自觉能动状态，这种状态的持久保持，就会成为个体的习惯与性格。经验性的研究表明，有创新意志的人常常是能排除外界的各种干扰，长时间地专注于自己的活动；工作勤奋，行为果断，对自我要求较高，对工作要求较严；善于沟通与协调，组织能力强，有较强的灵活性，为达到目的愿意变换工作的途径和方法；有较强的独立性和自制力，在没有充分的证据和理由之前，不轻易放弃自己的主张，能容忍别人的观点甚至错误等，这些品质在基础教育阶段也应形成。

创新能力是创新的智慧特征，是主体创新的活动水平与技巧，它包括创新思维和创新活动两大方面。

——创新思维。创新思维是个体在观念层面新颖、独特、灵活的问题解决方式，创新思维是创新实践的前提与基础，如果想不到是不可能做得到的。经验性的研究表明，具有创新思维的人常常感受敏锐，思维灵活，能发现常人视而不见的问题并能多角度地考虑解决办法；理解深刻，认识新颖，能洞察事物本质并能进行开创性地思考；思维辩证，实事求是，能合理运用发散与辐射、逻辑与直觉、正向与逆向等思维方式，不走极端，能把握事物的中间状态等。这些品质是基础教育阶段思维训练的重点。

——创新活动。创新活动是个体在实践层面新颖、独特、灵活的问题解决方式，创新活动是创新思维的发展与归宿，如果经不起实践检验的思维是无价值的。经验性的研究也表明，具有创新活动能力的人常常实践活动经历丰富或人生经历坎坷，经受过大量实践问题的考验；乐于动手设计与制作，有把想法或理论变成现实的强烈愿望；不受现成的框架束缚，不断尝试、不断反思、不断纠正；愿意参加形式多样的活动，乐于求新、求奇，乐于创造新鲜事物等。这些也是基础教育应给予考虑的创新素质目标。

作为一种活动的创新教育

作为一种活动的创新教育指学校和其他社会机构为培养学生的创新能力在管理和教学方面的具体安排和策略。创新教育活动不仅渗透于课堂教学活动中，还包括培养学生创新能力的专门活动以及社会教育机构为培养学生的创新意识和创新素养而开展的一系列活动。人们往往把学校作为培养学生创新能力的最重要的机构，但学校绝不是也不可能成为唯一的机构。培养学生的创新能力是一项系统工程，需要社会各方面的密切配合。培养学生的创新能力既可以通过学校内的课堂教学、科技活动以及专门的校本课程来进行，还可以聘请有专门才能的学生家长、科研专家开展专题讲座来开阔学生的知识面，培养创新意识；此外，学校还可以和当地的科学机构合作培养学生的科技素养和创新精神。由此可见，开展创新教育活动应该以学校为中心，在全社会建立系统协调的运作机制，这是实施创新教育的保证。

目前基础教育中校长承担了过多的与其角色、身份不相符的工作，教师的创造灵感没有得到充分的发挥，学生的创新潜能受到过多的束缚。因此，创新教育的前提就是解放。从这个角度来理解创新教育，则创新教育的活动有以下几个方面：

1. 主体性活动。要保持学生的主体地位，唤醒学生的主体意识，发展学生的主体性以帮助学生认识自己，发挥能动作用，尊重学生独立的人格以达到创新意识的培养。

2. 民主性活动。师生之间首先要有民主，才能有真正的师生平等，有了师生的平等，才有师生之间的沟通和交流。有了这种和谐的氛围，学生才敢于质疑权威，表述自己的创意思维，形成创新精神。

3. 互动性活动。首先，学生的创新意识、情感、态度和创新能力仅通过阅读教材里的陈述性知识不会得到很大的改变。认知心理学认为学习是“以已有的经验为基础通过与外界的相互作用来建构新的理解”。当学习者以自己的经验为背景建构对事物的理解时，不同的人看到的是事物的不同方面，不存在对事物的唯一的标准理解，因此，“教学要使学生超越自己的认识，看到那些与自己不同的理解，看到事物的另外的侧面”。基于这样的认识，教师与学生、学生与学生之间的社会性互动就成为必要。互动性活动就是在具体教学实践中通过学生之间的相互交流，丰富他们的认知，以利于学习的广泛的迁移。让学生在具体的活动中，在同社会、周围环境的互动中学会选择、判断，学会获取知识的方法，培养自己的创造能力。其次，学生的每一种创意都应该在实践活动中得到检验，获得反馈信息，这样学生才能得到创造的体验。通过一定的活动形式鼓励学生自己探索，让学生在冲突中寻求解决问题的方法，在应付困难和危机中增强面对困难的信心和勇气，这正是创新活动的实质所在。

4. 独立自学的活动。知识经济社会的一个特征是知识老化周期变短，产品换代加速，满足人们工作需求的90%的知识要在以后的工作中不断学习才能取得。早在1972年5月，联合国教科文组织国际教育委员会就出版了《学会生存——教育世界的今天和明天》，提出了终身学习的思想，因此，今后一个人如何通过有效的途径获得他所需要知识的能力成为衡量他创新能力高低的一个标志。培养学生独立自学的能力是开展创新教育活动的一个主要内容。

在目前的中小学教育实践中，人们往往重视的是小发明、小创造以及如课外活动形式一类的活动，对中小学学生而言，最重要的是培养学生的创新思想。小发明、小创造等活动本身不应构成目的，而是要在这些活动中体现创新教育思想，并依据创新教育原则来开展，以期达到培养学生的创新意识、创新观念和创新态度的目的。

第二十三单元 创造幸福生活

今日视点

你的幸福被偷了吗？

幸福感是一种长久的、内在的、坚定的良好心理状态和情绪体验，然而现实生活中总有一些人永远幸福不起来，他们的幸福总被偷走。事实上，一个人幸福与否并不是赚钱时的快乐、花钱时的痛快，很大程度上取决于很多和财富无关的因素，例如身体健康、工作稳定、婚姻状况以及人际关系等，这与个人对生活的认识、社会的发展也有很大关系。在一些地方经济发展与幸福感提升形成的“幸福悖论”。社会心理学家们也对现代中国人幸福感下降的原因进行了分析，总体有以下几点原因。

老爱比较。把主要精力都投入到竞争中，比职位、比房子、比财富……比来比去，心里只剩下欲望，没有了幸福。一旦人追求的不是如何幸福，而是怎么比别人幸福时，幸福也就离你远去了。

缺乏信念。一些人除了赚钱，不知道人生中的目标与追求到底是什么，甚至不知道自己究竟想要什么。缺乏信念与理想的人难以产生长久、快乐的幸福感。

不善于发现阳光面。生活中有许多积极的、好的方面，但许多人却忽略了它们，只看到自己的不幸，忽略了自己的幸福；放大了别人的幸福，缩小了自己的快乐。媒体为了吸引眼球对生活中的负面事件大肆宣传满足了人们的好奇心，但同时也削弱了人们的积极心态。

不知道奉献。在生活中多去帮助他人，能让自己感到更快乐。但现代社会中，乐于无私奉献的人越来越少，斤斤计较的人越来越多。如果你总算计着我能从中得到什么，做这件事值不值得，别人欠我什么，就会生活得很累。

不知足。俗话说“知足者常乐”，但能知足的人越来越少了，欲望驱使着人无休止地奔波劳碌，硬撑着去争取登上那“辉煌”的顶峰。

相互不信任。虽然社会通信高度发达，交通便捷了，但人们的心灵却渐渐疏远了，越来越倾向于思考权力、地位等，对于幸福的感受度是零。很多时候不是生活中的幸福少了，而是人们不再掌握感受幸福的能力。

过于焦虑。购房、子女养育、家庭养老等负担，工作压力，朋友同事之间人际关系的处理等都成了中国人的“压力源”。在大城市中，无论老人、年轻人还是孩子，多处于一种烦躁不安的焦虑状态，这让人们无法从心底感受到幸福。

讨论：同学们有幸福感吗？如果感到不够幸福，请查一查自己的幸福被什么偷走了？

指点迷津

追求幸福是人类久远的活动，幸福却是一个内涵复杂的概念，是否幸福要通过心灵的尺度来度量，创造幸福要依据心灵的内在标准确立蓝图和规范。于是心灵教育一方面要确立恰当的幸福尺度，另一方面要依据心灵中的蓝图和规范积极创造幸福，让心灵与幸福更接近。

主观幸福感一般主要决定于生活质量、心理健康和社会状况，它具有时间、空间、人际的相对性。因而幸福感受到许多复杂因素的影响，主要包括：经济因素如就业状况、收入水平等；社会因素如教育程度、婚姻质量等；人口因素如性别、年龄等；文化因素如价值观念、传统习惯等；心理因素如民族性格、自尊程度、生活态度、个性特征、成就动机等；政治因素如民主权利、参与机会等。此外，对主观幸福的理解还涉及认知与情感、个体与群体、横向与纵向、时点与时段等多个层面。在一个封闭社会中，由于缺乏与其他社会之间的比照，尽管这个社会的物质发展水平不高，但由于心理守常和习惯定势的作用，其成员便可能知足常乐，表现出不低的幸福感；而一个处在开放之初的社会，面对外来发达社会的各种冲击，开始了外在参照，因此，其成员的幸福感便可能呈现下降之势，因为此时他们原有的自尊受到了创伤。如果人们意识到的自身成就水平高于自己的预期抱负目标，那么，便会产生强烈的幸福感；反之，如果人们意识到的自身成就水平低于他们的预期抱负目标，则不会有幸福感可言。人的幸福感有时与其经济状况或收入水平之间并未呈现出简单的正相关关系，在现实生活中，一些经济状况不佳的人幸福感却不低，而有些百万富翁却整日忧心忡忡。由此可见，追求幸福不只是物质上的追求，更需要通过心灵的健全来实现。

教育方略

各抒己见

幸福的基本内涵

有人对现阶段幸福的基本内涵作了如下归纳：

■人人有好工作，人人有好收入，人人有好环境，人人有好身体，人人有好心情。

■是否幸福应以老百姓为评价主体和对象，由老百姓来确定标准，由老百姓来进行评价。

■是否幸福与你追求幸福的理念、目标、方法、途径密切相关。

■幸福社会的内涵是经济殷实、物质低耗、环境清洁、政治民主、社会和谐、精神愉悦。

■普通民众可以根据个人关注度对收入、就业、住房、教育、环境、卫生、社区生活、机构管理、安全、工作与家庭关系等 11 个因素的重要性进行排序，得出是否幸福。

讨论：同学们是否赞同上述对幸福的基本看法？将自己对幸福的看法讲出来，通过讨论看大家是否能获得一些共识。

教师点评

既然幸福有着如此复杂的内涵，每个人都应该有自己的幸福观，这是很正常的。在这个问题上，没有标准答案，请大家今后注意在生活中去体验，并在此基础上形成自己的幸福观。或许再过若干年后，大家的看法会有所变化，到那时大家的看法同样也不会一致，但这不影响我们去追求幸福。

探幸福路

追求幸福的基本路径

有人经过研究，提出一个人追求幸福的路径是以下三爱，细细品味是否有点道理：

■爱自己：身心健康，规划人生，实现价值。

■爱他人：真正爱自己的人，一定会爱他人，给他人带来幸福、愉悦 。孝敬父母；亲近朝夕相处的人（妻子或丈夫、孩子、兄弟、姐妹、老师、同学、学生、朋友、同事、顾客）；博爱他人（爱那些不认识的人，而非仅是爱你的亲戚、熟人、邻居、朋友 ）。讲求平等、博爱、人道。

■爱大家：维护公共利益、集体利益，遵守公德；爱（保）护自然环境，“要将自己家的客厅和花园，延伸到屋外的大街小巷，延伸到整个城市、整个中国、整个世界”；节约资源。

讨论：同学们是否赞同上述追求幸福的路径？请你谈一谈自己的看法。

教师点评

人常说幸福的家庭是相似的，不幸的家庭各有各的不幸。说明不同的人追求幸福应该有共同的规则和路径。有人将幸福概括为三个要素——财富、情感、健康。只有财富、情感、健康这三者和谐统一的时候，人们才感觉幸福，幸福的家庭就是这三者和谐统一的结果。这里所说的爱可能是一条基本的路径，缺了它肯定不幸福；但它是不是唯一的呢？那倒未必，例如我们可以通过教育获取的智慧和健全的人格回馈幸福社会建设，诸如此类还有很多，请同学们在今后的生活中去反复体验、探索。

晒幸福

教师：晒幸福是指人们把自己认为幸福并且能够温暖人心的事物发表到互联网上，让大家能够看到，并且感受到他们的幸福。有人还专门作了一首名为《晒幸福》的歌，请大家仔细品味。

晒幸福

陪你吹熄烛光替你张罗愿望
你的笑容对我比对你还重要
希望我有荣幸负责你今后每年的
生日蛋糕和所有快乐健康
我手里有为你准备的梦想有为你准备的方向
当别人还在孤单我们晒幸福的阳光
我怀里有为你准备的暖房累了往我这里靠
哪怕全世界收回所有美好你别烦恼
不怕别人知道你对我的意义
我的未来已经和你画上等号
希望我有荣幸负责你今后每年的
生日蛋糕和所有快乐健康
为你量身定做的爱其他人不需要懂
只要羡慕我们幸福晒红的脸孔
我们不会变糟我们只会更好

讨论：今天我们就在班里晒幸福，请同学们将你曾经感到最幸福的一件事说出来和大家分享，你的幸福将会增值为大家共同的幸福。

教师点评

每个人对待幸福的理解不同，幸福与人的心境、心态密切相关，所以说，幸福又是种感觉。幸福是比较出来的，就看你与谁比较了，人都在刻意追求幸福，你所看到的别人很幸福的时候，也许他自己并不那么认为，就正如躺在病床上的人羡慕身体健康的人，而健康健全的人又会抱怨自己时运不济……许多幸福的感觉随满足程度而递减，幸福会让人得之愈艰，爱之愈深，拥有幸福，常思艰难。就如同有人说只有肚子疼了才知道自己有个肚子，一个人总是感觉不到幸福，是自己的最大悲哀。幸福是种感觉，不知足，永不会幸福，感觉幸福就是幸福。

感悟幸福

幸福在懂得放手的那一刻来临，幸福来源于我们自己。

上帝赋予人劳动的双手就是为了让人去缔造幸福。

当你把幸福与朋友分享，你的幸福并不减少，你的朋友得到的幸福又会使你更幸福，所以与朋友一起分享幸福，你会得到双倍的幸福。

幸福不是房子有多大，而是房子里的笑声有多甜。

幸福不是能开多豪华的车，而是开着车能平安到家。

幸福不是存了多少钱，而是天天身心自由，能够做自己喜欢的事儿。

幸福不是当了多大的官，而是无论走到哪儿，人们都说你是个好人。

幸福不是吃得好穿得好，而是没病没灾。

幸福不是心爱的人有多漂亮多帅气，而是心心相印，患难与共，笑容灿烂。

幸福不是成功时喝彩多么热烈，而是在失意或遇到灾难时有个声音说：别倒下，我来帮你挺住！

幸福不是听过多少甜言蜜语，而是在伤心落泪时能有人说：没事的，有我在。

小时候，幸福是一件东西，拥有就幸福；长大后，幸福是一个目标，达到就幸福；成熟后，发现幸福其实就是一种心态，感悟就是幸福。快乐生活每一天，幸福就在你身边。

你能放下多少，幸福就有多少。

讨论：从上面的幸福哲语中，你对幸福有了哪些新的感悟？

教师点评

大家说出了自己对幸福的感悟，对幸福已经有了初步的认识。然而这点认识还是比较肤浅的，更加深刻地认识幸福，一方面要多学习前人在这方面已经积累起来的智慧，另一方面要用自己的心去体验。长期坚持这样做，你就能与幸福越来越接近。

幸福锦囊

创造幸福人生是每一个国家、每一个族群、每一个家庭，乃至每一个人所致力谋求的理想境界，然而结果往往事与愿违。尤其是在当今社会，功利炽然，诚信脆薄，家庭不和，人心惶惑无依。由于每个人的幸福观不一样，每个人通往幸福的路径也有差异，所以不能强求一致。但每个人的幸福要靠自己去创造，每个人的幸福道路要靠自己去探索，今天我们就来个预演。请各位同学准备一张白纸，在白纸中间写上自己创造幸福的妙计，不要相互讨论。写好后将白纸对折，将边缘用胶水粘合起来，再在外边写上每个人的姓名，交给教师收藏起来。

讨论：你对自己写的幸福妙计有多大的信心？怎样用行动去实现它？

教师点评

同学们写的幸福锦囊我将珍藏起来，相信它对你们每个人追求人生幸福是个很好的激励。同学们写的锦囊我们先都不看，你自己该干什么还干什么去，如果你还记得老师，十年之后你再回来找我，到时候我们一起打开，看看你的幸福妙计是否灵验，好吗？

小结

幸福是心灵向往的境界，幸福是一种心态。幸福会与物质相关，会与实体相连，会与现实相接触，但最终要通过心才能感悟到。因此加深心灵的修炼是获得幸福的必不可少的条件。然而，修炼心灵不是奴役心灵，人在各方面都是心灵的仆人，心灵才是最终极的主人，这样才能得到真正的幸福，颠倒了这一关系，即便你沿着别人指引的幸福之路不断奔跑，你也永远得不到幸福。因此，追求幸福要不断地践行，还需要不断地感悟。

参考资料

个人幸福指数自测

幸福是什么？辞典里这样说：表示享受到或满意于舒适，安全或愿望得到实现的心理状态。人们是否幸福，很大程度上取决于很多和绝对财富无关的因素。应是人们的身体健康、工作稳定、婚姻状况、子女教育和人际关系等等。

我们的最终目标不是最大化财富，而是最大化人们的幸福。

自测：你的幸福指数。

在每个问题后圈一个数字，最后把他们加起来。

1. 你有足够的零花钱来满足你的需要，你因此不担心钱。

A. 这对我来说绝对是真的。4

B. 部分是真的。3

C. 这不像我，但我努力把钱花在最合理的地方。2

D. 根本不是这样。1

2. 你花钱买彩票吗？

A. 不，从来没有。3

B. 是的，偶尔。2

C. 是的，每周都买。0

3. 你接受你目前的生活并感到幸福吗？

A. 是。4

B. 否。0

4. 你对自己的学业感到满意，你感觉能发挥最大能力。

A. 与我非常相符。4

B. 部分一样。3

C. 不像我。2

D. 根本不像我。1

5. 你和你爱的人以及信任的人的关系使你感到幸福吗？

A. 这对我来说绝对是真的。4

B. 部分正确。3

C. 不正确，但我希望有这样的事发生。2

D. 根本不是这样。0

6. 你的家庭生活融洽充实，你喜欢和家人在一起。

A. 与我很相符。4

B. 部分相符。3

C. 不相符，但我希望是这样。1

D. 根本不相符，我不知道怎样去改变。0

7. 你有很多朋友，其中有各式各样的人，你很积极地保持这些关系。

A. 与我很相符。4

B. 有些相符。3

C. 不太相符，我有朋友，但他们只由一小群人组成。2

D. 根本不相符，我不爱社交或拜访许多人。0

8. 你对自己课外特长的发展很满意，它能帮你发挥潜能。

A. 和我相符，我在发展课外特长上投入很多。4

B. 部分相符。3

C. 不相符。1

D. 根本不相符，我对发展课外特长根本不感兴趣。0

9. 你很积极地参加社会活动，你有很多兴趣爱好。

A. 和我很相符。4

B. 部分相符。3

C. 不太相符。1

D. 根本不相符，我对户外活动没有什么兴趣。0

10. 你有没有做过这样的事——这些事并不引起任何损害也并不是自我毁灭——它会使你忙乱而且你希望你能有更多的时间去做这些事。

A. 是。2

B. 否。0

11. 你怎样描述整体上的舒适感觉？哪一个与你的描述方式最接近？

A. 我感觉健康有活力，热爱生活。5

B. 大多数时间我感觉相当好而且我热爱生活。4

C. 有时我感觉有点低落，但一般我会尽力使事情做得完美。3

D. 大多数时间我感觉都不是很好。1

12. 你健康吗？你会照顾自己吗？

A. 我很健康，喜欢保持一个健康的生活方式。4

B. 一般情况下我能照顾自己，但也喜欢享受生活中的一些美事。3

C. 我的健康有一些问题，但我会努力去改变。2

D. 我对我的健康不怎么注意，有时做一些自己明知对身体不好的事。0

13. 你一般每周花多长时间看电视？

A. 少于 4 小时。4

B. 4 到 10 小时。3

C. 10 小时或更多。1

D. 我经常看电视，有时一天中大多数时间都在看。0

14. 在多大程度上你能管理自己的生活？

A. 我自我管理，别人能做到多少我就能做到多少。5

B. 我生活中独立性很强，尽管我仍允许别人影响我，但这不是我真正愿意的。3

C. 我有一定的独立性，但很有限。2

D. 我根本不知道如何生活，我什么也不能做。0

15. 人们评价你是快乐的吗？你经常大笑或使别人笑吗？

A. 我总是高兴并且经常大笑。4

B. 大多数时间我都快乐，有时大笑。3

C. 我还算快乐，但不能说我笑得多。2

D. 我感觉不快乐，没有什么可以使我大笑。0

16. 当你犯错误或遭遇挫折时，你责备和批评自己吗？

A. 没有。4

B. 有，有时候。2

C. 是，大多数时候。1

D. 是，所有时候。0

17. 你能说你从生活经历中学了很多，而且这些改变了你做事的方式吗？

A. 是，很多。我学到的东西使我改变了许多。4

B. 是，我从生活经历中学习，我能把一些学到的东西付诸实践。3

C. 我学到了一些东西，但它们改变不了我实际的行为。2

D. 我学到了一些东西，但需要改变的不是我。0

18. 你对自己的形象的评价和别人对你的形象的评价是相似的，还是不同的？

A. 据我所知，别人看待我和我的自我感觉是一样的。3

B. 我感觉我心里对自己的看法和别人对我的看法有很大差距。0

19. 有一天，当你无需面对任何真正困难的事时，早上醒后你会有什么感觉？

A. 我盼着这一天的到来。4

B. 我觉得这一天还可以。3

C. 我感觉这一天不太好。0

D. 我厌烦这一天。0

20. 别人说你是乐观主义者还是悲观主义者？

A. 一个乐观主义者，我看大多数事情好的一面，我期望着未来会带来什么，人们都称赞我如阳光般的乐观的生活态度。4

B. 一个乐观主义者，尽管必要时我也很现实。3

C. 两者都不是，我的生活任其发展。1

D. 总是有很多严峻的问题，我不是很乐观。0

21. 当你做一个决定时，你考虑谁？

A. 我做对我合适的事，但我总是考虑别人的观点以及这样做会怎样影响到他们。4

B. 我考虑他人比考虑自己多。3

C. 我主要考虑自己。0

22. 你实现了童年时的抱负和梦想吗？

A. 大多数都实现了。4

B. 有一些实现了。3

C. 一个也没实现。1

D. 我忘记曾经有过什么梦想了。0

23. 在工作和日常生活中你有机会去帮助他人吗？

A. 有，我花很多时间去照顾或帮助别人。4

B. 有，我花一些时间去照顾或帮助别人。2

C. 我从来没有花时间去照顾别人。0

24. 你感觉因你做了什么事或因你这个人本身而受到重视和欣赏吗？

A. 是，大多数时间都是。4

B. 是，有时候。3

C. 我有时感到被重视，但我觉得别人并不是很欣赏我。1

D. 我的付出并没有得到重视和欣赏。0

25. 你有信仰吗？或者有什么事情能对你的精神有帮助？

A. 有。3

B. 没有，或不知道。0

结果分析：

70 分以上

你是一个非常幸福的人，你必须及早明白这一点。你所拥有的东西正是这个世界上其他人想要得到的，比如乐观的性情加上积极的态度，良好的自信，坚定的意志，这些都在你所信仰和追求的事物中表现出来。你会得到一份好运。你会全身心地投入生活，献出的爱会使你快乐。如果你不沾沾自喜的话，人们会向你学习如何使生活变得富有，并给你带来回报和乐趣。

50～70分

你是一个幸福的人。总体来说你很快乐、很积极，能最大限度地利用任何事物。你热爱生活，不在消极或抱怨中浪费时间。你是一个积极的有影响力的人。基本上你是一个幸福的人，你喜欢最大限度地利用生活。

50分以下

你有时会感觉不是很幸福，你的分数表明现在是你该做些事情的时候了，你可以试着改变一下你原来做事的方式，做出一些不同的选择。很可能你是依靠你自己太多了，找一个朋友做你的幸福伙伴怎么样？他能和你共同分享，共同高兴，有目的地选择一些活动和交流，来帮助你建构幸福。

第二十四单元

生命不只属于我自己

今日视点

生命的起源与繁衍

尽管不能找到确切时间，但有证据表明地球上的生命已存在了大约 37 亿年。生命物质是在宇宙进化的某一阶段，由无生命的物质通过缓慢的转化过程产生的，而不是像现代条件下由非生命的有机物质突然产生的。

人类是生命当中的一种，起源于动物，是从动物进化而来的。人来源于（古）猿，属于灵长类家族的哺乳动物。人类和猿的共同祖先被认为是森林古猿的一种，生活在距今 1200 万 ~900 万年前。化石显示，人类是在大约距今 240 万年前的非洲从更新世灵长类动物演化而来。大约在距今 180 万年前，新的人种诞生了——直立人，他们使用火和更先进的工具。直立人在距今 150 万年前迁徙到了欧洲和亚洲。大约在距今 25 万年前进化成智人，然后演化为现代人类，再演变为黑种人、白种人、黄种人、棕种人。

人类又经过一代代的繁衍，才有了你、我、他等芸芸众生。

讨论：以前你意识到自己的生命有这么久远的来源吗？你知道生命来之不易吗？

指点迷津

生命是心灵的载体，没有生命，就无所谓心灵。珍爱生命才能保持心灵长存。每一个人的生命来源于祖先千百万年的进化，是历世历代众多人辛勤的结晶。孕育生命又是父母付出的结果。所以每个人的生命都不仅仅属于自己，而是与赋予他生命的所有人相关，在作出有关自己与他人生命的决定时，一定要珍重，尊重与该生命相关的所有人的权利。

一些年轻人因社会心理冲突而产生一种蓄意终止自己或他人生命的毁灭行为，这是青少年人群主要的非正常死亡原因之一，并呈上升趋势。自杀是一个严重的社会问题和公共卫生问题。中国自杀问题尤其是青少年自杀问题较为严重，每年约有 25 万人自杀身亡。有的青少年虽然没有实施自杀，但是言行举止间却流露出自杀意念。自杀意念是各种威胁自己生命的意向，也包括可观察到的行为，具有隐蔽性、广泛性、偶发性以及个体差异性的特点。日本学者长冈利贞指出了自杀过程的一般经历：产生自杀意念——下决心自杀——行为出现变化，思考自杀的方式——选择自杀的地点与时间——采取自杀行为。有自杀意念便具有自杀倾向。在有自杀意念的人中，5% 的人会发生自杀行为；有自杀行为的人中，10% 的人将自杀身亡。如何及时、恰当地引导有自杀意念的青少年走出自杀的误区，最大限度地避免和减少自杀事件的发生，需要包括我们在内的每个人作出努力。

教育方略

案例点击

美国自杀学协会主席希尼亚·帕佛说：“防止自杀的最好办法不是注意自杀本身，而是应当更广泛地注意是什么因素导致了自杀行为的发生。”

李子言杀继母被判刑

李子言童年时父母离婚，法院将李子言判给生母抚养，父亲每月向他们支付150元的抚养费。当时母亲没有工作，为了供养他念小学，母亲只能去卖血养他。后来李子言一直被生母、姥姥和生父像皮球一样踢来踢去。亲生母亲抛弃他后，李子言只能去找亲生父亲。那时父亲刚刚再婚，在了解了李子言的情况后，父亲把他送进了朝阳区的少年儿童保护中心。他时常去找父亲，但是继母总是看他不顺眼，总在父亲那里告他的状。李子言每每因继母告状而遭受父亲的打骂并被赶出家门。2011年9月3日凌晨4点，李子言一时怨从心起将继母杀死。21岁的李子言因涉嫌故意杀人罪受审，检方建议对他从轻量刑判死缓。

舍己救人的李小化

2007年8月15日上午10时左右，李艳8岁的儿子在武夷山九曲溪边玩耍时，不慎滑入七米多深的溪中，母亲由于救子心切，即刻跳进溪中，才记起自己也不懂水性，只好大声地呼救。

当时，李小化正好路过，他马上脱去鞋子，把手机和钱包放在岸上，跳进水里拯救他们。他先把小男孩托出水面，推向岸边，又迅速返回去拯救在溪中的李艳。

由于刚下过雨，九曲溪的水流非常湍急，但李小化仍紧紧地拉着她的手，形势非常危急。

这时，另一名叫郎爱英的当地导游也跳进溪中帮助救人。据郎爱英事后回忆：“当时我们离岸边还有四五米远，李小化两手托住李艳的肩膀，然后用脚踩水。李在后面推，而我在前面拉。但由于水流太急，拯救李艳的过程仍非常吃力。”大约花了七八分钟，终将李艳救上岸，岸上的人群都松了一口气。众人的注意力都集中在李艳的获救上，却没有人留意到李小化静静地沉入了溪底。

事后，当地先后出动数百人进行搜救行动，都无济于事。李小化的遗体在当日的下午2点30分被打捞上岸。最令众人感动和震撼的一幕出现了：李小化被捞起时，双手仍保持着救人的姿态；即使用白布盖着，他的双手仍直直向上举着。中央美术学院的师生，专门为这一姿势制作了一座玻璃钢塑像，名叫《托举》，以此纪念他英勇救人的事迹。

讨论：就这两个案例，请同学们谈一谈自己对生命的价值的认识。你认为自己生命的直接相关人有哪些？怎样看待陌生人的生命价值？

教师点评

上面两个案例形成是否尊重生命的鲜明对比。每个人的生命都是众多人的爱心的结晶，每个人的生命都有平等的价值，对生命的决定权也应归属于与生命相关的所有人。因为自己经不起挫折，就自行决定终止生命，或终止别人的生命，都是一种滥用他人信任和权力的不道德行为。青少年挫折承受力差，是因为青少年认知功能发育还不成熟，对因果关系的评价还不完善，从而影响了他们应付和解决问题的能力，致使其冲动性比较强，不能客观、现实地评价所面临的主要问题或困境，绝望感增加。另外，大多数青少年由于生活道路比较平坦，阅历比较浅，在遇到挫折时，缺乏思想认识和心理准备，也容易自杀。常有一些“懂事”、“自信”并且“成绩优秀”的初中生，因为偶然的一次打击就突然自杀。由此可见，同学们应该努力培养自己直面挫折的意识。人生成长过程中不可能一帆风顺，必然要面对一次又一次的挫折或失败。生命本身的意义就是在经历人生中不可预知的事件的过程中慢慢地长大。挫折虽然会使人精神痛苦，但也会激励人不断进步。古今中外，事业卓有成就的人都是从逆境中走向成功的。如果仅仅因为一点琐事就轻率地放弃生命，是多么的不值得呀！为了自私的目的而虐待生命，是对生命的不公；扼杀生命是对生命的犯罪。

生命倒计时

盲人作家海伦·凯特曾说过：“假如给我3天光明，我会去实现自己的梦想。”在对自己生命价值犹豫的时候，一定要冷静思考，不要感情用事。

想一想死不得

陶行知先生手书“想一想死不得”碑立在燕子矶头

有“天下第一矶”之称的燕子矶，陡峭的山崖兀立江畔，三面临江，壁立千仞，宛若展翅欲飞的矫燕，故名“燕子矶”。南京数百年来曾流传一句俗语：“自杀——劝诫碑的肉包子，一两（仰）一个”，意思是说在燕子矶跳崖坠江自杀者很多。据资料记载，过去数百年间，燕子矶常发生跳崖自杀悲剧，多得无法统计。也许是见得多了，人们渐渐麻木、漠然、习以为常。燕子矶这样一个风景美丽的地方，竟然曾经是个著名的“自杀胜地”，曾是一处令人胆寒心碎的“鬼门关”。

1927 年，陶行知在燕子矶边办晓庄学校，一天，他听到人们谈论，燕子矶下又浮起了一具女尸，并且是个学生。他极度不安，立即到学校木工厂找来两块木牌，在上面写了几句话劝喻轻生者。一块上写“想一想”三个大字，下边写了几行小字：“人生为一大事来，当做一件大事去。你年富力强，有国当救，有民当爱，岂可轻生?”另一块上则写“死不得”三个大字，下写：“死有重于泰山，有轻于鸿毛，与其投江而死，何如从事乡村教育为中国三万万四千万同胞努力而死!”陶行知把木牌竖立在燕子矶头，又委托一位在附近开茶馆的朋友多留心，看见有人在矶头徘徊要赶快上前劝说。此后，不少来到这儿打算自杀的人，看了木牌，听了劝说，终于停下了投江的脚步。当年陶行知立的木牌因岁月沧桑已不复存在，二十世纪八十年代初曾在南京开办公司的一位企业家因生意不景气，公司破产倒闭，正值壮年的他倾家荡产，负债累累。一天，落日余晖中，他来到燕子矶头徘徊，曾打算一跳了之。陶行知所立的这块碑深深触动了他，他终于放弃了轻生念头。后来，这位企业家回到上海重新创业，终于东山再起，于是他在此处用陶行知的手书“想一想死不得”复立石碑，以期从鬼门关拉回更多的走向死亡的生命。

讨论：设想一下，假如现在你的生命只剩下了有限的时光，请列出你最想做的事情。为了实现你最后的愿望，你应该怎样做呢?

教师点评

世上的“悬崖绝壁”不只是燕子矶，如果内心的思想根源不消除，自杀现象就无法杜绝的。生命只有一次，对于谁都是宝贵的。生命对我们来说是短暂而美丽的，所以我们更有责任珍惜生命、热爱生命、善待生命，让自己的生命绽放无限的光彩。陶行知先生的劝诫碑立在燕子矶头，更应当立在人们心头。正如一位诗人所言：生命是五线谱，有高有低，有起有落。有志者，即使在黄昏中，心灵也会洋溢着希望的晨曲。扬帆于生命之河，有时起有时落，难免会遇到暗礁。“我不去想未来是平坦还是泥泞，只要热爱生命，一切都在意料之中。”

各抒己见

生命的意义与价值

讨论：全班同学先分小组就“什么样的人生是有意义和有价值的人生”展开讨论。然后，请各小组选若干名代表发言。

教师点评

弗洛伊德指出：生命之真谛和价值就在于生命本身。换句话来说，就在于履行和完成每天提上日程的任务和义务，在于“日之所求”。但是，生命是心灵的舟车和体现，生命本身需要细心、用心的经营管理，才可能有内涵和深度。如何使生命有内涵和深度、使人生有意义则全凭每个人对人生的了解和经营，假如我们能够了解人生、经营人生，人生便有意义，假如我们不能了解人生，不善于经营人生，人生便没有意义。因为人类存在的奥秘并不在于仅仅单纯地活着，而在于为什么活着。

当青少年对自己为什么活着缺乏坚定的信念时，是不愿意活着的，也就是说，当青少年不知道生命的意义，不知道为什么事、为什么人而活着的人生是有价值的时候，他同样也不会去理性思考什么样的死是有意义的，是值得的。因此，青少年应该正确地看待人生诸多问题，如学习、家庭、成功、失败、人际关系等，正确地理解生活、热爱生活，理解生命、热爱生命。只要这样，青少年才不会轻易自杀，才不会选择没有价值的死亡。

心灵感悟

教师带领全班同学朗读下面的诗歌，让同学们细细品味其中蕴含的哲理——感谢生命、热爱生命。

感谢生命

我是怎么拥有你的？
拥有了你的我何其幸运！
否则我怎能看到这一张张绚烂的笑脸？
否则我怎能听到那一句句亲切的叮咛？
如果不曾拥有你，
我不会知道骨肉亲人的浓浓情意，
我不会感受到好友相聚的无限欣喜；
因为有了你，
我见到了小桥流水的旖旎，
我听到了花开遍野的声音。

我问你：
该怎么感谢你——我的生命？
你说只要我每天用心，
去看去听去感觉，
认真地做事，认真地活着！
我说我会的！
虽然十六岁的花只开一次，
但我相信还有十七岁、十八岁——
直到八十岁，
因为太阳每天都是新的！

讨论：你喜欢这首诗中的哪一句？谈谈自己对这首诗的理解。

教师点评

生命本身是奇迹，有了生命，才有了你、我、他等芸芸众生，才有了这个精彩的世界，才有了人类发展的漫长历史。每个人都要尊重自己和他人的生命，让生命的价值得到充分发挥，这是感谢生命最恰当的方式。

学以致用

小兵别厌世

14 岁的男孩小兵的父母离婚后，他被判给了爸爸抚养。不久，爸爸就带回家一位“阿姨”和一位“妹妹”。父亲认为儿子已经长大了，不应该太多过问他的生活。因为与母亲联系得比较少，所以母子关系比较差。他非常希望得到父亲的关心和照顾，甚至希望父亲能对他唠叨一点，哪怕是批评也好。但是父亲对他的态度简单又平淡：“你读书成绩一般，考不上重点高中也没关系，只要将来能找到一份工作自食其力就行了。”家庭破裂、缺乏关爱、学习压力等，这些都造成了小兵消极厌世，他经常对同学说“没人需要我，没人关心我，我也不需要任何人”、“活着真痛苦，死了一了百了”之类的话，常常发愣，特别孤僻。

讨论：以上案例中的小兵，已经有了自杀的意念，请同学们想一想可以采取哪些措施打消小兵的自杀念头？

教师点评

大家提出了不少好办法，小兵消极厌世的原因主要有三个方面：家庭破裂、缺乏关爱和学习压力。为此，应该对小兵开展自杀预防教育，可以从以下几个方面入手帮助小兵打消自杀的念头。从家长的角度看，我们可以主动与小兵的父亲联系，纠正他的错误认识，告诉他应该关心、照顾小兵，充分理解小兵，要设身处地地从小兵的角度去思考。此外，也要与小兵的母亲联系，请她主动与小兵沟通交流，多关心和体贴小兵，向小兵表达母亲的关怀之情。从教师的角度看，教师要告诉小兵应珍惜生命、热爱生命，帮助小兵查漏补缺，提高其学习成绩。从学生的角度看，学生也应该帮助小兵，例如，可以帮助他补习功课，多开导小兵等，做他真诚的朋友。简言之，就是要用爱心和宽容消除他心灵中的垒块。

小结

生命与心灵之间有着鱼水关系，生命不在，心灵安附？没有生命之水，就无心灵之鱼。然而生命是脆弱的，又是宝贵的。生命对于每个人都只有一次，它是人类从事一切活动的根基。罗曼·罗兰说过，“只有生命是神圣的，对生命的热爱是第一美德。”青少年应该加强生命教育，树立正确的生命观和科学的生死观，理性、客观地看待人生，善待人生和珍惜生命。虽然我们不能控制生命结束的时间，但是却能够尽力实现生命的价值。让自己的生命发出最大的光和热，这本身就是健全心灵的自觉选择，是体现生命意义的道路，也是需要我们每个人去努力奋斗的最终结果。

参考资料

五分之一的中学生想过自杀

北京大学儿童青少年卫生研究所最新公布的《中学生自杀现象调查分析报告》显示：中学生每五个人中就有一个人曾经考虑过自杀，占样本总数的 20.4%，而为自杀作过计划的占 6.5%。

据悉，该调查从2004年开始启动，涉及全国13个省的约1.5万名学生，其中女生数量略高于男生，平均年龄为16.3岁。调查数据显示，在过去12个月内，有20.4%的学生，其中男生为17.0%、女生为23.7%曾经考虑过自杀；6.5%的学生，其中男生5.7%、女生7.4%为自杀作过计划。

该项目负责老师说："中学生的自杀意念、自杀计划、自杀未遂等情况都比原来的结果增长了几个百分点。"

专家指出，学习压力过大、早恋等都导致中学生考虑以自杀来终结生命。《北京市中学生自杀相关行为报告》显示，初二、初三年级的女生有过自杀想法的占22.9%，明显高于其他年级。北京大学公共卫生研究所星一博士说："面临中考，父母的高期望值、千军万马过独木桥的恐惧，足以让孩子的心理压力无限增大，女生的情况更严重。"

早恋问题是孩子产生自杀念头的第二大原因。北京市青少年法律与心理咨询服务中心心理咨询部主管于华告诉记者，到咨询中心来做咨询的，很多孩子是因为早恋问题引起的心理问题。调查结果还显示，单亲家庭或是重组家庭的孩子想自杀的概率基本上是普通家庭孩子的两倍。

为此，全国新教育实验总课题组副秘书长袁卫星呼吁，社会各界应该重视青少年的生命教育，将生命教育纳入到新课程改革的视野中，使之成为新课程的重要基础。记者了解到，目前，上海、山东、江苏等省已将生命教育纳入中小学正式课程。

生活是美好的

（俄）契诃夫

生活是极不愉快的玩笑，不过要使它美好却也不难。为了做到这点，光是中头彩赢20万卢布、得个"白鹰"勋章、娶个漂亮女人、以好人出名还是不够的——这些福分都是无常的，而且也容易习惯。为了不断地感到幸福，那就需要：（一）善于满足现状；（二）很高兴地感到"事情原本可能是更糟呢"。这是不难的。

要是火柴在你的衣袋里燃起来了，那你应该高兴，而且感谢上苍：多亏你的衣袋不是火药库。

要有穷亲戚上别墅来找你，那你不要脸色发白，而要喜洋洋地叫道："挺好，幸亏来的不是警察!"

要是你的手指头扎了一根刺，那你应当高兴："挺好，多亏这根刺不是扎在眼睛里!"

如果你的妻子或小姨练钢琴，那你不要发脾气，而要感激这份福气；你是在听音乐，而不是在听狼嚎或者猫的音乐会。

你该高兴，因为你不是拉长途马车的马，不是寇克的"小点"（寇克是19世纪德国的细菌学家，"小点"指细菌），不是旋毛虫，不是猪，不是驴，不是茨冈人牵的熊，不是臭虫。

你要高兴，因为眼下你没有坐在被告席上，也没有看到债主在你面前，更没有跟主笔土尔巴谈稿费问题。

如果你不是住在十分边远的地方，那你一想到命运总算没有把你送到边远地方去，岂不觉着幸福？

要是你有一颗牙痛起来，那你应该高兴：幸亏不是满口的牙痛。

你该高兴，因为你居然可以不必读《公民报》，不必坐在垃圾车上，不必一下子跟三个人结婚。

要是你给送到警察局去了，那就该乐得跳起来，因为多亏没有把你送到地狱的大火里去。

要是你挨了一顿桦木棍子的打，那就该蹦蹦跳跳，叫道："我多运气，人家总算没有拿带刺的棒子打我！"

要是你妻子对你变了心，那就该高兴，多亏她背叛的是你，不是国家。

依此类推……朋友，照着我的劝告去做吧，你的生活就会欢乐无穷了。

心灵测验——自杀意念问卷

以下是一些有关你对生命看法的问题。请认真以你最近两周的真实感受选出最适合的答案。请注意每题只能选择一个答案。

1. 目前你活下去的愿望有多大？（　　）

A. 中等或强烈　　B. 微弱　　C. 不希望

2. 目前你死亡的愿望有多大？（　　）

A. 不希望　　B. 微弱　　C. 中等或强烈

3. 当前你活下去的理由多于死亡的理由吗？（　　）

A. 生的理由多于死的理由

B. 生与死的理由同样多

C. 死的理由多于生的理由

4. 目前你是否希望或企图自杀？（　　）

A. 没有　　B. 有点希望　　C. 中等或十分强烈

5. 你是否小心地确保自己生命的安全？（　　）

A. 会事事小心以确保自己的生命安全

B. 听天由命（例如：满不在乎地横穿马路）

C. 不会采取措施来维护生命安全

计分方法：

1. 每道题中 A 计为 1 分，B 计为 2 分，C 计为 3 分。

2. 将第 1 至 5 题得分相加，即为问卷总分。

结果分析：

无自杀意念：第 1 题至第 5 题都为 1。

有自杀意念：第 1 至 3 题中任何一道为 1，并且第 4 题和第 5 题都为 1。

中等自杀意念：第 1 至 3 题中的任何一道为 1，并且第 4 和第 5 题之中有一题为 1。

后　记

受香港活知识立群社的委托，经过三年两轮实验学校的实验，中小学心灵教育教师用书终于公开出版了。

本套丛书编写参考了香港教育学院心灵教育研究中心、香港路德会吕祥光小学校长李锦棠和台湾一些研究者有关心灵教育方面的材料。在本书编写和试用的过程中，许国辉博士、王云珠校长一直给予大力支持。中国教育科学研究院高峡研究员对本书框架设计提出了宝贵的意见，四川省北川县西苑中学、安昌小学、擂鼓中学、擂鼓小学、陈家坝小学、桂溪中学，甘肃省泾川县教育局、泾川县心灵教育中心、水泉寺小学、东街小学、伍仲小学、泾明中学、泾川一中、王村中学、泾川二中在试用和反馈信息方面给予大力协助。张怀群、侯永杰、赵晓春、辛吉昌、魏军民、刘忠孝、雷晓儒、王鹏、刘晓龙、姜志勇等在各个不同的环节对编写工作提供了支持。

本书得以出版，有赖四川教育出版社的大力支持，雷华社长、胡宇红总编看好这套书的社会价值，责任编辑陈佳园和校对工作人员付出了辛勤汗水。我们在编辑的过程中尽可能将引用的资料标出作者和来源，但还有可能挂一漏万，敬请见谅。尽管我们三年来尽了最大努力，但由于这是一个全新的领域，不妥之处依然难免，欢迎各位使用者提出改进意见，请将意见直接发到以下邮箱：chu. zhaohui@163. com，在此先致以真诚谢意。

储朝晖

2012 年 2 月